AQA Spanish

A LEVEL YEAR 1 AND AS

Margaret Bond

Ian Kendrick

Francisca Mejías Yedra

Francisco Villatoro

Great Clarendon Street, Oxford, OX2 6DP, United Kingdom

Oxford University Press is a department of the University of Oxford. It furthers the University's objective of excellence in research, scholarship, and education by publishing worldwide. Oxford is a registered trade mark of Oxford University Press in the UK and in certain other countries.

British Library Cataloguing in Publication Data

Data available

978-0-19-836690-4

10 9 8 7

Paper used in the production of this book is a natural, recyclable product made from wood grown in sustainable forests.

The manufacturing process conforms to the environmental regulations of the country of origin.

Printed in Great Britain by Ashford Colour Press Ltd

Approval message from AQA

This textbook has been approved by AQA for use with our qualification. This means that we have checked that it broadly covers the specification and we are satisfied with the overall quality. Full details of our approval process can be found on our website.

We approve textbooks because we know how important it is for teachers and students to have the right resources to support their teaching and learning. However, the publisher is ultimately responsible for the editorial control and quality of this book.

Please note that when teaching the AQA A Level Year 1 and AS Spanish course, you must refer to AQA's specification as your definitive source of information. While this book has been written to match the specification, it cannot provide complete coverage of every aspect of the course.

A wide range of other useful resources can be found on the relevant subject pages of our website: www.aqa.org.uk.

Contents

Artistic culture in the Hispanic world

Dosier de cine y literatura

- Discussing the vocabulary of cinema, the plot, characters, themes, social environment, and techniques and style.
- A case study of *Ocho apellidos vascos*.

- Studying the vocabulary of literature, the story, themes, characters, author techniques and style, and social environment.
- A case study of *La casa de Bernarda Alba*.

Introduction

AQA AS Spanish

The AQA AS Spanish specification is divided into two main subject areas, called Themes. Each Theme is divided into three sub-themes, making a total of six sub-themes to study during the course. The themes and sub-themes are as follows:

Theme 1: Aspects of Hispanic society: current trends

Los valores tradicionales y modernos

- Los cambios en la familia
- Actitudes hacia el matrimonio y el divorcio
- La influencia de la Iglesia Católica

El ciberespacio

- La influencia de Internet
- Los móviles inteligentes en nuestra sociedad
- Las redes sociales: beneficios y peligros

La igualdad de los sexos

- La mujer en el mercado laboral
- El machismo y el feminismo
- Los derechos de los gays y las personas transgénero

Theme 2: Artistic culture in the Hispanic world

La influencia de los ídolos

- Cantantes y músicos
- Estrellas de televisión y cine
- Modelos

La identidad regional en España

- Tradiciones y costumbres
- La gastronomía
- Las lenguas

El patrimonio cultural

- Sitios históricos y civilizaciones prehispánicas
- Arte y arquitectura
- El patrimonio musical y su diversidad

You will also be required to study a film or literary text at AS, from a list of prescribed films and texts.

Assessment

The exam is divided into three papers – the contents of these exams are summarised in the table below:

Paper	What's assessed	Length of exam	Marks available	% of AS
1: Listening, reading and writing	• Aspects of Hispanic society: current trends • Artistic culture in the Hispanic world • Grammar	1 hour 45 minutes	90 marks	45%
2: Writing	• One text or one film from the lists in the specification • Grammar	1 hour 30 minutes	50 marks	25%
3: Speaking	• One sub-theme from Aspects of Hispanic society: current trends • One sub-theme from Artistic culture in the Hispanic world	12-14 minutes plus 15 minutes' preparation time	60 marks	30%

How to use this book

The chapters are arranged in the same sequence as the themes and sub-themes in the AQA specification, so there is always a clear link between the book and the specification. At the beginning of each section, you will find a list of learning objectives, which include language learning objectives, grammar objectives and skills objectives.

At the end of each of the six sub-themes, there is a vocabulary list to help you learn key vocabulary related to the topic. There is also a revision section, the Repaso pages, to put what you have learned into practice.

A film and literature dossier at the end of the book examines the study of films and literary texts and provides guidance on planning and writing an essay.

The features in this box include:

 ¿Lo sabías?

An anecdotal insight into facts/figures relating to each sub-theme

 Gramática

Summary grammar explanations and examples, linked to online worksheets with fuller explanations and exercises.

(A grammar section can be found at the back of the book.)

 Estrategias

The 'skills' boxes help build key language learning strategies. These are linked to online worksheets. Further tips 'consejos' are presented in the Repaso pages at the end of each unit.

 Vocabulario

The most challenging new vocabulary from the exercises on each spread is translated in these boxes.

 Expresiones claves

Key words and phrases designed to give you prompts for productive tasks.

 Audio stimulus

This indicates audio material for listening activities.

Kerboodle offers a range of products to help engage teachers and students alike. Kerboodle for AQA Spanish A Level Year 1 and AS includes resources focused on developing key grammar, vocab, listening, reading, translation and writing skills. These engaging and varied resources include videos of native speakers, self-marking tests, listening activities with downloadable transcripts, practice questions with study tips and comprehensive teacher support.

Our AQA Spanish A Level Year 1 and AS Kerboodle resources are accompanied by online interactive versions of the Student Books. Kerboodle resources are embedded to open directly from the book page.

Find out more at www.kerboodle.com

1 Los valores tradicionales y modernos

By the end of this section you will be able to:

		Language	Grammar	Skills
1.1	**Los cambios en la familia**	Describe the various types of 21st-century Spanish family and how these differ from the family model of the past	Use the imperfect and imperfect continuous tenses	Recognise cognates
1.2	**Actitudes hacia el matrimonio y el divorcio**	Understand trends in marriage and how modern and traditional values differ Understand the situation regarding divorce	Use the preterite tense	Know when to use accents
1.3	**La influencia de la Iglesia Católica**	Understand the religious history of Spain Discuss changes in the influence of the church	Use the imperfect and preterite tenses together	Connect nouns with their corresponding verbs

En los últimos cincuenta años la vida familiar y la composición de la familia han cambiado mucho por toda Europa. Esos cambios tardaron en llegar a España a causa de la represión de la dictadura franquista pero posteriormente la transformación se aceleró hasta tal punto que hoy día se ha hecho tan 'moderna' y libre como el resto del mundo occidental. No solo han cambiado las actitudes de los españoles en cuanto a las relaciones familiares y sexuales sino que también su adhesión a la iglesia ha disminuido.

1 Sin usar un diccionario, ¿cuántas de estas palabras reconoces? Compara tus repuestas con las de un(a) compañero/a.

- la emancipación
- la boda
- el embarazo
- la tasa de natalidad/de desempleo
- el hogar
- una soltera
- la vivencia
- experimentar
- la dictadura
- la transición

2 Lee la información en "¿Lo sabías?" y decide si las frases son Verdaderas (V), Falsas (F) o No mencionadas (N).

1 Los jóvenes españoles dejan el hogar familiar una vez que encuentran trabajo o van a la universidad.
2 Una mujer durante la vigésima semana de embarazo tiene el derecho de abortar si pone en serio riesgo su salud.
3 La tasa de natalidad entre los inmigrantes es más baja que la de los españoles.
4 La mayoría de los bebés adoptados de China son niñas.
5 No se permite a las solteras adoptar a un niño.
6 El 36% de los católicos españoles suele ir a misa de vez en cuando.
7 El 66% de las bodas tiene lugar con una ceremonia civil.

3a Completa el texto, escogiendo la palabra más apropiada de la lista abajo.

Una familia de los años 60

"Cuéntame cómo pasó" es una serie española de televisión emitida por La 1 desde septiembre del año 2001 que [1]_____ los cambios experimentados en el país a partir de 1968. La ficción se [2]_____ el 4 de abril de 1968 con la victoria en Eurovisión de la cantante Massiel.

La serie [3]_____ las vivencias de una familia de clase media, los Alcántara, durante los últimos años de la dictadura [4]_____, la Transición Española y los comienzos de la [5]_____ y es a la vez una crónica socio-política de la época. Entre los [6]_____ socio-políticos que [7]_____ están la situación de la mujer e incluso la violencia machista y el desarrollismo de los años 60 con el éxodo rural.

refleja	narra
franquista	inicia
destacan	democracia
temas	

3b Empareja cada palabra con su definición.

1	iniciarse	**a**	idea o asunto de que trata algo
2	a la vez	**b**	la salida de la gente del campo
3	el tema	**c**	información sobre un tema de actualidad
4	la época	**d**	empezar
5	la crónica	**e**	un espacio de tiempo
6	el éxodo rural	**f**	al mismo tiempo

3c Piensa en tu propia familia, en otras que conoces, en las de las revistas o la tele. ¿Cuál es la estructura de esas familias? ¿Son todas parecidas? Si no, ¿en qué se diferencian?

¿Lo sabías?

■ La edad media europea para irse de casa se sitúa en los 26,1 años. En Suecia los jovenes se van a los 19,6 años, mientras que en España lo hacen a los 28,9 años. La emancipación tardía también ha provocado el retraso en la formación de la pareja y el nacimiento del primer hijo.

■ La ley del aborto en España que entró en vigor en 2010 permite a la mujer interrumpir el embarazo libremente en las 14 primeras semanas y hasta la semana 22 en casos de riesgo para la vida o salud de la embarazada o graves problemas para el feto.

■ España tiene un índice de natalidad muy bajo. En 2014 ocupó el puesto número 184 en la Tasa de Natalidad mundial. Uno de cada cuatro niños nacidos en España es hijo de extranjeros.

■ No obstante, compensa un poco ser uno de los paises líderes en adopciones internacionales. Muchos de los niños adoptados, que en su mayoría son niñas, vienen de China.

■ Casi el 90 por ciento de las adopciones se lleva a cabo por parejas, pero las adopciones en solitario van en aumento, al igual que las de las parejas homosexuales.

■ Hoy España es un país donde tres de cada cuatro ciudadanos se definen como católicos, pero el 64% de ellos ni va a misa ni sigue los preceptos morales de la religión.

■ En el 2012, solo un tercio de los matrimonios se celebraron con una ceremonia religiosa.

■ En 1939 Franco abolió el divorcio en España y los que se habían divorciado antes y que se habían casado de nuevo fueron considerados bígamos. El divorcio fue legalizado durante la Transición a la democracia, en 1981.

Expresiones claves

según (mis abuelos)
(no) me sorprende
entre la gente que conozco
conozco a
mi madre dice/diría que
lo bueno/lo malo es
leí en una revista
están separados/divorciados/
    casados
se separaron/se divorciaron/se
    casaron

1 Trabaja con un(a) compañero/a. Discutid los siguientes puntos y luego compartid vuestras ideas con el grupo.

- Considerad cuántos modelos de familia distintos conocéis (o reconocéis)
- Considerad si la situación era distinta cuando vuestros padres y abuelos eran jóvenes. ¿Por qué/por qué no?

2a Lee este texto sobre la situación de las mujeres españolas durante la dictadura franquista. Busca un sinónimo para cada palabra en el texto.

1 cónyuges
2 sometiéndose
3 obediencia
4 las faenas
5 obtenido
6 rescindidas
7 la muerte
8 esencial

Durante los años 40, 50 y 60 del siglo veinte y aun hasta el fin de la dictadura de Franco en 1975, los españoles vivían en una sociedad machista en la que la mujer era considerada inferior en todo, incluso intelectualmente. Todas las solteras tenían que participar en la sección femenina del Servicio Social cuyo papel era enseñarles a ser buenas patriotas, buenas cristianas y buenas esposas, subordinándose totalmente a los hombres. Se esperaba de las mujeres su sumisión y docilidad y

la maternidad era considerada una función esencial. En 1953, esas mujeres recibieron la "Guía de la buena esposa", creada por *La Falange*, el gobierno franquista, en la que se explicaban las reglas que debían seguir, desde las tareas de la casa hasta las relaciones sexuales. Así, las españolas se tuvieron que adaptar a ser esposas y madres, su tarea principal era el cuidado de sus hombres bajo la moral católica de la dictadura.

Este énfasis fue un paso atrás para las mujeres porque en 1931, durante la Segunda República, habían conseguido el derecho al voto y también el derecho a trabajar en lugares públicos. Además, el divorcio había sido legalizado. Después de la Guerra Civil en 1939, perdieron esos derechos después de que esas leyes fueran revocadas. Ahora su función era cuidar al hombre, protegerlo y satisfacerlo, y ser procreadora porque después del fallecimiento de tantas personas durante la Guerra fue imprescindible hacer esfuerzos para aumentar la población.

2b Traduce las siguientes frases al español.

1 After the war unmarried women had to learn how to be good wives.
2 The government also considered that women should be patriotic and good Christians.
3 The manual explained to them how wives must behave.
4 Before the war women could vote but afterwards they lost that right.
5 The population of the country had diminished because many people had died in the civil war.

2c Busca ejemplos del imperfecto en el texto. Para cada uno, analiza por qué ese tiempo ha sido utilizado.

2d Escribe un resumen de unas 70 palabras sobre la situación de las mujeres españolas durante la dictadura franquista. Debes utilizar tus propias palabras. Puedes mencionar los siguientes puntos:

- cuándo empezó y terminó la dictadura franquista
- cómo eran consideradas las mujeres en comparación con los hombres
- los valores que se querían inculcar en las mujeres
- la guía de la buena esposa.

3 Completa el texto con la forma adecuada del imperfecto de los verbos entre paréntesis. Luego traduce ambos párrafos al inglés.

1 Cuando _____ (ser) más jóvenes, mis abuelos no _____ (soler) dedicar mucho tiempo a ver la tele, pero _____ (pasar) horas trabajando en el jardín y también les _____ (gustar) mucho leer. Por ejemplo, _____ (leer) el diario todos los días y cada semana _____ (ir) a la biblioteca donde _____ (escoger) varias novelas que les _____ (interesar).

2 Durante la dictadura las mujeres españolas no _____ (disfrutar) de mucha libertad y _____ (tener) que hacer lo que _____ (querer) sus padres y, una vez casadas, sus esposos. Por ejemplo si a una mujer le _____ (apetecer) viajar sola, no _____ (poder) hacerlo sin pedir el permiso de su esposo. En aquella época mucha gente _____ (considerar) a la mujer inferior al hombre.

4 〜 Escucha a los tres jóvenes españoles dar sus opiniones sobre la importancia de la familia. Contesta las preguntas.

1 a Según el primer chico, ¿cuáles son los beneficios de tener una familia?
b De estos beneficios, ¿cuál es el mejor?
2 a La chica dice que "una familia es un conjunto de personas que se quieren". Da un sinónimo para la palabra 'conjunto'.
b ¿Por qué sería casi imposible vivir sin una familia? Menciona al menos tres razones.
3 a Según el segundo chico, ¿qué se aprende dentro de la familia?
b Rellena los espacios en blanco con las palabras usadas por el segundo chico.

Dentro de la familia _____ y nos _____ adultos, con la familia _____ a compartir.

5 Discute este tema con un(a) compañero/a o en grupo.

Al necesitarse dos sueldos para vivir, los abuelos tienen que hacerse cargo de los niños.

Según un estudio reciente del Ministerio de Sanidad en España, el 70% de los abuelos de más de 65 años cuidan de sus nietos y el 49% de ellos lo hace diariamente.

- ¿Crees que los abuelos deberían tener esta responsabilidad?
- ¿Cuáles son las alternativas?
- ¿Cuál de las opciones es mejor para el niño?

🔲 Gramática

The imperfect tense

To revise the formation of this tense refer to the grammar section.

The Imperfect is used to:

- Talk about ongoing actions in the past
- Describe what something was like
- Express the idea of 'used to …'

The imperfect continuous, which is formed by using the imperfect tense of *estar* (*estaba, estabas*, etc.) followed by a gerund (the form of the verb ending in -*ando*/-*iendo*), can emphasise the ongoing nature of an action.

Estaba preparando la cena cuando el teléfono sonó.
I was (in the process of) preparing dinner when the phone rang.

See pages 152–153.

1 Compartid con un(a) compañero/a y luego en grupo vuestras opiniones sobre los siguientes puntos.

- ¿Cómo afecta a la familia la incorporación de la madre al trabajo?
- ¿Cómo cambia la vida de una soltera tras incorporarse al mercado laboral y conseguir su independencia económica?
- ¿Quién debería cuidar a los niños?

Estrategias

Recognising cognates

There are lots of words in Spanish beginning with *es* + a consonant which are easy to guess because their English equivalent begins with *s* + the same consonant (or sound).

In the texts you will find others such as *estigma* – stigma, and *estabilidad* – stability. Here are some more that you already know: *estación*; *estadio*; *especial*; *estúpido*; *espacio*.

Now work out the meaning of these other examples.

espontáneo	estructura
estilo	espíritu
esférico	esqueleto
espaguetis	espina
esposa	esponja
estatua	

2a Escucha el reportaje sobre la libertad de las mujeres y contesta estas preguntas en español.

1 ¿Por qué se menciona el año 1975?
2 ¿En qué año fue creada la Constitución?
3 Anota los tres ejemplos citados de cosas que las mujeres no podían hacer sin el permiso marital.
4 Según el reportaje, ¿por qué las mujeres no necesitan un hombre para vivir hoy en día?
5 ¿Cuántas madres dependen de los abuelos para cuidar de los niños?
6 Menciona una ventaja social de este acuerdo.

2b Escucha otra vez y completa las frases con las palabras adecuadas del reportaje.

1 El 'permiso _____ ' les prohibía trabajar, tener _____ e incluso viajar sin el permiso de su marido. Así, no es sorprendente que las mujeres españolas de hoy _____ de su libertad – la libertad que les _____ a sus abuelas.
2 Para muchas mujeres el deseo de _____ es muy fuerte, más fuerte que el deseo de _____, que en el pasado era solo _____ a través del matrimonio.
3 Este sistema tiene _____ para todos porque se crean nuevas y _____ relaciones entre los jóvenes y sus _____ .

3a Lee el texto y empareja cada frase con su definición.

Los jóvenes españoles tienen la tasa de emancipación más baja en 15 años

En España la edad media para salir de casa de los padres es de 28,9 años. A los jóvenes españoles les cuesta cada vez más dejar el nido y según el Consejo de la Juventud de España, ocho de cada 10 jóvenes menores de 30 años aún viven con sus padres y uno de cada cuatro entre 30 y 34, también.

La emancipación tardía tiene varias razones: las dificultades en el mercado laboral, los obstáculos en el acceso a la vivienda y en el estado de bienestar que consiste en un sistema donde la familia es la principal proveedora de bienestar y en el que los gobiernos brindan pocas ayudas públicas. El panorama es desalentador: una tasa de paro juvenil del 51,4%, más de la mitad de los asalariados menores de 30 años con contratos temporales, el escaso

mercado de alquiler, ausencia de políticas de juventud y poca oferta de viviendas sociales. España tiene uno de los parques de vivienda social más débiles de toda Europa.

Las dificultades para salir de casa de sus padres afectan a todos los españoles, y a largo plazo, la emancipación tardía relacionada con la tasa de paro puede influir en el envejecimiento de la población y en la sostenibilidad del sistema de pensiones. Las mujeres españolas tienen una media de 1,32 hijos, de las más bajas de todo el continente europeo. Cuanto más retrasan los jóvenes el momento de salir de casa de sus padres, más tardan en formar la familia y en tener hijos.

Según los expertos, otra de las consecuencias de la emancipación tardía a largo plazo es el alargamiento de la adolescencia y la dificultad que podrían tener los jóvenes para asumir responsabilidades: "Un tipo de 30 años puede tener esta sensación de que es joven y que se puede permitir ser un poco irresponsable, pero un señor de 30 años es un señor, siempre lo ha sido".

1	dejar el nido	**a**	el número de personas sin empleo
2	tardío	**b**	ofrecer
3	brindar	**c**	poco abundante
4	desalentador	**d**	la prolongación
5	la tasa de paro	**e**	irse de la casa familiar
6	asalariados	**f**	desmoralizador
7	contrato temporal	**g**	lento
8	escaso	**h**	después de algún tiempo
9	parque de vivienda social	**i**	el proceso de hacerse viejo
10	a largo plazo	**j**	los que ganan un sueldo
11	el envejecimiento	**k**	la cantidad de casas disponibles para los pobres
12	el alargamiento	**l**	derecho provisional a un trabajo

3b Traduce estas frases al español.

1 The majority of young Spanish people do not leave their parents' home until after the age of 25.
2 There are several reasons for this delay, including the high youth unemployment rate and the cost of renting an apartment.
3 As they delay leaving home, they have children later in life.
4 If young people live with their parents for too long they find it difficult to assume the responsibility of being an adult.

4 Escribe 200 palabras expresando tu opinión sobre los cambios en la familia y el papel de la mujer en España.

- ¿Cómo ha cambiado el papel de la mujer en España desde la dictadura?
- ¿Este cambio tiene inconvenientes o no?
- ¿En qué se parecen los cambios de papel experimentados por la mujer española y la británica?

A: Actitudes hacia el matrimonio y el divorcio

1 Discute con un(a) compañero/a los siguientes puntos sobre la convivencia que hoy en día, en España, como en Gran Bretaña, es muy corriente.

- ¿Es una buena idea que una pareja viva junta antes de casarse? ¿Por qué/por qué no?
- Puesto que hoy en día está aceptado convivir, ¿por qué casarse?

2a 〰 Escucha lo que dicen unos españoles sobre la convivencia. Anota sus opiniones y decide quiénes están a favor, quiénes están en contra, y quiénes ven ambos lados del asunto.

	Ana	Bea	Daniel	Carlos	Esteban	Francisca	Luisa	Isabel
A favor								
En contra								
Ven los dos lados								

2b Ahora, en grupo o con un(a) compañero/a, comparad vuestras opiniones con las de los jóvenes de la actividad 2a.

3a Lee el texto y busca palabras o frases que tengan el mismo significado.

1	after a short time	**5**	from now on	**8**	old-fashioned
2	the cost of housing	**6**	to dream	**9**	to face up to
3	barely a year	**7**	to carry out	**10**	expenses
4	take the step				

¿Por qué casarse? Susana da su opinión

Durante los últimos años ha estado de moda que las parejas fueran a vivir juntos quizás para evitar errores futuros, ya que muchos recién casados se divorcian al poco tiempo. Por otro lado, existen también motivos económicos: los jóvenes tardan mucho tiempo en estabilizarse en el mercado laboral, los sueldos son bajos, el precio de la vivienda está por las nubes y organizar una boda puede resultar muy caro.

Nosotros convivimos durante seis meses antes de casarnos. Miguel y yo salimos juntos durante un año escaso y eso no les dio confianza a nuestros padres para ayudarnos a organizar una boda. Sin embargo, lo tuvimos muy claro desde el principio. Estábamos enamorados, teníamos trabajos estables, queríamos formar una familia y sabíamos que la convivencia iba a funcionar. Así que, ¿por qué no dar el paso? Lo dimos el año pasado en una ceremonia sencilla y, desde entonces, los dos notamos que algo ha cambiado. No solo estamos más unidos que nunca sino que vemos al otro como un compañero de vida con quien compartir todas las experiencias que nos sucedan de ahora en adelante.

Nadie ha dicho que adquirir un compromiso de tal magnitud sea un camino de rosas, pero lo bonito es, bajo nuestro punto de vista, justamente eso. Sabemos que existirán momentos para reír, para soñar, para ser felices y apasionados, pero también sabemos que deberemos solucionar nuestras diferencias con respeto y cariño, que habrá momentos en que necesitaremos estar unidos ante la adversidad, que deberemos asumir responsabilidades y ejercer nuestros deberes matrimoniales con honestidad y buena voluntad y que, ante todo, deberemos cuidar nuestra relación por encima de todo.

Podemos parecer anticuados por haber dado un paso que muchos no consideran necesario, o inocentes por pensar que no nos enfrentaremos jamás a una separación; incluso poco prácticos, ya que muchas parejas no dan el paso por no enfrentarse más adelante a los gastos que supondrá el divorcio... Pero bajo nuestro punto de vista, no hay nada mejor en este mundo que dar y recibir amor y, si es a la persona con la que esperas compartir tu vida, esa palabra cobra aún más sentido.

> ### Vocabulario
>
> **un año escaso** *barely a year*
> **el cariño** *affection*
> **cobrar** *to take on*
> **por las nubes** *through the roof*

3b **Traduce las siguientes frases al español.**

1 Susana and Miguel spent six months living together before getting married.
2 Their parents didn't want them to get married so soon.
3 In August a hundred and twenty friends and relatives attended the wedding which was celebrated in a lovely church in the country.
4 Susana and Miguel know that in the future life will not always be a bed of roses but they will try to face difficulties together.

3c **Escribe un resumen de unas 70 palabras de los párrafos segundo y tercero del texto. Puedes mencionar los siguientes puntos:**

- por qué decidieron casarse y por qué tuvieron que esperar
- cómo han cambiado las cosas desde la boda
- cómo piensan enfrentarse a las dificultades futuras.

4a **Completa el texto con la forma adecuada del pretérito de los verbos entre paréntesis.**

Los matrimonios homosexuales

Por lo que respecta a los matrimonios homosexuales, un cambio del modelo social _____ (tener) lugar en 2005 cuando el gobierno _____ (aprobar) la ley que permitió a los homosexuales casarse. La ley _____ (recibir) el respaldo mayoritario del Parlamento español y desde esa fecha el matrimonio tiene los mismos requisitos y efectos cuando ambos contrayentes son del mismo o de diferente sexo. Durante la dictadura, la homosexualidad _____ (ser) ilegal y como resultado durante aquella época más de 5.000 personas _____ (ser) encarceladas. Afortunadamente el nuevo gobierno democrático _____ (revocar) las leyes discriminatorias en 1979.

Aunque la ley permitiendo los matrimonios gay tiene sus adversarios, entre ellos miembros de la iglesia católica, en una encuesta reciente, un 80% de los jóvenes que _____ (participar) _____ (declararse) a favor de los matrimonios entre las personas del mismo sexo.
Durante el año siguiente a la entrada en vigor de la ley _____ (celebrarse) más de 1.400 matrimonios gay y en el mismo periodo, más de 50 matrimonios gay _____ (solicitar) la adopción de niños.

4b **Traduce al inglés estas palabras y frases.**

1 el respaldo mayoritario
2 ambos contrayentes
3 encarcelados
4 la entrada en vigor

5a **Discute en grupo o con un(a) compañero/a.**

- ¿Cómo han cambiado el matrimonio y las actitudes hacia el matrimonio en España?
- ¿Cómo ha cambiado la ley en España con respecto a los homosexuales?
- En tu opinión, ¿por qué hay algunas personas que se oponen al matrimonio gay y a la adopción de niños por parejas homosexuales?

5b **Ahora escribe un informe de 150 palabras sobre los cambios y las actitudes hacia el matrimonio en España.**

⊞ Gramática

The preterite tense

The preterite tense is a simple past tense which is used to talk about completed actions in the past. It is frequently used alongside the imperfect which describes ongoing actions.

Cuando Manuel era joven, fue de vacaciones a Marbella.

Mientras estaba trabajando en el jardín empezó a llover.

To revise the formation of the preterite tense and to make sure you know all the irregular forms, refer to the grammar section.

See pages 151–152.

■ Expresiones claves

las percepciones tradicionales
los prejuicios
el miedo a lo desconocido
las objeciones religiosas/morales/culturales
la estabilidad de las relaciones
la discriminación
los modelos
la falta de padres adoptivos
la falta de evidencia

B: Actitudes hacia el matrimonio y el divorcio

Expresiones claves

es importante que sea/que tenga…
lo más importante es…
confiar en/compartir/respetar/sentir celos
engañar
fiel/generoso/fiable/responsable/sensible/cariñoso
un buen sentido del humor
a mí me da igual que
sentirse atraído por

1 **Discute con un(a) compañero/a o en grupo.**

- ¿Cuáles son las cualidades más importantes que buscarías en una pareja?
- ¿Es importante que tú también tengas las mismas cualidades? ¿Por qué/ por qué no?

2 **Escucha este informe sobre la proporción de bebes nacidos fuera del matrimonio y decide si las frases siguientes son Verdaderas (V), Falsas (F) o No mencionadas (N).**

1 Actualmente se considera habitual que muchas mujeres den a luz a sus bebés fuera del matrimonio.
2 Las bodas civiles son más populares que las bodas religiosas porque son más baratas.
3 Desde hace diez años aproximadamente el 15% de los bebés nace fuera del matrimonio.
4 Hoy en día hay más bodas que antes pero hay menos uniones de hecho.
5 El porcentaje de bebés nacidos fuera del matrimonio en España es típico de otros países europeos.
6 Antes de 1981 el estado civil de los padres afectaba a los hijos.
7 En los años 90 un 7.5% de los niños nació fuera del matrimonio.
8 Más de doscientos mil bebés nacieron fuera del matrimonio en 2014.

3a **Antes de leer el siguiente texto, empareja estas palabras del texto con sus sinónimos y tradúcelas al inglés.**

1	derogar	a	aumentar de golpe
2	tras	b	abolir
3	factible	c	la transgresión
4	la violación	d	después
5	las cifras	e	los números
6	dispararse	f	posible

3b **Lee y traduce el texto al inglés.**

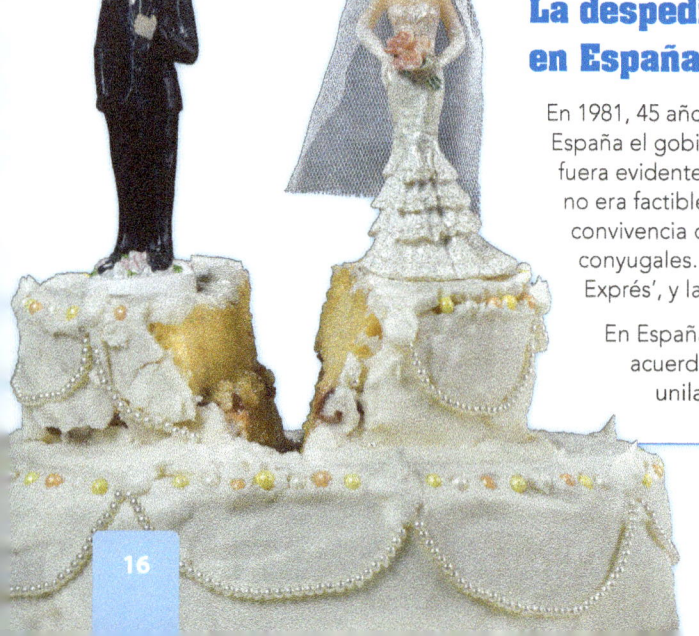

La despedida – la situación del divorcio en España hoy en día

En 1981, 45 años después de que se derogase la primera Ley del Divorcio en España el gobierno permitió de nuevo el fin de los matrimonios siempre que fuera evidente que, tras un amplio periodo de separación, su reconciliación no era factible, y después de que se demostrase el cese efectivo de la convivencia de las partes o la violación grave o reiterada de los deberes conyugales. En 2005, entraba en vigor la controvertida Ley del 'Divorcio Exprés', y las cifras se disparaban en un 42% respecto al periodo anterior.

En España existen dos tipos de divorcio, uno que se tramita de mutuo acuerdo entre ambos cónyuges y otro que se interpone de forma unilateral (contencioso).

4a Este fragmento de "Así es la vida, Carlota", de Gemma Lienas, una novela para adolescentes, cuenta el momento en que Carlota aprende que sus padres van a separarse. Léelo y luego busca las frases o palabras abajo que tengan el mismo significado.

Gemma Lienas, la autora de "Así es la vida, Carlota"

Carlota acaba de volver a casa:

Mamá estaba en la sala, de pie junto a la ventana. Cuando notó que entrábamos, se dio la vuelta para mirarnos y tenía los ojos hinchados de tanto llorar. La punzada de incomodidad que antes sentía se me convirtió en miedo, y se me puso la piel de gallina.

Marcos y yo nos sentamos en el sofá y papá se derrumbó en la butaca de piel gastada.

Mamá se acercó, se puso a mi lado y me acarició el cabello ....

Papá se aclaró la garganta. Mamá empezó a enredar con un encendedor de alabastro que hay sobre la mesa baja .... Mamá tamborileaba con sus uñas sobre el alabastro. Me estaba poniendo nerviosa.

.... Observé a Marcos de reojo para saber si también él se ponía nervioso, pero le vi sereno, como siempre. ....

Mamá dejó de jugar con aquella pieza de alabastro, encendió con ella un cigarrillo, dio una fuerte calada y aspiró el humo profundamente.

Bien, no es fácil decir lo que tenemos que comunicaros, pero, como ya sois mayores, lo mejor será que os lo expliquemos sin ambages.

–Al grano, pues, continuó papá. Mamá y yo hemos decidido que durante un tiempo nos hacen falta, digamos, vacaciones matrimoniales. Es decir, que nos conviene no vivir juntos.

Fue como si me hubiesen arrojado de golpe sobre la cabeza un saco de arena. Me sentía tan estupefacta que no podía ni siquiera hablar. La situación era mucho más grave de lo que yo había sospechado.

1 she turned round
2 swollen eyes
3 goose-bumps
4 a cigarette lighter
5 I looked out of the corner of my eye
6 straight to the point (2 ways)
7 astonished

Vocabulario

el alabastro *alabaster (a type of stone)*
aspirar *to breathe*
la butaca *armchair*
dar una calada *to take a drag on a cigarette*
enredar *to fidget with*
la punzada *a stabbing pain, jab*
la uña *fingernail*

Estrategias

Knowing when to use accents

- On interrogatives (question words) : *¿Qué? ¿Cuándo? ¿Quién? ¿Dónde?* etc.

- To distinguish between two words with the same spelling: *si* (if), *sí* (yes); *aun* (even), *aún* (still).

- To indicate where the stress falls on a word if it doesn't follow the rules. The rules are: if a word ends in a vowel, *-n* or *-s*, the stress falls on the penultimate syllable. Otherwise it falls on the final syllable: *Barcelona* follows the rules, but *Málaga* doesn't and therefore needs an accent.

- When pronouns are added to the end of a gerund or imperative an accent may be required to keep the stress in the right place: *levántate; estoy haciéndolo.*

- When some words are made plural they gain an accent to keep the stress in the right place: *joven – jóvenes*. Also, some lose their accent in the plural: *limón – limones*.

4b Este fragmento trata de un tema universal cada vez más común. Discutid en grupo si la autora lo trata con empatía. ¿Qué métodos ha empleado para hacerlo? ¿Es importante que tales novelas estén disponibles para ayudar a los jóvenes a enfrentarse a tales problemas?

4c Imagina que eres Marcos, el hermano de Carlota, y escribe un párrafo de unas 150 palabras en el que describes los acontecimientos desde tu punto de vista.

1 **Discute estos puntos con tus compañeros/as.**

- En tu país, ¿juega la religión un papel importante? ¿Y cómo era en el pasado?
- En tu opinión, ¿cómo contribuye la religión a la vida moral y cultural de un país?
- ¿Qué sabes de la historia de la religión en España?

2a **Lee el texto. Luego empareja las palabras del texto con sus sinónimos.**

Un poco de historia

Por casi toda España hay vestigios de un pasado que no era católico, sino musulmán. Entre ellos quizás los más famosos son la Alhambra en Granada, la Mezquita en Córdoba (arriba en la foto) y la Giralda en Sevilla.

Durante el siglo ocho los moros invadieron la Península Ibérica y fundaron un califato, Al-Ándalus, donde permanecieron, y convivieron bastante pacíficamente con la población indígena hasta el siglo quince – es decir, durante unos 700 años. Durante el periódo de la Reconquista, los Reyes Católicos, Fernando e Isabel de Castilla, les expulsaron y restablecieron la religión católica como la única verdadera fe.

Los Reyes Católicos expulsaron también a los judíos que durante el califato musulmán habían cohabitado tranquilamente con la gente de otras religiones.

Durante aquellos setecientos años la civilización árabe jugó un papel muy importante en el desarrollo de la península y su herencia ha sobrevivido en muchas formas – su arquitectura, su ingeniería, su agricultura, y su contribución a la lengua castellana.

Desde la Reconquista, y hasta los últimos 40 años, España siguió siendo un país católico donde la mayoría de la población practicaba su fe activamente. Durante la Guerra Civil muchos oficiales y miembros de la Iglesia apoyaron a los nacionalistas y, posteriormente, al régimen vencedor de Franco. Bajo la dictadura todo el mundo tenía que cumplir con las normas católicas; el divorcio, el aborto, la anticoncepción, la homosexualidad estaban todos prohibidos. No es de extrañar entonces, que al acabar la dictadura mucha gente diera la espalda a este tipo de opresión religiosa y política.

Vocabulario

el aborto *abortion*
la anticoncepción *contraception*
apoyar *to support*
el desarrollo *development*
fundar *to found*
los judíos *the Jews*
no es de extrañar *it's not surprising*
la norma *rule*
posteriormente *subsequently*
vencedor *winning, victorious over*

1 vestigios
2 musulmán
3 invadir
4 pacíficamente
5 indígena
6 la fe
7 herencia
8 normas
9 dar la espalda

a conquistar
b el credo
c huellas
d reglas
e islámico
f rechazar
g nativa
h en tranquilidad
i legado

2b **Contesta estas preguntas sobre el artículo.**

1 ¿Cuánto tiempo perduró la civilización árabe en la península?
2 ¿Por qué expulsaron los Reyes Católicos a los moros?
3 Después del fin de la dictadura ¿por qué, en tu opinión, comenzó la iglesia a perder su influencia?

2c **Traduce las siguientes frases al español.**

1 In the south of Spain there are many famous buildings which were built by the Moors.
2 Before the invasion in the 8th century, Spain was composed of several kingdoms.
3 After 700 years the Catholic Monarchs, Ferdinand and Isabella, reconquered Al-Ándalus.
4 Since the Re-conquest, Spain has been a Catholic country.
5 The heritage of the Moors is still important in Spain.

3 **Completa las frases con la forma adecuada del pretérito o del imperfecto de los verbos entre paréntesis.**

1 A finales del siglo quince los Reyes Católicos _____ en Castilla y Aragón. (*reinar*)
2 Durante esa época la Península Ibérica _____ de diversos reinos. (*componerse*)
3 La población de Al-Ándalus _____ una mezcla de razas y religiones pero en 1492 los Reyes Católicos _____ a los moros. (*ser/expulsar*)
4 El año pasado dos millones de personas _____ a la Semana Santa de Sevilla. (*asistir*)
5 Durante la dictadura las mujeres no _____ mucha libertad pero en 1975 cuando _____ Franco todo _____ a mejorar. (*tener/morir/empezar*)

4 〰️ **Escucha este informe sobre el papel de los españoles en la conversión al cristianismo en el nuevo mundo. Luego contesta las preguntas.**

1 ¿Qué partes de las Américas fueron conquistadas por los españoles?
2 Completa el texto con las palabras o frases adecuadas.

Con una simple mención de aquella parte del mundo enseguida nos vienen _____ imágenes de _____ , playas con surfistas o actores de Hollywood. Sin embargo, los _____ de esta tierra nada tienen que ver con el inglés ni con el 'brillo' de las _____ . Aunque sorprenda, fueron un _____ de hispanos católicos los que, a finales del siglo dieciocho, ocuparon el territorio y dieron nombre a sus ríos, _____ y montes.

3 a Además de colonizar las tierras, ¿qué más tenían que cumplir los conquistadores?
  b ¿Con quién habían firmado un tratado los Reyes Católicos?
4 a ¿Qué hicieron los españoles para cumplir con ese reto?
  b ¿Cómo consideraban a los indios nativos?
  c ¿A qué se refiere la cifra 31.000?

5 **¿Cómo ha cambiado la iglesia? Haz un resumen, usando un máximo de 70 palabras de los cambios en la influencia de la iglesia. Debes utilizar tus propias palabras. Puedes mencionar los siguientes puntos:**

- el papel histórico de la iglesia en España
- el papel en sitios como las Américas
- los cambios hasta el siglo veinte.

🔲 Gramática

Using the imperfect and preterite tenses together

The imperfect tense is used to talk about an ongoing action in the past, one for which there is no defined moment, or for things which were done habitually – things you 'used to do'. The preterite is used for completed actions in the past. This might be a one-off action or it might be something which took place in a specified timescale:

- While I walked (was walking) the dog, it began to rain - *Mientras paseaba al perro, empezó a llover.*

- Before 1931 Spain was a Monarchy but after the abdication of Alfonso XIII it became a republic until the Civil War in which the nationalists beat the republicans. - *Antes de 1931 España era una monarquía pero después de la abdicación del rey Alfonso XIII se transformó en una república hasta la Guerra Civil en la que los nacionalistas vencieron a los republicanos.*

See pages 151–152.

La misión de San Juan Bautista en California

La iglesia de la Compañia de Jesús, en Cuzco, Perú

1 **Discute estos temas con tus compañeros/as.**

- Cómo ha cambiado el papel de la religión en tu país.
- Si es importante para ti ir a la iglesia/a la mezquita/a la sinagoga, etc.
- Si la religión es/era más importante para tus padres y tus abuelos que para ti.

2a **Lee este artículo. Luego empareja las palabras del artículo con sus sinónimos.**

LA DESAFECCIÓN HACIA LA IGLESIA

En los últimos años las encuestas muestran que se ha acelerado la desafección de los españoles hacia el catolicismo y particularmente entre los jóvenes hasta tal punto que algunos

expertos predicen que en un plazo de 20 años España puede dejar de tener mayoría católica.

Poco a poco desde el fin de la dictadura, el catolicismo obligatorio ha sido suplantado por una práctica más relajada, en la que los fieles han reducido mucho su compromiso. Primero se vaciaron las iglesias, luego empezó a caer lentamente la adhesión sentimental al catolicismo. No obstante, el porcentaje de la población que se consideraba católica siguió rozando el 90% hasta principios de la década de 1990. A partir de ahí, el descenso fue constante, pero suave, hasta que a mediados de la década de 2000 se aceleró la

desafección, mucho más pronunciada entre los jóvenes. En contraste con la generación de sus padres, la pérdida de fe de la juventud española ha sido muy acelerada: entre 1992 y 2010, el porcentaje que se define como católico entre los jóvenes de 15 a 24 años pasó del 82% al 52%. Una caída de 30 puntos en solo 18 años.

En el mismo periodo, el conjunto de los españoles que se consideran católicos ha pasado del 87% al 73%. Tradicionalmente, la adhesión de los jóvenes al catolicismo ha sido siempre menor a la del conjunto de la población, pero las diferencias nunca han sido tan destacadas.

1	la encuesta	**a**	sustituir
2	predecir	**b**	la bajada
3	poco a poco	**c**	el grupo
4	suplantar	**d**	pronosticar
5	vaciar	**e**	gradualmente
6	el descenso	**f**	el sondeo
7	el conjunto	**g**	obvio
8	destacado	**h**	desocupar

📘 Estrategias

Connecting nouns with their corresponding verbs

An efficient way of improving your vocabulary is to make it 'work' for you: whenever you learn a new noun, learn the corresponding verb at the same time – and vice versa.

- *la reducción - reducir*
- *el descenso - descender*
- *la pérdida - perder*
- *la sustitución – sustituir*
- *la adhesión – adherir*

2b **Contesta las siguientes preguntas.**

1 ¿Qué demuestran los recientes sondeos?
2 Según ciertos expertos, ¿qué cambio habrá dentro de veinte años?
3 Describe brevemente las diferencias entre el catolicismo de la dictadura y del de los años siguientes.
4 ¿Cuál fue la primera señal de un cambio en la adhesión al catolicismo?
5 A pesar de no asistir tanto como antes a misa, durante las últimas décadas del siglo veinte ¿qué porcentaje de la población española se consideraba católica?
6 La pérdida de fe, ¿fue más notable entre los adultos o entre los jóvenes?
7 Explica lo que quiere decir 'una caída de 30 puntos'.

3a 〜 Escucha los motivos por los que los jóvenes dejan la iglesia y anota seis razones.

3b 〜 Escucha otra vez y decide si las frases son Verdaderas (V) o Falsas (F). Corrige las frases que sean falsas.

1 El estudio trata solo del problema en la iglesia católica.
2 Parece que las iglesias protegen demasiado a la gente.
3 Los adolescentes entienden lo que significa tener fe.
4 Según el estudio la percepción entre los jóvenes es que la iglesia se opone a los avances científicos.
5 En relación con la sexualidad, la iglesia muestra una actitud comprensiva.
6 Las iglesias no muestran mucha simpatía por los que tienen dudas.
7 Las iglesias se relacionan mejor con los que siguen un modo de vida más tradicional.
8 Las iglesias tratan de relacionarse con los jóvenes que viven una vida 'normal' para nuestra época.

4a Lee el reportaje a la derecha y da tu opinión sobre cada uno de los tres temas.

4b Traduce el tercer párrafo del texto.

4c Con un(a) compañero/a, discute las estadísticas.

- ¿Qué opinan los jóvenes españoles sobre temas sociales y morales respecto a los cuales la iglesia católica mantiene una postura muy clara?
- ¿Coinciden sus opiniones con la doctrina moral católica?
- Estas opiniones, ¿se parecen a las de los jóvenes de vuestro grupo?

5 Una revista española busca artículos sobre las actitudes de los jóvenes hoy en día sobre varios asuntos sociales. Utiliza la información del reportaje y escribe un artículo de 150 palabras. Puedes mencionar los siguientes puntos:

- la opinión de los jóvenes sobre las relaciones prematrimoniales
- su opinión sobre la homosexualidad
- su opinión sobre el aborto.

Las opiniones de los jovenes españoles

¿QUÉ OPINAS DE LOS SIGUIENTES TEMAS?

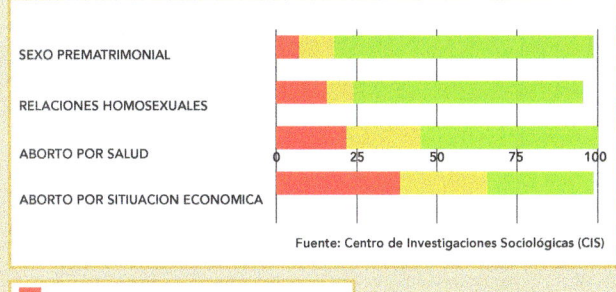

Fuente: Centro de Investigaciones Sociológicas (CIS)

■ SIEMPRE O CASI SIEMPRE ESTA MAL
■ A VECES ESTA MAL
■ NUNCA ESTA MAL

El sexo prematrimonial: El 80% de los jóvenes entre 18 y 24 años considera que las relaciones sexuales previas al matrimonio nunca están mal. Solo el 6% de los jóvenes considera que las relaciones prematrimoniales están mal de forma general.

Las relaciones homosexuales: El 80% de los jóvenes acepta de forma general las relaciones homosexuales, de los cuales un 70% considera que nunca están mal y un 10% considera que solo están mal en ciertas circunstancias, sin especificar cuáles. Solo un 12% de los jóvenes considera que siempre están mal.

El aborto: El 55% de los jóvenes considera que el aborto voluntario por motivos de salud nunca está mal y un 23% considera que solo está mal en determinadas circunstancias. Solo el 17% de los jóvenes considera que el aborto voluntario por motivos de salud está siempre mal. Los porcentajes varían en el caso de abortos por motivos económicos pero aun así el 59% de los jóvenes lo aceptan siempre o en la mayoría de los casos, mientras que un 29% lo rechazan siempre.

■ Expresiones claves

si no me equivoco …
(no) estoy de acuerdo con … / a favor de …
a mi juicio/a mi modo de ver
desde mi punto de vista …
francamente …
(no) es sorprendente que …
es un tema que …
es algo que (no) me preocupa
es controvertido
(no) es una opinión/actitud que comparto yo

¡Demuestra lo que has aprendido!

1 Estas palabras y frases han aparecido en las secciones sobre los valores tradicionales y modernos. Emparéjalas con sus definiciones.

1 el mundo occidental
2 la dictadura franquista
3 el fallecimiento
4 patriotas
5 la convivencia
6 una vivienda
7 el reto
8 la entrada en vigor de una ley
9 los cristianos, musulmanes y judíos
10 la fe
11 la península ibérica
12 creyentes

a el momento en que se introduce una nueva norma
b la cohabitación
c seguidores de las tres religiones monoteístas que convivieron en Al-Ándalus
d las tierras ocupadas hoy en día por España y Portugal
e los que siguen una religión
f la confianza total en algo o en alguien
g la parte de la tierra en que vivimos y que generalmente se considera la más desarrollada
h las personas que son muy orgullosas y protectoras de su país
i el desafío
l la muerte
m los años hasta la séptima década del siglo veinte en que el poder lo concentró en una sola persona
n un hogar

2 Empareja el año con el acontecimiento.

¿Qué pasó?

1 1492   a fin de las leyes discriminatorias
2 1936   b la muerte de Franco
3 1939   c la legalización del divorcio
4 1975   d el comienzo de la Guerra Civil
5 1978   e la entrada en vigor de la legalización del matrimonio homosexual
6 1979   f la Reconquista
7 1981   g el fin de la Guerra Civil
8 2005   h la aprobación de la Constitución

3 Contesta las preguntas.

1 En una típica familia española tradicional hasta las últimas décadas del siglo veinte, ¿cuáles eran los roles del padre y la madre?
2 ¿En qué sentido y por qué han cambiado estos roles?
3 ¿Por qué tardó tanto España en permitir el divorcio?
4 ¿Los homosexuales tienen el derecho de adoptar a niños?
5 ¿Aproximadamente qué porcentaje de los matrimonios se celebran con una ceremonia religiosa hoy en día en España?
6 ¿Cómo se diferencian los dos tipos de divorcio en España?

4 Empareja las dos partes de las siguientes frases.

1 Una ventaja de la cohabitación es que…
2 No quiero arriesgar un divorcio…
3 Hay los que piensan que la estabilidad y la fidelidad…
4 Hay muchas palabras españolas que derivan del árabe…
5 El estilo de arquitectura andaluza tiene…

a están perdiendo su credibilidad.
b sus rasgos en la herencia de los moros.
c así que voy a seguir conviviendo.
d y entre ellas muchas comienzan con 'al'.
e si hay una ruptura hay menos trámites al final de la relación.

¡Haz la prueba!

1 📖 Traduce este texto al inglés.

En España, aunque se celebran cada vez más ceremonias civiles que religiosas, muchas parejas prefieren la ceremonia religiosa porque es más bonita. Antiguamente era tradicional que la pareja comprara un piso antes de casarse, al que se mudarían después de la boda pero actualmente muchos novios conviven antes de casarse. No obstante, cuando deciden casarse la tradición es que el novio regale un anillo de compromiso y la novia le ofrezca a él un reloj o unos gemelos.

Antes de la boda se suele hacer una despedida de soltero tanto para el novio como para la novia. Ahora es muy popular irse fuera un fin de semana para disfrutar con los amigos más íntimos.

[10 marks]

2 💬 Completa el texto, escogiendo la palabra más apropiada de la lista.

En las bodas españolas, solo los novios suben al ¹_____ . Una de las tradiciones es el ²_____ de las arras, unas ³_____ que simbolizan que compartirán sus finanzas. En la ceremonia ⁴_____ , los novios también se intercambian las ⁵_____ que se llevan en el ⁶_____ anular de la mano derecha.

Otra tradición ⁷_____ de las bodas españolas es ⁸_____ dinero o cosas para la casa de los novios si tienen lista de bodas. Cuando te invitan a una ⁹_____ española se espera que se 'cubra el cubierto' es decir, ¹⁰_____ en tu regalo como mínimo el mismo importe que los novios habrán gastado en tu ¹¹_____ . Un ¹²_____ de bodas típico en España consiste en entrantes, un plato de ¹³_____ o marisco, otro plato de ¹⁴_____ , un sorbete entre platos y de ¹⁵_____ , la tarta nupcial.

> monedas   postre   regalar   boda   menú   altar
> dedo   pescado   religiosa   gastar   carne
> comida   intercambio   típica   alianzas

[15 marks]

3 ✏️ Lee este artículo con cuidado y luego escribe un resumen usando un máximo de unas 70 palabras. Responde con frases completas. Incluye:

- que ha pasado en los últimos años [2]
- los cambios a la estructura familiar [2]
- cómo esta cambiando el concepto de familia. [3]

Hay cinco puntos adicionales por la calidad de tu español escrito. En la medida de lo posible, debes utilizar tus propias palabras.

[12 marks]

Nuevos conceptos de familia en América Latina

Igual que en Europa, en los últimos 25 años se han presentado diversas situaciones personales y sociales que han causado un cambio en la estructura de las familias en América Latina, ocasionando un crecimiento de familias formadas por mujeres solteras o divorciadas que impacta directamente en el ámbito familiar.

Los cambios que ha sufrido la estructura familiar en Latinoamérica son, entre otros, la disminución en el número de hijos, el aumento en el número de madres solteras, y la ausencia materna por razones de trabajo.

Actualmente el concepto de familia está cambiando poco a poco. A diferencia del pasado, hoy no solamente sale a trabajar el padre, sino que también lo hace la madre. De esta forma se ha perdido un poco el poder que tradicionalmente le perteneció al hombre como el jefe del hogar.

Este cambio ocasiona que, al salir los dos a trabajar, los hijos tengan que ser cuidados por algún otro miembro familiar o por personas de servicio doméstico.

Otro fenómeno que está sufriendo la familia latinoamericana en esta época, es que hoy en día hay nuevas situaciones que alteran la tradición en la familia, como el bajo nivel de matrimonios o las uniones de hecho inestables.

4a ✏️ **Lee el reportaje sobre la boda de los Reyes de España, Felipe VI y Letizia. Completa los huecos 1–7 con la forma adecuada del pretérito y completa los huecos 8–11 con la forma adecuada del imperfecto de los verbos entre paréntesis.**

La boda real entre el entonces príncipe Felipe de Borbón y Letizia Ortiz ¹_____ (*celebrarse*) en la catedral de la Almudena de Madrid el día 22 de mayo de 2004, ante más de 1.200 invitados. A la boda ²_____ (*asistir*) representantes de doce casas reales reinantes y otros doce pertenecientes a casas reales no reinantes.

³_____ (*Tener*) la consideración de boda de Estado, la primera en España desde hacía más de 50 años, y ⁴_____ (*ser*) también la primera boda en celebrarse en la catedral de Madrid, que había sido consagrada en el año 1993.

A las 11.12, ⁵_____ (*entrar*) la novia, Letizia Ortiz, a la catedral, precedida por los pajes. ⁶_____ (*Llegar*) a la catedral en coche, en lugar de hacerlo a pie como estaba previsto, debido a la persistente e intensa lluvia.

La boda ⁷_____ (*ser*) oficiada con misa solemne, celebrada por el arzobispo de Madrid.

Letizia ⁸_____ (*lucir*) la tiara con la que se casó la reina Sofía, de estilo imperio, en platino y diamantes. El traje de novia, diseñado por Manuel Pertegaz, ⁹_____ (*ser*) de color blanco, manga larga, y con cola de 4,5 metros bordada con motivos heráldicos. ¹⁰_____ (*llevar*) también el manto nupcial que fue un regalo del Príncipe, con guirnaldas bordadas a mano, que ¹¹_____ (*mezclar*) la flor de lis y la espiga.

[11 marks]

4b 📖 **Después de completar el texto, lee las siguientes frases y decide si son Verdaderas (V), Falsas (F) o No mencionadas (N).**

1 La catedral de Madrid se llama La Almudena.
2 La construcción de la Almudena empezó hacia el fin del siglo diecinueve.
3 Muchas bodas estatales se han celebrado en la Catedral de Madrid.
4 El día de la boda de Felipe y Letizia hacía buen tiempo.
5 Letizia había tenido la intención de caminar a la catedral.
6 En efecto viajó a su boda en un BMW.
7 Durante la celebración religiosa hubo una misa nupcial.
8 Ahora Felipe es Rey de España.
9 En 2014, después de un reinado de 39 años, el Rey Juan Carlos renunció al trono a favor de su hijo.
10 De todos los miembros de familias reales que asistieron a la boda, solo la mitad pertenecen a familias reales reinantes.

[10 marks]

5 ↪️ **Traduce las siguientes frases al español. ¡Escoge los tiempos de los verbos con cuidado!**

1 In the past the majority of Spaniards were Catholics and many people used to go to mass every Sunday.
2 Until the final decades of the 20th century the husband was the head of the family and was the main provider.
3 During the dictatorship divorce and abortion were illegal.
4 Many Spaniards still remember exactly what they were doing when they heard the news of Franco's death.
5 At last, in 1981, the Spanish government introduced a law which allowed divorce.
6 The Moors built many beautiful buildings such as the Alhambra in Granada and the Mosque in Córdoba.
7 Nowadays less than 25% of young Spanish people describe themselves as religious and more than 60% say that they never go to church.

[21 marks]

💬 **Consejo**

Suggestions for improving your knowledge of Spanish language and culture

• Devote ample time to learning grammar and vocabulary.

• Sometimes use a Spanish language dictionary and find the meaning of a word by working out its definition.

• Use a dictionary of synonyms to make your writing more interesting.

• Do your own research to extend your knowledge of the topics you are studying.

• Take an interest in Spain by watching or reading the news on the Internet.

• If there is something you aren't sure about, consult your teacher.

6 💬 **Lee el texto y busca las frases o palabras que tengan el mismo significado.**

1 a pilgrimage	**7** impressive
2 roots	**8** to undertake
3 pilgrim	**9** to come from
4 the tomb	**10** a challenge
5 the legend	**11** unforgettable
6 a shepherd	

[11 marks]

EL CAMINO DE SANTIAGO

Quizás has oído hablar del Camino de Santiago, pero ¿qué es?

Es una peregrinación de más de 800 kilómetros con raíces en la fe cristiana que conduce a los peregrinos hasta Santiago de Compostela en el noroeste de España, para visitar la tumba del Apóstol Santiago el Mayor. Según la leyenda, después de ser decapitado en Palestina en el año 42, los discípulos de Santiago llevaron su cuerpo por mar. En el año 813 – después de un intervalo de casi ochocientos años – el sepulcro fue descubierto en el monte Libradón por un pastor y el rey Alfonso II ordenó la construcción de una basílica en aquel lugar. Los primeros peregrinos llegaron al sepulcro en 840 – y la tradición ha continuado hasta hoy. En efecto hacer el Camino se ha hecho cada vez más popular y ahora cada año unas 200.000 personas de todas las nacionalidades obtienen la 'Compostela' que es el certificado recibido al terminar la ruta y al llegar a la imponente catedral de Santiago.

¿Qué motiva a tanta gente a emprender tal viaje? En el curso de la historia, la fe ha animado a los peregrinos y los ha reunido en un aliento común y hoy en día, hay todavía los que lo hacen por motivos espirituales y religiosos. Para otras personas el deseo de cumplirlo también puede emanar de un reto personal, de un espíritu de aventura o de una curiosidad cultural, aunque también hay quien lo hace por razones inexplicables. Lo que es cierto es que para todos es una experiencia apasionante e inolvidable.

El Camino es la peregrinación más importante de Europa y en 1993 fue declarado Patrimonio de la Humanidad por la UNESCO. También ha sido nominado Itinerario Cultural Europeo por el Consejo de Europa, y ha recibido el título honorífico de Calle Mayor de Europa.

7 〰️ **Escucha la entrevista con María Lourdes, una chica que hizo el Camino de Santiago recientemente. Contesta las preguntas después de cada parte de la entrevista. No es necesario hacer frases completas para todas las respuestas.**

7a **Primera parte**

1 Según Lourdes, ¿qué es más importante que la ruta en sí? [1]
2 En una palabra, ¿cómo describe el Camino? [1]
3 ¿Cuáles son las tres maravillas que ofrece la "madre naturaleza"? [3]

7b **Segunda parte**

4 ¿Dónde se puede obtener la credencial? [2]
5 Menciona dos sitios donde se puede sellar la credencial. [2]

7c **Tercera parte**

6 ¿Qué problema físico menciona Lourdes? [1]
7 ¿Qué recuerdos tiene de la gente que conoció en ruta? [3]

[13 marks]

8 💬 **Mira el dibujo y lee las preguntas. Después piensa detenidamente tus respuestas y comparte tus ideas con un(a) compañero/a o con la clase.**

FAMILIA: SOLO HAY UNA – LA QUE TÚ ELIJAS

- Explica los modelos de familia representados en la imagen.
- ¿Estás de acuerdo que cada grupo constituye una familia?
- En tu opinión, ¿cuál es el modelo de preferencia o son todos iguales? Justifica tu respuesta.

1.1 Los cambios en la familia

adecuado/a	suitable
apetecer	to feel like doing
aumentar	to increase
asumir	to assume
el bienestar	wellbeing
brindar (consejos)	to offer, give
complacer	to please
cobrar	to take on, to earn
el conjunto	group
conseguir	to manage
cuidar	to look after
cuyo/a	whose
el derecho	the right
disfrutar	to enjoy
la docilidad	submissiveness
la emancipación	independence
el embarazo	pregnancy
el énfasis	emphasis
enseñar	to show
escoger	to choose
el esfuerzo	effort
la esposa	wife
familiar	family (adj. e.g. el hogar familiar)
el fallecimiento	death
la hembra	female
el hogar	home
impecable	impeccable
imprescindible	essential
incluso	even
la incorporación	involvement
a largo plazo	in the long term
el listón	ribbon
lucir	to glow
mantener	to keep, maintain
negar	to deny
el nido	nest
un paso hacia atrás	a backward step
el plumero	feather duster
el puñado	handful
la recompensa	reward
quejarse	to complain
reluciente	shining, shiny
el siglo	century
soler	to usually…
subordinar	to subordinate
la sumisión	submissiveness
tardío	late
la tarea	task
vigésimo	twentieth
la vivienda	dwelling, housing

1.2 Actitudes hacia el matrimonio y el divorcio

abarrotar	to pack
agradecer	to thank
de ahora en adelante	from now on
ambos	both
arrojar	to throw
el auge	rise
la buena voluntad	goodwill
la butaca	armchair
la caída	fall
la calada	drag on a cigarette
un camino de rosas	a bed of roses
el cariño	affection
ceder	to give in/give up
la cifra	number
el compromiso	commitment
el/la consejero/a	counsellor
el/la consejo	advice
consensuado/a	consensual
definir	to define
derogar	to abolish
la desaparición	disappearance
dispararse	to go up/to shoot/to fire
duplicarse	to double (up)
empeorado/a	worsened
en boga	in fashion
encarcelado/a	imprisoned
el encendedor	lighter
la encuesta	survey
enfrentar	to face
enredar	to mess with
entrar en vigor	to become law
la espuma	foam
estabilizarse	to become established
el fenómeno	phenomenon
el fracaso	failure
hinchado/a	swollen
el humo	the smoke
incidir	to stress
el juzgado	court
la meta	goal
la mitad	half

la	nimiedad	*triviality*
el	pañuelo	*headscarf/handkerchief*
	por las nubes	*through the roof*
el	precepto	*precept, rule*
el	procedimiento	*process*
	provocar	*to provoke*
el	psicólogo	*psychologist*
la	punzada	*jab*
el	respaldo	*support*
el	respeto	*respect*
el	reto	*challenge*
	revocar	*to revoke*
	rozar	*to come close to*
	sin ambages	*bluntly*
	soñar	*to dream*
	sospechar	*to suspect*
un	tercio	*a third*
el/la	testigo/a	*witness*
	transcurrir	*to elapse/to take place*
la	vergüenza	*shame*

	predecir	*to predict*
	regalar	*to give something (as a present)*
	rescatar	*to rescue*
	secularizarse	*to become secular*
	suplantar	*to take the place of*
el	vínculo	*link*
la	vivencia	*experience*

1.3 La influencia de la Iglesia Católica

	aclarar	*to make clear, clarify*
el	bautismo	*baptism*
	bautizar	*to baptise*
	bendecir	*to bless*
el	brillo	*shine*
	controvertido/a	*controversial*
la	corona	*crown*
	cumplir	*to fulfil*
la	desafección	*disaffection*
el	desarrollo	*development*
	disponer de	*to have at one's disposal*
el	Domingo de Ramos	*Palm Sunday*
	dominical	*relating to Sunday*
	encabezado/a	*headed (by)*
	enseguida	*straight away*
	fallecer	*to die*
	inconcebiblemente	*inconceivably*
	indígena	*native*
	llevar a cabo	*to carry out*
	madrileño/a	*from Madrid*
	menguar	*to reduce*
la	medida	*the measure*
el	monje	*monk*
el	Papa	*the Pope*
	pisar	*to tread on*

■ Expresiones claves

Reacting to a stimulus/emotional reaction

(no) estoy de acuerdo con … /a favor de …
a mi juicio/a mi modo de ver
a mí me da igual
es una polémica
es impresionante
es increíble
es algo inolvidable
me parece increíble
no me lo puedo creer
es sorprendente
es curioso
me hace pensar
Lo que me impresiona más es …
La imagen/la foto muestra …

2 El ciberespacio

By the end of this section you will be able to:

		Language	Grammar	Skills
2.1	La influencia de Internet	Discuss the positive and/or negative influence of the Internet	Use the present and present continuous	Write a summary based on a listening extract
2.2	Los móviles inteligentes en nuestra sociedad	Discuss the positive and/or negative effect of smartphones	Use comparatives and superlatives *Ser* and *estar*	Use expressions giving pros and cons
2.3	Las redes sociales: beneficios y peligros	Consider the type of influence social networks have on society	Use the future and conditional	Use idiomatic expressions with impersonal verbs

> Actualmente los nuevos aparatos electrónicos nos permiten realizar tareas que se hacían de forma manual en el pasado. La tecnología juega un papel muy importante en el mundo desde el momento en que se crea algo innovador que todos queremos tener cuanto antes. Todos queremos estar a la moda y presumir de tener lo último del mercado. En términos generales la tecnología aporta grandes beneficios a la humanidad. Su papel principal es el de mejorar las herramientas y los accesorios y adaptarlos a los usuarios para facilitarles y ahorrarles esfuerzo y, sobre todo, tiempo en su vida cotidiana.

1 **¿Qué es el ciberespacio? Descifra las palabras para crear una definición.**

el / por / creado / artificial / medios / es / informáticos / ámbito

2 **¿Sabes las partes de un ordenador? Empareja cada nombre con un objeto.**

1 el joystick
2 la impresora
3 el altavoz
4 el escáner
5 la alfombrilla
6 la torre
7 el pendrive
8 el micrófono
9 el teclado
10 el cartucho de tinta
11 la pantalla
12 el ratón

3 **Lee las definiciones y decide qué parte del ordenador describe cada una.**

1 Parte del ordenador cuyos movimientos son reproducidos por un cursor en la pantalla.
2 Parte del ordenador que eleva la intensidad del sonido.
3 Parte del ordenador que imprime caracteres e imágenes al papel.
4 Parte del ordenador donde se encuentran las teclas.
5 Parte del ordenador que se usa para hablar.

4 **Sin usar un diccionario, ¿cuántas de las siguientes palabras reconoces? Compara tus respuestas con las de un(a) compañero/a.**

- banda ancha
- escribir tu contraseña
- revisar el correo electrónico
- el ciberespacio
- los internautas
- el portátil
- conectarse
- inalámbrico

5a **¿Positivo o negativo? Decide si los siguientes usos son una influencia positiva o negativa para la persona. Algunos pueden ser ambos. Apunta P, N, o P+N.**

1 Colgar videos o fotos en las redes sociales con imágenes de tu vida privada.
2 Hablar con desconocidos sobre tus planes.
3 Dejar a un menor navegar por Internet.
4 Buscar información por Internet para hacer los deberes.
5 Tener la conexión wi-fi abierta para que todos puedan accederla.
6 Tener contraseñas poco robustas.
7 Dar información personal a través de las redes sociales.
8 Realizar compras por Internet.
9 Prestar atención a las descargas que se hacen.
10 Fomentar las buenas prácticas en la red entre los menores.

5b **Luego, compara tus respuestas con las de un(a) compañero/a y discute ¿qué influencias tiene la tecnología en nuestras vidas? Usa las fotos al lado para ayudar.**

¿Lo sabías?

- El 56% de todas las páginas de Internet están escritas en inglés. Solo un 3% está en español.

- El español es el tercer idioma más usado en Internet.

- México es el tercer país hispanoparlante que más usa Facebook.

- El país del mundo hispano con el mayor aumento de usuarios de Facebook es Perú.

- El número de usuarios de Internet en México ha aumentado más del 50% desde 2008 hasta llegar a una cifra de 52 millones de personas.

- El Plan Nacional "Argentina Conectada" es una estrategia que ha introducido el gobierno argentino para desarrollar el uso de Internet en las zonas rurales.

1a Antes de leer el artículo, empareja cada palabra española con su equivalente en inglés.

1	realización	**a**	gap
2	brecha	**b**	old people
3	gestiones	**c**	profile
4	personas mayores	**d**	paperwork
5	usuarios	**e**	carrying out
6	perfil	**f**	users

1b Lee el artículo y contesta las preguntas.

Las personas mayores y el uso de Internet

Si bien el uso de las nuevas tecnologías para la realización de actividades cotidianas es un fenómeno que se extiende de forma global en la sociedad actual, entre el colectivo de mayores se refleja un uso menor y más lento. El análisis de esta brecha supone el contenido de un estudio llamado 'Barómetro de Mayores' que ha sido elaborado por la compañía Simple Lógica para analizar el uso digital de los españoles mayores de 75 años.

Entre las personas mayores que se manifiestan como usuarios de Internet, nueve de cada diez lo utilizan para informarse, prensa, noticias y documentos (89,2%) siendo esta actividad la que más mayores realizan. No obstante la mitad de ellos realizan por Internet gestiones tanto bancarias (51,1%) como administrativas (47,0%). La actividad que menos se realiza entre las personas mayores es la de comprar por Internet ya que prefieren la atención personal.

Si se analiza el perfil de los usuarios de Internet entre las personas mayores se caracteriza principalmente por tratarse de varones. Entre las personas mayores que no utilizan Internet, los motivos más comunes por los que no lo hacen tienen que ver con la ausencia de medios para hacerlo. El 13,0% afirman que les resulta muy complicado y tan solo una minoría alude a las garantías de seguridad.

Por último, se observa que no navegar por Internet es un motivo que en el ámbito rural (28,0%) y en las pequeñas ciudades (24,3%) es mencionado por un porcentaje de mayores no usuarios significativamente superior al registrado en las grandes ciudades como Madrid y Barcelona (13,9%).

1 ¿Quién ha realizado este informe?
2 ¿Por qué ha sido elaborado?
3 ¿Cuál es el uso más habitual de Internet entre las personas mayores?
4 ¿Por qué no les gusta comprar por Internet a las personas mayores?
5 ¿Por qué crees tú que son los varones quienes normalmente usan más Internet?
6 Según el artículo, ¿cuáles son los motivos por los que no usan Internet?
7 ¿Por qué crees tú que navegar por Internet es menos común en el ámbito rural y en las pequeñas ciudades?

1c Lee otra vez el artículo y explica, usando tus propias palabras, a que se refieren las siguientes cifras.

1	89,2	**3**	47	**5**	28
2	51,1	**4**	13	**6**	13,9

1d Traduce los dos últimos párrafos al inglés.

2 〜 **Escucha este reportaje y contesta las preguntas en español.**

1 Según el reportaje, ¿cómo se sabe que el uso de Internet es popular en América Latina?
2 ¿Qué dice la información estadística de eMarketeer?
3 ¿Cuál es el perfil del usuario promedio?
4 ¿Por qué se menciona Argentina?
5 ¿A través de qué medios se da el 7,7% del tráfico en Puerto Rico?
6 ¿Qué diferencias hay entre comprar en línea en América Latina y en Europa?

3 **Completa las frases con la forma adecuada del presente o del presente continuo de los verbos entre paréntesis.**

1 Mi familia _____ por Internet después de cenar. (*navegar*)
2 Internet siempre me _____ cuando yo _____ información. (*ayudar / buscar*)
3 Mi abuela _____ mandar emails a mi hermana por Internet. (*soler*)
4 Mis amigos _____ música todos los días. (*descargar*)
5 Ahora mis amigos y yo _____ videos a YouTube. (*subir*)
6 ¿Qué _____ vosotros? ¿Ver programas en la tele o por Internet? (*preferir*)
7 Una ventaja de Internet _____ que se _____ comparar precios. (*ser / poder*)

4 **Escribe un ensayo de 200 palabras con el título "¿Qué ventajas tiene el uso de Internet para los mayores?"**

Puedes pensar en los siguientes usos y posibles beneficios:

● hacer la compra en línea
● conocer a otras personas
● manejar las cuentas bancarias
● mejorar la autoestima/la autonomía
● mantenerse activo/a mentalmente
● no perder el contacto con familiares/amigos.

5 **Con tu compañero/a, discute las siguientes preguntas. Usa las expresiones claves.**

● ¿Crees que la tecnología aumenta el riesgo de ciberacoso?
● ¿Qué pueden hacer los padres?

🔲 Gramática

The present tense

To form the present indicative, add the following endings to the stem of the infinitive (remove the -*ar*,-*er* or -*ir*).

-*ar* verbs: -o, -as, -a, -amos, -áis, -an
-*er* verbs: -o, -es, -e, -emos, -éis, -en
-*ir* verbs: -o, -es, -e, -imos, -ís, -en

Some verbs have a spelling change in the stem of the verb.

preferir → prefiero, volver → vuelvo, pedir → pido

Some verbs insert '*g*' into the stem of the first person:

tener → tengo, poner → pongo, salir → salgo

The present continuous tense

This is the Spanish equivalent of the English form 'I am/you are, etc. …-ing'.

To form it, use the appropriate form the verb *estar* with the gerund.

The gerund is formed as follows:

-*ar* verbs → -*ando*
-*er*/-*ir* verbs → -*iendo*

estoy cantando   I am singing

Formation of irregular gerunds:

dormir → durmiendo
leer → leyendo

A significant difference between these two tenses is that we use the simple present tense for things that are permanent or are generally the case, and the present continuous tense for things that may change or are temporary.

See pages 150–151.

🟪 Expresiones claves

acosar	los datos personales
la amenaza/amenazar	engañar
anónimo/a	el extraño
bloquear	instalar/poner filtros
el contenido inapropiado	vigilar
la cuenta bancaria	

Vocabulario

acabar con *to put an end to*
la alcaldía *mayor's office*
combatir *to fight*
comprar *to buy*
cualquier *any*
descargar *to download*
el sitio *place*

Estrategias

Ideas for writing a summary based on a listening extract

- Listen to the extract at least twice, for the overall gist, before starting the summary.

- Write some key points from the extract, e.g. short sentences or statistics that seem important.

- Extract some key words and expressions to use.

- Look at the bullet points you are given as a guide to writing your summary.

- Following each bullet point, write a sentence using your own structures but with some words from the text to help you.

- Don't write everything you hear about a particular bullet point.

- The key is to show you have understood the key points and that you have communicated them, showing manipulation of the structures/vocabulary in the extract.

1 Lee este artículo sobre la piratería y contesta las preguntas usando tus propias palabras.

Ciudad de México combate la piratería digital

Una de las estrategias de la alcaldía de Ciudad de México para acabar con la piratería de contenidos online consiste en instalar 25 kioscos digitales donde se podrá comprar música, películas, videos, libros y tonos de móvil de forma legal.

Según el director del Fideicomiso del Centro Histórico de Ciudad de México Inti Muñoz, comprar un disco de música o una película pirata en la capital es muy sencillo, basta con ir a la entrada de cualquier estación de metro, a un mercado o al centro de la ciudad.

En principio el proyecto, que ya ha sido probado en otros países latinoamericanos, ofrecerá 15.000 videos de música, y 300.000 canciones a un precio inferior a US$1, y que los usuarios podrán descargar en sus teléfonos móviles, memorias USB o en otros aparatos digitales.

Competir contra el mercado ilegal de contenidos no es fácil, insiste el director del Fideicomiso. Hay solo unos 1.000 sitios en México donde se vende música legalmente y 50.000 sitios donde la venta es ilegal. El barrio de Tepito, a solo unas calles de donde se instalaran los 25 kioscos, es uno de los principales lugares de producción de discos pirata.

Ciudad de México

1 ¿Dónde se puede comprar un disco pirata de música en Ciudad de México?
2 ¿Qué ha hecho la alcaldía para combatir este problema?
3 ¿Por qué se ha introducido esta iniciativa?
4 ¿Se ofrecerá solamente en Ciudad de México?
5 ¿Por qué costará cada producto menos de un dólar?
6 ¿Por qué se han instalado kioscos cerca de Tepito?

2 〜 Escucha este reportaje sobre la música en formato digital y haz un resumen de 70 palabras en español usando tus propias palabras. Debes incluir:

- la situación actual de la música digital en España
- las ventas de música en España en el pasado
- lo que se está haciendo para terminar con la piratería
- por qué se menciona a Plácido Domingo
- qué hay para los que les gusta la música española.

3 **Traduce este texto al inglés.**

Las medidas más eficaces contra la piratería, según los internautas, son bloquear el acceso al sitio web que ofrece esos contenidos y desarrollar campañas de concienciación social. Otras medidas, a juicio de los consumidores, son sancionar tanto a las operadoras y proveedores de acceso a Internet como a los usuarios infractores, bien con multas o bien restringiéndoles el uso de Internet.

4a **Completa el texto sobre el consumo televisivo por Internet en España, escogiendo de la lista la palabra más apropiada. ¡Cuidado! Hay más palabras que huecos.**

El consumo de televisión por Internet está a cinco puntos del convencional

Según un estudio de Ericsson, el uso de televisión por Internet en España está solo cinco puntos por debajo del convencional.

El estudio [1]_____ varias tendencias en los hábitos de los [2]_____ españoles a la hora de ver la televisión.

Primero, el contenido por Internet o bajo demanda [3]_____ relevancia y ahora, el consumo de [4]_____ en "streaming" (80%) casi ha alcanzado al convencional (85%).

En segundo lugar, se [5]_____ más importancia a la interactividad de contenidos en la experiencia [6]_____. La interactividad es relevante para el 29% de los consumidores.

En tercer lugar, los usuarios ajustan cada vez más los paquetes de servicios a sus [7]_____. El 51% de los que tomaron parte en el estudio en España han [8]_____ servicios o han cancelado servicios que tenían el año pasado.

Por último, se ha incrementado el consumo de videos en dispositivos móviles. El 24% de los que respondieron ven un determinado [9]_____ de TV en varias pantallas y a diferentes horas. Lo empiezan en un [10]_____ y lo terminan horas después en otro distinto.

> aparato   consumidores   da   gana   ha   identifica   necesito
> necesidades   programa   programación   reducido   revelan   televisiva

4b **Traduce estas frases al español.**

1 More and more people use the Internet to watch their favourite shows.
2 I prefer to see films in the cinema because the screen is bigger.
3 My preferred gadget is the laptop.
4 Viewers like to change the way they watch programmes.
5 My brother is interested in on-demand television.

5 **Escribe un blog de unas 200 palabras sobre la importancia de Internet en nuestra sociedad. Puedes mencionar los siguientes puntos:**

- ventajas que aporta Internet
- desventajas que aporta Internet
- los cambios en cómo consumimos la música y la televisión
- el futuro de Internet.

■ **Expresiones claves**

recibir/mandar/revisar correo electrónico
leer las noticias
navegar por la red para buscar información
ayudar con los deberes/los estudios
escribir un blog (un diario personal)
colgar/subir fotos
comparar precios
comprar entradas de cine/teatro/conciertos
chatear con amigos en países extranjeros
acercar a la gente

A: Los móviles inteligentes en nuestra sociedad

Los móviles han cambiado mucho.
El inventor del móvil, Martin Cooper,
muestra su prototipo del año 1973

1 **Con tu compañero/a, contesta las preguntas.**

- ¿Tienes móvil? ¿De qué marca?
- ¿Para qué usas tu móvil?
- ¿Cómo han cambiado los móviles en los últimos treinta años?

2a **Lee este artículo sobre los peligros que traen los móviles. Haz un resumen usando tus propias palabras. Escribe unas 70 palabras.**

Puedes mencionar los siguientes puntos:

- la opinión de Esther Arén
- los problemas que traen los móviles para los menores
- qué ocurrió en Málaga recientemente
- el programa de intervención introducido en el instituto Parque de Goya.

2b **Lee otra vez el artículo y traduce el último párrafo al inglés.**

"Hasta los 14 no deberían tener móvil"

Sin duda los teléfonos móviles conectados a Internet han revolucionado la forma en la que los adolescentes se relacionan entre sí. Sin embargo, con ellas una parte del acoso ha pasado al mundo virtual, lejos del alcance y de la vista de los adultos. Aunque es una situación que preocupa al Ministerio de Educación, de momento, solo la Policía tiene una postura clara: los menores de 14 años no deberían tener móvil.

"Igual que no pueden beber ni conducir con menos de 18 años, con menos de 14 no deberían tener móvil", aseguró Esther Arén, portavoz de la Policía Nacional en Madrid. A partir de entonces empieza la responsabilidad penal de los menores de edad porque con trece o menos no se les pueden imputar delitos penales. Sin embargo, reconoció que en la mayoría de casos consiguen estos dispositivos mucho antes y como regalos de familiares. "Para prevenir ningún problema, tenemos que conseguir que estén bien informados, que sepan donde está el límite", concluyó Arén.

Aunque no hay datos oficiales publicados al respecto, la comunidad educativa comparte la sensación de que en las aplicaciones de mensajería móvil se dan toda clase de situaciones de acoso para los menores. Entre otras, el sexting, la participación de insultos, las amenazas, las humillaciones, el intercambio o la difusión sin consentimiento de fotografías personales de contenido erótico o en extorsiones.

Esto ocurrió recientemente en uno de los últimos casos registrados, en el que policías nacionales localizaron a un menor en Málaga donde tanto la víctima como el presunto autor de los hechos tenían menos de 14 años. Ambos se habían conocido a través de un grupo de Whatsapp e iniciaron una relación de amistad. Al parecer, la joven había enviado unas fotos comprometidas a su nuevo amigo, quien las habría utilizado para chantajearla con la intención de obtener más instantáneas del mismo tipo.

Antonio Ramos, director del instituto Parque de Goya, en Zaragoza, uno de los pioneros en el desarrollo de programas de intervención para la mejora de la convivencia en los institutos comenta que las redes sociales les permiten a los alumnos ser parte del grupo, relacionarse y controlar su propia imagen, pero se tiene que hacerles conscientes de los riesgos que representan. Por eso, en su instituto han creado un equipo de 'ciberayudantes'; un grupo de alumnos a los que dan formación específica sobre privacidad y buenas prácticas digitales para que sean ellos los que ayudan al resto de los estudiantes. Su sistema también ayuda a identificar y prevenir situaciones de acoso que ocurren en la red, e incluso a resolverlas. "No son policías ni chivatos, pero si pueden actúan para solucionar todo tipo de cuestiones", añade Ramos.

■ Vocabulario

el alcance de *the reach of*
chantejear *to blackmail*
el chivato *a snitch*
el delito *crime*
la formación *training*
el/la portavoz *spokesperson*

3 〰 Escucha esta conversación entre Jorge y Adela. Contesta a las preguntas en español usando tus propias palabras.

1 ¿Qué está haciendo Adela? ¿Por qué?

2 Según el artículo que ha leído Adela, ¿qué porcentaje de niños españoles tiene móvil?

3 ¿Qué dice Adela sobre cuál es el papel de los padres al comprar un móvil para sus hijos?

4 ¿Cómo se sentiría Adela si su hijo tiene un móvil?

5 ¿Qué cree Jorge que no se les debería dar a los hijos?

6 ¿Qué sugerencias da el proyecto Pantallas Amigas?

7 ¿Por qué no le compró un smartphone Jorge a su hijo?

8 ¿Cuánto se gastó Jorge en el móvil de su hijo?

9 ¿Qué temía Jorge más que nada?

10 Anota cuáles son las tres características ideales de un móvil para menores, según Jorge.

11 ¿Qué medidas existen para que los menores no puedan descargar aplicaciones?

12 ¿Podrá usar el hijo de Adela su móvil a todas horas? Explica tu respuesta.

4 Traduce al español las siguientes frases usando el comparativo o el superlativo.

1 Ana spends more time on her phone than Sara.

2 My phone is easier to use than your phone.

3 My brother's phone has as many apps as my father's phone.

4 I spend less than 10 euros a day on my phone.

5 We use our phones more now than in the past.

6 WhatsApp is the best app for communicating.

5a ¿Conoces el lenguaje SMS español? Empareja cada abreviatura con la palabra o frase más apropiada.

1	tmb	**a**	pero
2	knto	**b**	buenas
3	xo	**c**	porque
4	xq	**d**	sacar lengua
5	wenas	**e**	cuanto
6	:P	**f**	también

5b Con tu compañero/a discute estas preguntas.

¿Crees que el uso del lenguaje SMS perjudica nuestra ortografía?
¿Estás a favor o en contra de que los jóvenes adapten su ortografía cuando chatean con amigos?

6 Lee las dos opiniones. Luego, escribe unas 200 palabras contestando la pregunta: ¿Qué es lo bueno y lo malo de los móviles?

> No podría sobrevivir sin mi móvil porque lo uso para todo. Hablo con mis amigos, mando mensajes y lo uso como agenda.

> Me horroriza cuando veo a los conductores usando sus móviles al volante. Es increíble. No lo comprendo.

⊞ Gramática

Comparatives and superlatives

Comparatives are expressed by one of the following:

más/menos + adjective + *que*
más/menos + adverb + *que*
más/menos + noun + *que*

If followed by a number, use *de* rather than *que* (*más de mil personas*). In negative sentences, *que* is used even with numbers, to convey the meaning 'only' (*no más que cinco*).

To compare things of equal characteristics:
tan + adjective/adverb + *como*

To form comparisons of equality with nouns:
tanto/a/os/as + noun + *como*

The following adjectives are irregular: *mejor* (better), *peor* (worse), *mayor* (older/greater), *menor* (younger/less)

The superlative construction is similar to the comparative:

The definite article + noun + *más/menos* + adjective + *de*

See page 145.

🗨 Estrategias

Giving pros and cons

In order to get a balanced argument, aim to use a variety of 'for and against' expressions.

Lo bueno/malo es (que) … Lo positivo/negativo es (que) … Por un lado … por otro lado … Por una parte … por otra parte … La ventaja/ desventaja es … Lo conveniente/ inconveniente es (que) … Sin embargo/En cambio

1a Empareja cada palabra inglesa con su equivalente en español.

1	to launch	**a**	la campaña
2	campaign	**b**	el objetivo
3	to lead	**c**	tratamiento
4	aim	**d**	pulverizar
5	to collect	**e**	dirigir
6	treatment	**f**	lanzar
7	to grind up	**g**	la fabricación
8	manufacture	**h**	recoger

1b Con tu compañero/a, traduce al español este texto. Utiliza las palabras de la actividad 1a.

> Spain is launching a campaign to recycle millions of old mobile phones. It is led by a mascot known as 'Tragamóviles', a giant mobile that puts other mobiles into a bag. The campaign is visiting towns with more than 50,000 inhabitants. The Government says the aim is to collect 100 tonnes of mobiles in the first year. The battery, which is the most dangerous part, is separated for special treatment. The rest is ground up to be reused in the manufacture of the next generation of mobiles.

2 Con tu compañero/a discute esta pregunta:
¿Crees que estamos obsesionados con nuestros móviles?
Puedes mencionar los siguientes puntos:

- la obsesión de tener la última tecnología
- la presión que se siente al no tener el último modelo de móvil
- el problema medioambiental que surge al tirar tantos móviles antiguos que ya no se usan
- el hecho de que se está siempre conectado al móvil
- como se siente uno al perder el móvil.

3 Lee estos problemas (1–6) y emparéjalos con los consejos (a–i).
¡Cuidado! Sobran dos consejos.

1 No tengo una recepción fiable.
2 Solo quiero enviar mensajes de texto y no descargar información.
3 No quiero firmar largos contratos.
4 No me gustan los móviles con pantallas táctiles.
5 No quiero perder tiempo buscando mis números favoritos.
6 Siempre me encuentro sin batería.

a Compra un plan de teléfono prepago.
b Invierte en un teléfono inteligente inalámbrico.
c Elige un celular básico.
d Carga tu móvil regularmente.
e Busca el proveedor que tenga la mejor cobertura.
f Aprende cómo descargar aplicaciones.
g Crea una lista de contactos.
h Bloquea el teclado para evitar robos.
i Elige un plan adecuado a tu presupuesto.

4 〜〜 **Escucha a cinco estudiantes hablar de sus móviles. Decide quién dice qué. Apunta (M) María, (A) Antonio, (N) Natalia, (C) Cristóbal o (J) Julia.**

1 Causa soledad en nuestra sociedad.
2 Lo usa para sus estudios.
3 Ha tenido que reparar su móvil.
4 Gasta demasiado en su móvil.
5 No se permite llevarlos a los centros educativos.
6 Opina que afecta la manera en que escribe.
7 La batería puede ser un problema.

5 **Elige el verbo más apropiado.**

1 Marta **es**/**está** hablando por teléfono.
2 Mis padres **son**/**están** casados desde hace veinte años.
3 Esta semana (yo) **soy**/**estoy** de vacaciones.
4 ¿Dónde **es**/**está** mi móvil?
5 ¿Qué hora **es**/**está**?
6 Mi amigo y yo **somos**/**estamos** contentos.
7 Ese portátil **es**/**está** mío.
8 Cuando viajo en metro, siempre **estoy**/**soy** de pie.
9 Las playas de la costa mediterránea **son**/**están** bonitas.
10 (Tú) **estás**/**eres** de Perú.

6 **Discute la siguiente pregunta con tu compañero/a.**
¿Crees que los móviles causan aislamiento en nuestra sociedad? Puedes mencionar los siguientes puntos:

● el papel de los móviles hoy en día
● cómo ha cambiado el uso de los móviles
● por qué la gente dedica tanto tiempo a los móviles
● cuándo pueden molestar los móviles
● qué se podría hacer en vez de estar conectado a los móviles.

🖪 Gramática

Ser and *estar*

On its own, *ser* describes identity or existence.

Ser is also used:

• with a pronoun or noun
• with adjectives of nationality
• with an infinitive
• with a clause
• to talk about where an event takes place
• with a past participle to form a passive
• with an adjective that describes an unchanging attribute or abstract idea.

On its own, *estar* denotes location or presence.

Estar is also used:

• to describe position
• with a past participle to describe a state which is the result of an action
• with a present participle to form the continuous tense
• with an adjective to describe a state which might change
• with *bien*/*mal*.

See pages 161–162.

■ Expresiones claves

una herramienta de comunicación
hacer llamadas (en caso de emergencia)
acceder a Internet
incapaces de establecer un diálogo con otros individuos cara a cara
un grupo vulnerable
provocar ciertos trastornos mentales
comunicarse por medios virtuales

1 Con tu compañero/a, contesta las preguntas.

- Si las usas, ¿qué redes sociales usas?
- ¿Para qué las usas?
- ¿Cuáles son las ventajas de usar redes sociales? ¿Y las desventajas?

2a Lee este artículo y contesta las preguntas en español.

Facebook y Tuenti son las redes que triunfan en España mientras que Twitter se usa muy poco

Los internautas españoles eligen Facebook y Tuenti como redes sociales favoritas, y se distancian bastante de Twitter. Sin embargo, el principal problema de Facebook es que el 14% de internautas que tienen cuenta en España, no la utiliza. Uno de cada diez usuarios que abandona Twitter lo hace por no entender su funcionamiento.

Según el estudio 'Observatorio de redes sociales', los usuarios de Facebook son los que más han aumentado en los últimos tres años. Actualmente el 78% de los internautas españoles tiene una cuenta en la red, mientras que antes apenas alcanzaba el 20%. La mayoría usa Facebook para chatear y subir fotos y vídeos.

Tuenti, creada en 2006, es la segunda red social con mayor número de usuarios en España. En 2008 un 12% de los internautas españoles estaba en Tuenti, mientras que ahora el porcentaje ha crecido hasta un 35%. El sitio estaba enfocado principalmente a la población española, hasta que en 2012 se anunció una renovación en la cual el nuevo Tuenti se abrió a toda Europa y América.

Twitter es otra red social que ha tenido un buen crecimiento en los últimos años, aunque su penetración y uso son bastante más reducidos debido a que está más enfocada a la información que a la comunicación social. En 2008 solamente el 3% de los internautas españoles tenía cuenta de Twitter, mientras que hoy en día el número ha aumentado hasta el 24%.

En el lado opuesto a estas redes, que ofrecen grandes niveles de crecimiento, se sitúa Myspace. Esta red social basada en la música, ha perdido usuarios de forma notable desde 2008. Entonces un 19% de los usuarios tenían cuenta, pero actualmente solo un 2% se mantiene como usuario de esta red social.

Vocabulario

aumentar *to increase*
debido a *due to*
entender *to understand*
el internauta *Internet user*
el perfil *profile*
tener una cuenta *to have an account*

1 Según el artículo, ¿cuál es el principal problema de Facebook?
2 ¿Por qué uno de cada diez usuarios abandona Twitter?
3 ¿Qué le ha pasado a Facebook en los últimos tres años?
4 ¿Cómo ha cambiado Tuenti?
5 ¿Por qué Twitter no es tan popular como otras redes sociales?
6 ¿Qué red social ha experimentado un descenso en el número de usuarios que tiene?

2b Traduce estas frases al español.

1 My favourite social network is the Spanish site *Tuenti*.
2 My problem is I don't understand how to use Twitter.
3 I have an account on Facebook where I upload photos.
4 I chat to my friends abroad on social networks.
5 Myspace is not as popular as before.

3 〜 Escucha a seis personas que hablan de las ventajas y desventajas de las redes sociales. Decide si cada opinión 1–6 es positiva (P), negativa (N) o las dos (P + N).

4 Traduce al español este texto. Ojo con el uso del futuro.

Social networks have invaded all corners of our lives throughout the past decade. They have played an important role in friendships, business and from breaking news to the break up relationships. But what will the future be like? New sites, such as Fashism, are a simple idea. People will post photos of themselves and will ask others to advise them on their look. The consumers will be able to upload an outfit they are trying on in a shop and if it fits, they will go and buy it. However, one thing will not change; our need to be careful online.

5a Lee este artículo y busca ejemplos de verbos en el futuro.

¿Qué futuro tienen las redes sociales?

Las redes sociales del futuro buscarán un cambio de estrategia para adaptarse a las costumbres de los internautas. Una de las cosas que podrá ocurrir es que recuperarán el espíritu de los primeros foros y chats, facilitando el contacto entre personas desconocidas. Es decir que serán redes sociales menos restringidas.

Zaryn Dentzel, creador de Tuenti, opina que las redes sociales del futuro se articularán en torno a espacios más íntimos, con grupos de personas más reducidos. Puede ser que sean más específicas en sus fórmulas y funciones, adaptándose al estilo de vida y al comportamiento de cada usuario. Así lograremos tener una red social que combine todos nuestros intereses – laborales, lúdicos, culturales, informativos, etc. Aunque Twitter y Facebook acumulan el mayor uso actualmente, los usuarios tendrán cada vez más inclinación a buscar fórmulas novedosas y a utilizar otros espacios más 'alternativos' de la red.

Lo que sí es cierto es que las redes sociales caminarán a la par de los avances tecnológicos. El usuario más activo de Internet aspirará a estar conectado en todo momento y compartirá sus experiencias, pensamientos, y fotos, por supuesto desde cualquier lugar.

¿Y la seguridad? ¿Seguirán las organizaciones gubernamentales teniendo capacidad para espiar todos nuestros movimientos en la red? Sin ninguna duda. Es lo único que tenemos claro del futuro de las redes sociales.

5b Traduce los dos últimos párrafos al inglés.

6 Discute con tu compañero/a esta pregunta.
¿Cómo se pueden usar las redes sociales para cometer un crimen?
Puedes mencionar:

- el robo de detalles personales
- el cuidado que se tiene que tener al hacer compras en línea
- el papel de los hackers.

▪ Vocabulario

el entorno *environment*
la estafa *scam, fraud*
relucir *to shine*

▪ Vocabulario

invadir *to invade*
publicar *to post*
la ruptura *break up*
tener cuidado *to be careful*
el traje *outfit*

🔲 Gramática

The future tense

The future tense is used to tell what 'will' happen, or what 'shall' happen.

It is also used to express wonder or probability in the present state.

Regular verbs are formed by adding the following endings to the infinitive form of the verb:

-é, -ás, -á, -emos, -éis, -án

There are some irregular verbs in the future tense. Their endings are regular, but their stems change. Since the endings are the same as all other future tense verbs, the following are only the *yo* form.

pondré (I will put), *diré* (I will say), *habré* (I will have – auxiliary verb), *saldré* (I will leave), *haré* (I will do), *podré* (I will be able to), *tendré* (I will have), *querré* (I will want), *sabré* (I will know), *vendré* (I will come).

See page 154.

Estrategias

Using idiomatic expressions with impersonal verbs

There are some verbs in Spanish that are used 'impersonally' and have no equivalent in English. In the listening passage in Activity 1, a number are used.

lo que importa es …
what's important is that …

queda mucho por hacer
a lot remains to be done

no vale la pena
it's not worth …

These expressions cannot be translated literally, but have to be learnt by heart. When used, they make your work sound or look more fluent to a native Spanish speaker.

Vocabulario

almohadilla *# hashtag #*
el/la amante *lover*
cuantioso *numerous*
la prensa *the press*
soportar *to put up with*

1a Escucha a Sabrina que habla con su amigo Francisco sobre las redes sociales. Luego, haz un resumen en español de unas 70 palabras. Debes mencionar los siguientes puntos:

- lo bueno de las redes sociales
- lo malo de las redes sociales.

1b Escucha otra vez la conversación de la actividad 1a y apunta todos los verbos en el condicional que oigas.

2a Antes de leer el artículo, empareja estas palabras españolas con su equivalente en inglés.

1	seguida de	**a**	tastes
2	los sabores	**b**	word of mouth
3	el informe	**c**	recipes
4	las recetas	**d**	report
5	el boca-oreja	**e**	a diner
6	un comensal	**f**	followed by

2b Ahora lee el artículo. En cada una de las frases siguientes hay un error. Corrígelos.

1 La etiqueta #políticos es más popular que la etiqueta #foodies.
2 Internet ha mejorado el mundo de la gastronomía.
3 Los 'foodies' son expertos de la cocina.
4 Los 'foodies' pagan cantidades bajas para probar sabores nuevos.
5 Los 'foodies' bajan fotos de lo que comen en los restaurantes.
6 La mayoría de la población usa Facebook para quejarse de sus experiencias gastronómicas.
7 Hoy en día, la población lee las recetas de cocina en la red.
8 Muchos van a los restaurantes a causa de las críticas de otros clientes.

La gastronomía y las redes sociales, una mezcla deliciosa

En la prensa siempre se habla de los peligros de Internet y lo que debemos hacer para protegernos pero también hay muchos puntos positivos. Recientemente, se ha estado estudiando acerca de la relación entre la gastronomía e Internet. La comida es ahora uno de los temas más recurrentes en el mundo digital. De hecho, la etiqueta #food tiene más de 150 millones de publicaciones en Instagram, seguida de cerca por #foodies, curiosamente muy por encima de la etiqueta #políticos.

Internet ha revolucionado también el mundo de la gastronomía y los conocidos 'foodies' se han convertido en estrellas de este campo. Son amantes de la cocina capaces de soportar largas listas de espera y horas de cola para comer en su restaurante favorito, viajan miles de kilómetros o pagan cuantiosas sumas para descubrir nuevos sabores. Eso sí, con los móviles bien cargados de batería para poder exhibir su fanatismo gastronómico en las diferentes redes sociales. Según el informe Sopexa, el 81% de los amantes de la cocina utilizan Facebook, el 20% Twitter y el 17% Instagram para compartir sus experiencias gastronómicas.

Otra revolución de Internet en la comida ha sido en las recetas. No hace tanto tiempo, las recetas se pasaban de madres a hijas, mientras que ahora, y según indica el estudio, el 89% de la población busca las recetas de cocina en la web y tan solo un 48% se dirige a la familia o amigos. También el boca-oreja a la hora de ir a restaurantes ha cambiado, ya que ahora nos basamos en opiniones de otros clientes, como puede ser la web Tripadvisor.

3 Completa las frases con la forma adecuada del condicional de los verbos entre paréntesis.

1 Mi hermana _____ la televisión. (*ver*)
2 ¿Qué _____ vosotros? (*hacer*)
3 Nosotros _____ música por Internet. (*escuchar*)
4 Mi clase _____ tabletas para buscar información. (*usar*)
5 Yo _____ fotos a Facebook. (*subir*)
6 Me _____ de hambre. (*morir*)
7 Mis amigas _____ un libro en clase. (*leer*)
8 _____ los mejores momentos de mi vida. (*vivir*)
9 ¿Qué _____ tú? (*pedir*)
10 _____ interesante estudiar chino. (*ser*)

4 Lee la introducción y el extracto del libro "El Juego de Ripper" de Isabel Allende. Completa el texto, escogiendo la palabra más apropiada de la lista.

> vida había está asesinatos dieciocho
> internautas medianoche a reputada sacudir

El Juego de Ripper es una de historia de suspense. Se trata de un puzzle perfectamente ideado, cuyas piezas van encajando a través de la lectura hasta su insospechado final.

Tal como predijo la astróloga más ¹_____ de San Francisco, una oleada de crímenes comienza a ²_____ la ciudad. En la investigación sobre los ³_____ , el inspector Bob Martín recibirá la ayuda inesperada de un grupo de ⁴_____ especializados en juegos de rol, Ripper.

"Mi madre todavía ⁵_____ viva, pero la matará el Viernes Santo a ⁶_____ ", le advirtió Amanda Martín al inspector jefe y éste no lo puso en duda, porque la chica ⁷_____ dado pruebas de saber más que él y todos sus colegas del Departamento de Homicidios. La mujer estaba cautiva en algún punto de los ⁸_____ mil kilómetros cuadrados de la bahía de San Francisco, tenían pocas horas para encontrarla con ⁹_____ y él no sabía por dónde empezar ¹⁰_____ buscarla'.

5 Discute con tu compañero/a. Toma apuntes y después escribe 150 palabras sobre este tema:
¿Cómo han cambiado nuestras vidas las redes sociales?
Debes incluir:

● los cambios que hemos tenido en el instituto/en la casa
● el papel que han tenido para cambiar opiniones (en nuestra sociedad)
● los problemas que nos han traído las redes sociales.

🇫 Gramática

The conditional

The conditional is used to express probability or possibility and is usually translated as 'would', 'could', 'must have' or 'probably'. To form regular -ar, -er and -ir verbs in the conditional, simply add one of the following to the infinitive:

-ía, -ías, -ía, -íamos, -íais, -ían

The same verbs that are irregular in the future tense are also irregular in the conditional tense. Their endings are regular, but their stems change in the same way as for the future tense.

See pages 154–155.

■ Expresiones claves

las redes sociales han revolucionado nuestra forma de vivir
las parejas se enamoran en línea
se puede hacer compras de la comodidad del hogar
el teletrabajo
mantener el contacto
los usuarios disfrutan buscando opiniones
facilitar

2 Repaso

¡Demuestra lo que has aprendido!

1 Estas palabras han aparecido en esta unidad sobre 'El ciberespacio'. Empareja los sinónimos.

1	teléfono móvil	**a**	utilizar
2	llamar por teléfono	**b**	no acceder
3	usar	**c**	colgar
4	Internet	**d**	hacerse un selfie
5	bloquear	**e**	telefonear
6	hablar	**f**	internautas
7	subir	**g**	extraño
8	usuarios de Internet	**h**	celular
9	fotografiarse	**i**	conversar
10	desconocido	**j**	red

2 Completa las siguientes frases con la palabra apropiada de la lista. ¡Cuidado! Sobran tres palabras.

1 En el pasado, usar Internet era menos _____ que ahora.

2 Hoy en día, somos _____ a las redes sociales.

3 Se ha investigado que pasar mucho tiempo enganchado a Internet _____ problemas de salud.

4 Según algunos estudios puede causar _____ en el ojo.

5 Otro problema es que muchos _____ hablan con desconocidos en la red.

6 Además, estamos más _____ ya que no conversamos tanto cara a cara.

7 Sin embargo, Internet tiene muchas ventajas, por ejemplo: si tienes problemas de movilidad, puedes hacer la _____ en línea.

8 También, podemos estar en contacto con nuestros _____ sin ningún problema, incluso si viven en el extranjero.

9 Mucha gente _____ por Internet en sus móviles.

10 En general, la vida _____ cambiado mucho y ahora sin Internet no se podría sobrevivir.

> dolores compra económico ha jóvenes navega aislados ligera adictos familiares trae suben engancha

3 Empareja las palabras y frases con su definición.

1 Medio de comunicación que transmite a distancia el sonido.

2 Un sistema de comunicación sin cables.

3 Un aparato que se utiliza para recargar la batería.

4 Mantener una conversación con el móvil sin necesidad de sujetarlo.

5 Sistema que funciona con el tacto de un solo dedo.

6 Forma que no requiere un contrato mensual ni anual.

7 El sonido hecho por el teléfono para indicar un mensaje de texto o una llamada.

8 Aparato de última generación.

9 Escribir palabras de la manera más rápida.

10 Capacidad de mandar y recibir mensajes breves.

a	cargador	**f**	texto predictivo
b	pantalla táctil	**g**	teléfono
c	smartphone	**h**	SMS
d	prepago	**i**	tono
e	manos libres	**j**	inalámbrico

4 Empareja las preguntas (1–6) con las respuestas (a–h). ¡Cuidado! Sobran dos respuestas.

1 ¿Para qué utilizas las redes sociales?

2 ¿Cuánto tiempo dedicas a las redes sociales?

3 ¿Qué ventajas hay con las redes sociales?

4 ¿Qué desventajas hay con las redes sociales?

5 ¿Cómo te han cambiado la vida las redes sociales?

6 ¿Has visto ejemplos de ciberacoso en las redes sociales?

a Pues, una es que facilita la vida para los discapacitados, por ejemplo.

b Conozco a alguien que ha recibido mensajes amenazantes.

c A veces uso mi smartphone para acceder a Internet.

d Es difícil decir, pero me conecto después del instituto.

e Sí, acosar a los menores en común.

f Se tiene que tener cuidado porque la gente miente.

g Me gusta mantenerme en contacto con mis amigos extranjeros.

h Totalmente, he podido usarlas como una herramienta de investigación.

¡Haz la prueba!

1a 〰 **Escucha la primera parte de este reportaje sobre el uso de los smartphones entre los jóvenes españoles y apunta la cifra apropiada.**

1 El porcentaje de menores que ha sido objeto de ciberacoso.
2 Las edades a las que los menores españoles empiezan a usar el móvil.
3 El porcentaje de usuarios de más de 13 años que usa smartphones.
4 El porcentaje de menores que saca y manda fotografías con sus móviles.
5 El porcentaje de menores que ha visto su imagen difundida sin permiso.
6 El porcentaje de menores que ha tenido contacto con adultos desconocidos.
7 El porcentaje de menores que ha sufrido algún tipo de problema económico.

[7 marks]

1b 〰 **Escucha la segunda parte del reportaje y haz un resumen usando un máximo de 70 palabras en español de las recomendaciones que se ofrecen a los menores cuando se usa un smartphone. Responde con frases completas.**

Hay cinco puntos adicionales por la calidad de tu español escrito. En la medida de lo posible, debes utilizar tus propias palabras.

[12 marks]

2 💻 **Traduce al inglés este artículo sobre cómo las redes sociales mantienen a esta cantante viva.**

La cantante latina nacida en los Estados Unidos, Selena Quintanilla Pérez, fue conocida como la 'Reina de la música Tex-Mex'. Hace veinte años, fue asesinada a tiros por la presidenta de su club de fans, Yolanda Saldívar.

En aquel entonces Facebook, Instagram y Twitter no existían, pero ahora millones de seguidores mantienen vivo su recuerdo en las redes sociales. En el aniversario de su muerte, muchos usuarios recuerdan a la cantante usando los hashtags # Selena20 y #SelenaQuintanilla. "Es una locura", dice el padre de Selena. "Su fama sigue creciendo debido al poder de las redes sociales".

[10 marks]

3 💻 **Lee este artículo sobre la telemedicina. Decide si las frases siguientes son Verdaderas (V), Falsas (F) o No mencionadas (N).**

Juan tiene manchas en la piel desde hace poco y por eso va a su médico de familia. Éste le examina y piensa que debe verlo un especialista. Pero no lo manda al hospital, sino que fotografía sus manchas y envía las fotos a través del ordenador. Salvo que el caso sea grave, Juan recibirá el diagnóstico y el tratamiento en un plazo de entre 48 y 72 horas, sin moverse de su centro de salud. Como Juan, más de un millón de sevillanos se benefician ya de la telemedicina. Esta nueva forma de atención médica se conoce como 'eSalud'. La telemedicina incluye no solamente diagnóstico y tratamiento, sino también la educación médica. Es un recurso a través de Internet que ahorra tiempo y dinero y facilita el acceso a la atención de especialistas en zonas distantes.

1 Juan tiene una enfermedad contagiosa.
2 El médico de Juan quiere que vaya al hospital.
3 Si hay algún problema, el hospital reacciona inmediatamente.
4 El tratamiento de Juan tendrá lugar en el centro de salud.
5 eSalud es otro nombre para la telemedicina.
6 La telemedicina es un recurso caro.

[6 marks]

📘 Consejo

Reading a text for comprehension

- Look at the layout, headings and pictures to give you clues about the text.
- Note key words that appear frequently.
- Look out for quotes which may help you with key facts and opinions.
- Look out for names, numbers and dates.
- To help you understand an unfamiliar word, look at the role it plays in the sentence, as well as at prefixes and word endings.

4 📣 **Utiliza el vocabulario para traducir este artículo al español.**

Spain's controversial law, 'Mordaza' or 'Gag Law', has been criticised by opposition parties, judges, NGOs and human rights experts from both the UN and the EU.

The new law goes beyond the streets and put limits on what is allowed on social networks – one of the major channels for the social protest movement. People writing on their Twitter or Facebook account that "there will be a demonstration today at Puerta del Sol at 7 p.m." can be held responsible for that same demonstration.

Furthermore, prison sentences are going to be introduced for those who diffuse content on social networks that could affect public order.

[10 marks]

▮ Vocabulario

difundir *to diffuse*
la ONG (Organización no gubernamental) *NGO (Non governmental organisation)*
el partido *party*
la pena *sentence*
polémico *controversial*
poner límites *to put limits*

---

5 📣 **Practica la gramática que has aprendido. Traduce estas frases al español.**

1 Smartphones are changing our daily routines.
2 Some people find it difficult not to check their emails, even when on holiday.
3 The Spanish government has just introduced a law to stop demonstrations on social networks.
4 Ana spends all day chatting online.
5 Piracy is killing the music industry.
6 Many say that the technology today is making us lazier.
7 My life is much easier with the Internet.
8 I order a book online and the next day it arrives.

[24 marks]

---

6 ✏️ **Lee este artículo y luego haz un resumen en español, usando un máximo de 70 palabras. Responde con frases completas. Incluye:**

- qué es un booktuber y qué hacen [3]
- la situación del booktuber en España y la importancia de Javier Ruescas [2]
- la situación del booktuber en Latinoamérica. [2]

Hay cinco puntos adicionales por la calidad de tu español escrito. En la medida de lo posible, debes utilizar tus propias palabras.

[12 marks]

Los booktubers

YouTube es un espacio donde todo puede tener su público y ahora es el turno de la literatura porque llega el fenómeno booktuber. Los booktubers son un grupo de jóvenes apasionados de los libros que cada vez tienen más éxito como críticos y analistas de literatura entre el público juvenil. Aunque, sobre todo dedican sus vídeos a la literatura juvenil, ocupan un amplio espectro literario.

Entre esta comunidad hay estudiantes, editores, escritores y simples aficionados que dos o tres veces por semana publican vídeos donde hablan de diferentes libros que deberías o no deberías leer. Como cualquier círculo youtuber, tienen sus reuniones de booktubers y hacen concursos en los que regalan libros.

La idea tuvo su origen entre usuarios de países anglosajones, pero recientemente tiene éxito en la comunidad de habla hispana. En España hay algunos que cuentan a los usuarios cosas sobre libros a través de su canal. Uno de estos pioneros es Javier Ruescas.

Este escritor, editor y periodista de 28 años lleva hablando de libros en YouTube desde 2012 y tiene más de 80.000 suscriptores. "Mi canal lo he tomado siempre como una ventana para enseñar a quienes estén interesados cómo es la vida de un escritor, charlar sobre novelas que me han gustado, pero también enseñarles cómo escribir y publicar una novela si lo desean", cuenta Ruescas.

También, en Latinoamérica estos booktubers tienen éxito. Con cientos de miles de seguidores, los booktubers mexicanos o argentinos tienen una posición más que consolidada en sus países y hasta son estrellas en ferias literarias o presentaciones de libros.

7a Lee el texto y las frases siguientes y decide si son Verdaderas (V), Falsas (F) o No mencionadas (N). Luego corrige las frases falsas.

Facebook abre una web en España para prevenir y afrontar el ciberacoso

Con el nombre de "Pon fin al acoso", la red social Facebook está acabando de poner en marcha en España un sitio web para la Prevención del Acoso. Este sitio tendrá a su disposición información, herramientas y consejos para ayudar a frenar y a gestionar los casos de ciberacoso.

La página ofrece consejos y guías para que no solo los más jóvenes sino también para padres y profesores estén más informados sobre cómo afrontar posibles conflictos y desencuentros en la red social. Asimismo, pretende ayudar a las personas para que se apoyen unas a otras cuando detectan este tipo de comportamientos, tanto en línea como fuera de la red.

La directora de este proyecto en España, Ana Oliaga ha señalado que es fundamental que toda la comunidad educativa esté involucrada en la prevención, detección e intervención del ciberacoso. Oliaga añade que el 30% de los estudiantes españoles son víctimas y se debe borrar esta cifra lo antes posible.

Además de recordar las herramientas existentes en la red social, como la configuración de privacidad, posibilidad de reportar contenidos, bloquear o eliminar usuarios, la web también está sugiriendo formas de abordar conversaciones cara a cara con adolescentes que puedan sentirse atacados.

1 El sitio web, "Pon fin al acoso", lleva varios años en España.

2 El objetivo principal es terminar con el ciberacoso.

3 El sitio web está dirigido solemente a jóvenes.

4 Ana Oliaga dice que el Gobierno debe introducir una campaña educativa para la prevención del ciberacoso.

5 Oliaga afirma que hay que eliminar el ciberacoso inmediatamente.

[5 marks]

7b Traduce al inglés el último párrafo (desde 'Además …' hasta ' … atacados').

[10 marks]

8 Utilizando la información que has aprendido en esta unidad y las fotos siguientes, discute con tu compañero/a las preguntas.

- ¿Crees que con todos los avances tecnológicos que ha habido en los últimos cuarenta años la vida hoy es mejor que antes?
- ¿Nos hemos hecho más perezosos hoy en día con tanta tecnología?
- ¿Cómo crees que será el mundo en el futuro?

9 Escribe unas 250 palabras contestando la siguiente pregunta.

Con tantos avances tecnológicos, ¿cómo crees que será el mundo en el futuro?

2.1 La influencia de Internet

	acceder	to access
la	agenda	diary
	almacenar	to store
la	arroba	@, at symbol
	bajo demanda	on demand
la	banda ancha	broadband
	buscar	to look for
el	buscador	search engine
	cargar	to upload
la	carpeta	file
el	ciberespacio	cyberspace
	comprar	to buy
	compartir	to share
	comunicar	to communicate
	conectarse	to connect
el/la	consumidor/a	consumer
el	consumo	consumption
el	contenido	content
el	correo basura	spam
el	correo electrónico	email
	crecer	to grow
la	cuenta bancaria	bank account
	desarrollar	to develop
un/una	desconocido/a	unknown person, stranger
	descargar	to download
los	datos personales	personal details
la	estafa	swindle, scam
	escuchar	to listen
	facilitar	to ease, facilitate
el	fraude	fraud
	funcionar	to work, function
	galopante	out of control, rapidly advancing
	gestionar	to manage, handle
	guardar	to store
	hacer clic	to click
la	herramienta	tool
	inalámbrico	wireless
la	imagen	image
la	impresora	printer
	imprimir	to print
el/la	internauta	the Internet user
	invertir	to invest
	meterse en Facebook	to log into Facebook
el	navegador	browser
	navegar	to surf
el	ordenador	computer
la	pantalla	screen
	pasar	to spend time
el	perfil	profile
las	personas mayores	old people
el/la	portavoz	spokesperson
la	prensa	press
el	proveedor	provider
el	ratón	mouse
el/la	seguidor/a	follower
	seguir	to follow
	subir	to upload
el	suscriptor	subscriber
la	tableta	tablet
el	teclado	keyboard
la	tecnología	technology
el/la	telespectador(a)	TV viewer
el	teléfono inteligente	smartphone
la	telemedicina	diagnosing through the Internet
	tener una cuenta	to have an account
	tuitear	to tweet
el/la	usuario/a	user
	utilizar/usar	to use

2.2 Los móviles inteligentes en nuestra sociedad

el	aislamiento	isolation
la	aplicación	app
el	auge	boom
el	avance	advance
la	cámara	camera
el	celular	mobile phone
	charlar	to chat
la	cobertura	phone coverage
la	contraseña	password
	costar	to cost
	de prepago	prepaid
la	desventaja	disadvantage
el	dispositivo	gadget
	elegir	to choose
	en promedio	on average
	entender	to understand
	enviar	to send
	estar roto/a	to be broken
	evitar	to avoid
	fabricar	to make
el	fracaso escolar	failure at school
el	lenguaje	language
	ligero/a	light
la	llamada	call

llamar	*to call*
mandar	*to send*
el mensaje de texto	*text message*
el móvil	*mobile phone*
peligro	*danger*
peligroso/a	*dangerous*
perder tiempo	*to waste time*
el presupuesto	*budget*
sobrevivir	*to survive*
la timidez	*shyness*
la ventaja	*advantage*

2.3 Las redes sociales: beneficios y peligros

aconsejar	*to advise*
advertir	*to warn*
afrontar	*to face*
alcanzar	*to reach*
el/la amigo/a virtual	*virtual friend*
a menudo	*often*
ascender	*to increase*
la batería	*battery*
bloquear	*to block*
la campaña	*campaign*
cara a cara	*face to face*
chatear (en línea)	*to chat (online)*
el consejo	*advice*
la falta de	*lack of*
hacer contactos	*to make contacts*
hackear	*to hack*
la identidad	*identity*
la intimidad	*privacy*
luchar	*to fight*
la multa	*fine*
permitir	*to allow*
la piratería	*piracy*
la privacidad	*privacy*
privado/a	*private*
realizar	*to carry out*
recibir	*to receive*
la red social	*social network*
restringir	*to restrict*
el riesgo	*risk*
robar	*to rob*
la seguridad	*security*
tener cuidado	*to be careful*
tener éxito	*to be successful*

■ Expresiones claves

Balancing/weighing up arguments

Lo bueno/lo malo es (que) …
Lo positivo/negativo es (que) …
Por un lado … por otro lado …
Por una parte … por otra parte
La ventaja/desventaja es (que) …
Lo conveniente/El inconveniente es (que) …

Lo más importante es (que) …
sobre todo
el hecho de que …

sin embargo/en cambio
no obstante
a pesar de …
aunque

3 La igualdad de los sexos

By the end of this section you will be able to:

		Language	Grammar	Skills
3.1	**La mujer en el mercado laboral**	Discuss women in the world of work Study the role of women at home	Use indefinite adjectives and pronouns	Improve your translation skills
3.2	**El machismo y el feminismo**	Discuss male chauvinism Look at the role of feminism	Use the perfect tense Use the pluperfect tense	Listen for gist and for detail
3.3	**Los derechos de los gays y las personas transgénero**	Understand and talk about changes to LGBT rights Discuss gay marriage in Spain and the Hispanic world	Use the future perfect Use the conditional perfect	Recognise words ending in '-ity' Additional translation tips

La lucha por la igualdad entre los sexos sigue siendo un tema polémico. Después de la muerte de Franco, la situación de la mujer mejoró, pero queda aún mucho por hacer sobre todo en cuanto a salarios y la promoción de la mujer en el mercado laboral. Los homosexuales ahora tienen derecho a casarse y a adoptar niños pero la situación no es la misma en todos los países hispanohablantes. La situación de la mujer y la de los homosexuales y las personas transgénero ha cambiado mucho en las últimas dos décadas y sigue cambiando actualmente.

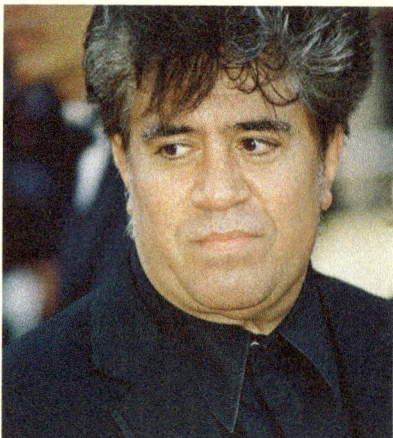

Pedro Almodóvar

1 **Estos son los nombres de cinco personas que han ejercido un gran impacto en la lucha por la igualdad.**

Navega por Internet para buscar más información sobre ellos. Después, empareja cada nombre con su perfil a–e.

1 Ángeles Álvarez
2 Soledad Cazorla
3 Amparo López Jean
4 Iñaki Oyarzábal
5 Pedro Almodóvar

a La primera mujer Fiscal de Sala contra la Violencia sobre la Mujer, responsable de dirigir la red de fiscales especialistas en violencia contra la mujer.

b Secretario de Derechos y Libertades del *Partido Popular* (PP). Dejó de ser Secretario General del PP vasco, pero sigue siendo un parlamentario implicado en la lucha de derechos LGTB.

c Cineasta. Icono mundial, el director lleva más de 30 años haciendo películas; muchas de ellas tienen mujeres fuertes como protagonistas.

d Fue una activista que luchaba por el voto femenino y fue presidenta de la Agrupación Republicana Femenina de La Coruña.

e Diputada socialista comprometida con el feminismo, ha sido la primera política de alto nivel que declara abiertamente su homosexualidad. Un gesto histórico y comprometido.

2 **Completa el texto, escogiendo la palabra más apropiada de la lista.**

2004 - Una ley contra la violencia de género

El gobierno español del presidente Zapatero [1]_____ en 2004 el proyecto de Ley Orgánica de Medidas de Protección Integral contra la Violencia de Género. La ley [2]_____ a las mujeres maltratadas por su compañero o ex compañero, agrava las penas a los [3]_____ del sexo [4]_____ y, en aras del consenso, también a cualquier persona que [5]_____ a otra 'especialmente vulnerable' con la que conviva (al margen del sexo de ambos).

agresores	masculino
aprobó	protege
maltrate	

📙 Vocabulario

agravar las penas *to impose heavier sentences*
en aras de consenso *in the interests of achieving consensus*

3 **Completa los huecos con las letras que faltan. Traduce las palabras al inglés. Intenta añadir a la lista.**

1 El __rg__l__o g__y.
2 El __e__i__i__m__
3 La v__o__e__c__a d__ g__n__r__
4 La __g__a__d__d
5 El __a__h__s__o

4 **Haz el cuestionario.**

📗 ¿Lo sabías?

- Cuando se les pregunta a las españolas si resulta fácil ser mujer hoy en día, la respuesta es afirmativa. El 52% de las mujeres encuestadas considera 'bastante fácil' ser mujer.

- Cuando preguntamos a los hombres qué clase de valores atribuyen a las mujeres, y a ellas qué clase de características se podían atribuir a los hombres... las respuestas demuestran que los estereotipos o las ideas preconcebidas están muy presentes en la sociedad española.

- A ellos se les atribuye el poder, la independencia, la ambición, el éxito, la acción, la libertad, la audacia, la confianza en uno mismo, el individualismo o la trasgresión pertenecen

- Mientras que a ellas les tocan la tolerancia, la familia, la generosidad, el orden, la elegancia, la ternura, el sacrificio, la capacidad para compartir, la igualdad o la psicología, que se consideran valores más femeninos.

¿Eres feminista o machista?

1 Creo que las mujeres son...
  a iguales que los hombres.
  b mejores que los hombres.
  c solamente amas de casa.

2 Creo que las mujeres...
  a son más inteligentes que los hombres.
  b son menos inteligentes que los hombres.
  c son igual de inteligentes.

3 Las tareas de casa...
  a deben hacerlas siempre las mujeres.
  b deben hacerlas siempre los hombres.
  c deben hacerlas tanto los hombres como las mujeres.

4 Las mujeres...
  a deberían quedarse en casa para cuidar a los niños.
  b deberían trabajar mientras que el hombre no hace nada.
  c deberían compartir la responsabilidad financiera con su pareja.

5 En cuanto a las relaciones...
  a las mujeres mandan.
  b los hombres mandan.
  c los dos son iguales.

📙 Vocabulario

mandar *to be in charge*

1 Con un(a) compañero/a, compara las diferentes imágenes de las mujeres sugeridas por las dos fotos.

1 ¿Cuáles son los retos más frecuentes de las mujeres hoy en día?
2 ¿Crees que las mujeres de hoy tienen que enfrentarse a más problemas que las mujeres de generaciones anteriores?
3 ¿Eres optimista o pesimista cuando piensas en el futuro de las mujeres en el mercado laboral?

2 Lee el artículo y explica lo que significan las siguientes estadísticas.

1	37.4%	4	73%	7	130%
2	50%	5	41%	8	55%
3	10.7%	6	87%		

Las mujeres ganan un **37,4%** menos que los hombres según un estudio

Las mujeres ganan el 37,4% menos que los hombres, una diferencia que se acentúa en el sector privado donde los salarios femeninos son el 50% inferiores a los masculinos, mientras que en el público la desigualdad se reduce al 10,7%, según un estudio difundido hoy por Manpower.

El informe de la consultora de recursos humanos, destaca que la diferencia de salarios crece a medida que aumentan los años de experiencia laboral, ya que a partir de los 29 años de antigüedad el hombre percibe el 73% más que la mujer.

Este porcentaje se ve reducido en el sector público hasta el 41%, mientras que en el privado, las diferencias son más notables porque entre los 30 y 34 años de experiencia, los hombres ganan el 87% más que las mujeres, y a partir de los 35, se alcanza el 130%. En las jornadas laborales de más de 45 horas, los hombres cobran el 55% más que las mujeres.

> ### ■ Vocabulario
>
> **percibir** *to earn, receive a salary*
> **el reto** *challenge*

3a 〰 Escucha esta entrevista con Marta Fernández, sobre los retos de la mujer en el mercado laboral en Chile. Luego contesta las preguntas en español.

1 En los últimos 20 años, ¿cómo ha cambiado la presencia femenina en el ámbito laboral?
2 ¿Cómo describe Marta Fernández a las mujeres al principio?
3 ¿Cuál es la situación educativa de las chilenas?
4 ¿Quién lidera los cargos profesionales en Chile?
5 ¿Cuál es el reto al que se enfrentan actualmente las chilenas?

3b Ahora escribe un resumen de 70 palabras sobre la situación chilena según Marta Fernández. Debes utilizar tus propias palabras.

4 Mira esta viñeta y contesta las preguntas.

1 Traduce todas las tareas mencionadas.
2 ¿Crees que es graciosa? ¿Por qué (no)?
3 ¿Crees que la viñeta es una representación verdadera de la situación de la mujer?

> Pues, tengo que limpiar, cocinar, coser, cuidar a los niños y de mi marido, planchar, contestar al teléfono, pagar las facturas, hacer la compra…

> ¿A qué se dedica, señora?

> Pero, ¿cuál es su profesión?

> ¿¿¿¿No es obvio???? Soy ama de casa.

5 Traduce estas frases al español.

1 There isn't a single job that women cannot do.
2 Many men earn more money than women.
3 Few women work in the biggest companies in the world.
4 So many young women have to find a balance between their home life and the demands of their job.
5 Some of the differences in salaries are huge.
6 Various companies try to hire more women.
7 Some day there will be no inequality in the workplace.

6 Haz una presentación de dos minutos sobre la situación de la mujer en el mercado laboral. Navega por Internet para buscar más estadísticas. Utiliza las expresiones claves para ayudarte.

▮ Vocabulario

el cargo *post, position*
jalonar *to make your mark in*
tener mayor profundización educativa *to have a higher level of education*
el título *university degree*

🄵 Gramática

Indefinite adjectives and pronouns

The pronouns *algo* and *alguien* never change.

However, the adjectives *alguno* and *ninguno* must agree with their noun.

Mucho, poco, tanto, todo, otro, varios and *cualquiera* must also agree with the noun they are describing.

Muchas mujeres ganan menos que los hombres.

Pocos hombres hacen las tareas domésticas.

See page 146.

▮ Expresiones claves

Es normal que …
Lo que es interesante es que …
Lo curioso es …
Lo bueno/lo malo de la situación es …
Lo que me preocupa es que …
Diría que …

1 Mira las estadísticas y discútelas con tu compañero/a. Utiliza las expresiones claves para ayudarte.

Participación en las tareas del hogar (siempre). Hombre, mujer y brecha de género. 2013
Encuesta de Ingresos y condiciones de vida de los hogares en las Islas Canarias

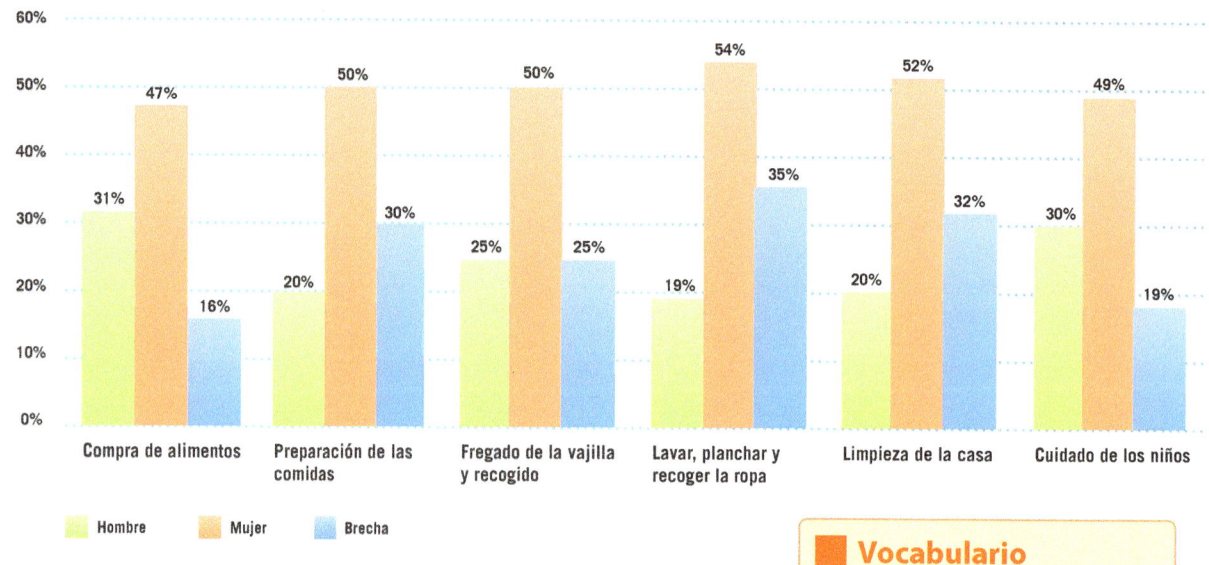

Legend: Hombre | Mujer | Brecha

	Hombre	Mujer	Brecha
Compra de alimentos	31%	47%	16%
Preparación de las comidas	20%	50%	30%
Fregado de la vajilla y recogido	25%	50%	25%
Lavar, planchar y recoger la ropa	19%	54%	35%
Limpieza de la casa	20%	52%	32%
Cuidado de los niños	30%	49%	19%

■ Expresiones claves

la estadística muestra …
en la estadística se puede(n) ver …
el número de … ha aumentado/ disminuido
el porcentaje de … es (significativamente) más alto/bajo
en comparación con …
se puede ver/decir que …
en cuanto a … se nota que …
un X por ciento de …
se notan fuertes tasas de crecimiento en lo que se refiere a …
… corresponde/equivale a …

■ Vocabulario

brecha de genero *gender gap*

1 ¿Cuál es la estadística más/menos sorprendente?
2 ¿Qué comparación puedes hacer entre estos porcentajes y tu situación personal?
3 ¿Crees que hay tareas domésticas más/menos 'masculinas'/'femeninas'?
4 ¿Crees que cambiarán estas estadísticas en el futuro?

2 Haz un análisis de las estadísticas y escribe un reportaje de 150 palabras para el sitio web 'Dinero'.

3 ∿ Escucha este reportaje sobre los hombres y las tareas domésticas. Para cada frase escribe el país apropiado. ¡Cuidado! Sobran dos países.

| Suecia | Colombia | Dinamarca | España | Japón |

1 En este país las mujeres dedican casi una hora más a los trabajos de la casa, en total 127 minutos frente a los 76 de los hombres.
2 En este país los hombres dedican a las tareas domésticas casi una hora menos al día que las mujeres.
3 En este país los hombres solo dedican 19 minutos al día a las tareas de la casa.
4 Este país está en el 'top tres' de todos los estudiados.
5 En este país, los hombres dedican casi el doble de tiempo a las tareas de casa.

4a Lee el texto y empareja las dos partes de las frases siguientes.
¡Cuidado! Sobran dos segundas partes.

Las tareas domésticas siguen siendo cosa de mujeres

Según la última encuesta de Empleo del Tiempo del INE, las mujeres dedican dos horas y cuarto más cada día a las tareas domésticas que los hombres.

Las tareas domésticas se distribuyen en España de manera cada vez más igualitaria, pero las mujeres les siguen dedicando casi dos horas y cuarto más que los hombres cada día. Según la última Encuesta de Empleo del Tiempo elaborada por el Instituto Nacional de Estadística (INE), los hombres dedican ahora 41 minutos más a las tareas de casa que en 2003, año en que se hizo el anterior estudio de este tipo en España. Otro dato interesante es que los hombres participan más en actividades de tiempo libre y durante más tiempo, especialmente en deportes y actividades al aire libre y en aficiones e informática.

Menos tiempo para la vida social y el trabajo y más para las nuevas tecnologías

Hay algo en lo que hombres y mujeres coincidimos: en los últimos siete años se ha producido un importante trasvase de participación de las actividades de vida social y diversión a las de aficiones e informática.

Mientras que en 2002–2003 el 66,8% de las personas de 10 y más años realizaba actividades de socialización, en 2009–2010 este porcentaje ha disminuido nueve puntos y además, se le dedica menos tiempo (25 minutos menos cada día).

Por el contrario, las actividades relacionadas con aficiones e informática, cuya participación en 2002–2003 se situaba en torno al 18%, han aumentado en casi 12 puntos: el 29,7% de los encuestados dedicó su tiempo a las nuevas tecnologías y a sus aficiones en el día señalado.

Vocabulario

la afición *pastime*
coincidir *to agree*
el dato *a statistic*
elaborar/realizar *to carry out*
señalado *stipulated*

1 Las mujeres dedican…
2 Los quehaceres en España…
3 Los hombres gozan de…
4 Los hombres y las mujeres…
5 El 29,7% de los encuestados…

a dedican más tiempo a las nuevas tecnologías.
b evitan el uso de las nuevas tecnologías.
c más tiempo libre.
d ya no es tan sociable como antes.
e más tiempo a las tareas domésticas.
f están más compartidos entre los hombres y las mujeres.
g muestran una disminución en su participación social.

4b Traduce la segunda parte del texto.

5 Mira esta viñeta y discute con un(a) compañero/a.

- ¿Cuál es el objetivo de la viñeta?
- ¿Crees que es posible encontrar un hombre así?
- ¿Crees que la viñeta es graciosa? ¿Por qué (no)?

Estrategias

Translation tips

- Make sure your text makes sense.
- Check spellings.
- Use cognates to help.
- Focus on what you know and try to deduce meaning.
- Never leave a blank: make an educated guess.

6 Utiliza Internet para buscar más información sobre la situación en América Latina. Escribe un blog de 200 palabras comparando España a otros países hispanohablantes. Puedes mencionar los siguientes puntos:

- las estadísticas en cada país
- lo que los países tienen en común
- en qué son diferentes.

1 **Lee la definición de 'machismo' y discute con tu compañero/a las siguientes preguntas.**

Machismo – Se llama machismo al conjunto de actitudes y comportamientos que rebajan injustamente la dignidad de la mujer en comparación con el varón.

1 ¿Crees que el machismo existe en la cultura británica?
2 ¿Conoces a alguien que sea machista?
3 ¿Puedes dar ejemplos de comportamientos machistas?

2a **Lee las opiniones de estos cinco jovenes y busca la traducción de las frases o palabras.**

¿Existe todavía el machismo?

La mujer ha ganado territorio y no es dominada por el hombre. Aunque siempre sea él el que cuenta chistes machistas y esas cosas, no lo veo como algo malo, hay que reírse de todo.

Pablo

Ha cambiado mucho, especialmente con el movimiento feminista. Hoy no es como era hace treinta años. Sin embargo, tenemos que continuar con la lucha contra el prejuicio en nuestra sociedad.

Teresa

Todavía hay gente a la que le sigue pareciendo extraña la incorporación de la mujer al mundo laboral. Hay que educar a los niños y niñas desde muy pronto en el respeto a la dignidad de la mujer y en una verdadera igualdad de derechos. En ellos está nuestro futuro.

Manu

Sigue existiendo machismo, ese que ha existido desde siempre y que se supone, solo se supone, ha desaparecido de la España democrática, moderna y europea.

María

Existe en todo el mundo y existirá, igual que las mujeres que abusan de sus maridos. No se puede olvidar la violencia que sufren a manos de sus parejas.

Iñaki

▮ Vocabulario

el chiste *joke*
extraño/a *strange*
inculcar *to instil/to teach*

1 sexist jokes
2 to laugh
3 disappeared
4 abuse
5 couples
6 fight
7 feminism
8 to forget
9 the world of work
10 equal rights

2b **Lee el texto otra vez. ¿Quién dice cada frase? Escribe los nombres correctos.**

1 Hay mujeres que abusan de sus maridos.
2 No se debería tomar en serio el tema.
3 Es importante inculcar a los niños la importancia de la igualdad.
4 Todavía existe el machismo en la sociedad española actual.
5 Ha habido cambios positivos, aunque hay que luchar más.

2c **Lee lo que dicen Pablo y María. ¿Estás de acuerdo con uno o el otro? ¿Por qué? Compara tu opinión con la de un compañero.**

3 **Traduce estas frases al español. Utiliza el perfecto.**

1 The lack of equality has always existed in Spanish society.
2 Many women have fought to improve awareness of the difference in salaries.
3 Women have suffered due to the sexism of men.
4 There are women who have abused their husbands.
5 There have been many positive changes but there still is a lot to do.

4a **Utilizando la imagen, explica a tu compañero/a lo que significan estas estadísticas de la violencia machista en Argentina.**

1 20%   **2** 50%   **3** 186   **4** 9,8%   **5** 42,5%

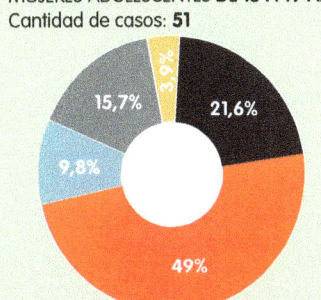

Violencia joven contra la mujer

Tipo de Agresión (2012)

MUJERES ADOLESCENTES DE 15 A 19 AÑOS
Cantidad de casos: **51**

3,9% · 15,7% · 21,6% · 9,8% · 49%

MUJERES DE 20 A 39 AÑOS
Cantidad de casos: **186**

11,8% · 23,7% · 9,1% · 12,9% · 42,5%

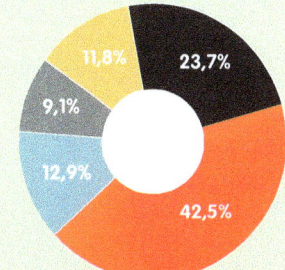

Grupo etario

En la última década, creció el número de víctimas que integran el grupo etario de **14** a **24** años

20% de los casos de violencia se da entre jóvenes de 19 y 25 años.

50% de las parejas violentas, además, tuvo noviazgos violentos.

Llámanos para obtener más información

4b **¿Cómo han cambiado las cifras de víctimas en el grupo con edades entre los 14 y 24 años? ¿Qué piensas de las estadísticas? ¿Hay algunas que te sorprenden?**

5 Escucha este reportaje sobre un centro de acogida para hombres maltratados. Contesta las preguntas.

1 ¿Qué dice el reportaje sobre los centros de acogida? Da dos detalles.
2 ¿Qué pasa con los hombres y las denuncias de los casos de violencia?
3 ¿Por qué actúan así?
4 ¿Quién denuncia el 75% de los casos?
5 ¿Qué quiere Rosa Diez?

6 **Escribe una redacción de 200 palabras contestando la pregunta: "¿Existe todavía el machismo?" Puedes mencionar los siguientes puntos:**

- las estadísticas actuales de la violencia doméstica en España u otros países hispánicos
- ejemplos de maltrato
- los hombres también como víctimas
- el feminismo
- tu opinión personal.

Gramática

The perfect tense

The perfect tense describes a single, completed action in the immediate past, which has happened.

It is formed using the present of the auxiliary verb *haber* followed by the past participle.

El machismo ha existido siempre.

Ha cambiado mucho.

See page 153.

Leyenda:
- ■ Física
- ■ Física, verbal / psicológico
- ■ Verbal / psicológico
- ■ Física, verbal / psicológico, sexual o económico
- ■ Otras

Vocabulario

el grupo etario *age group*
el noviazgo violento *aggressive relationship*

Estrategias

Listening strategies

- Read the question and highlight the key details you are listening for.

- You will hear the recording as many times as you want, so listen to each track separately to ensure you understand.

- Focus on what you know, use cognates and neo cognates to help and make links to phonic sounds.

1 **Discute con un(a) compañero/a.**

1 ¿Qué significa la palabra 'feminista' para ti?
2 ¿Cuáles son los rasgos de una feminista?
3 ¿Crees que eres feminista? o ¿Conoces a alguna feminista?

2a **Lee el texto y explica lo que significan las siguientes fechas.**

1 1939–1975   **3** 1975
2 los años 60   **4** el 20 de noviembre

El nacimiento del movimiento feminista contemporáneo en España

El análisis del movimiento feminista en España requiere una comprensión del contexto político e histórico en el que nació. La dictadura de Franco (1939 a 1975) negó cualquier reivindicación política, social o cultural, fuera de lo que fuese. En este contexto, la creación de un movimiento feminista era impensable. Sin embargo, durante los años 60, algunos grupos fueron creados. Tres eran las áreas principales que llevaron a su aparición: el mundo universitario, los partidos políticos de izquierda clandestinos y las asociaciones vecinales ilegales.

El año 1975 aparece como fecha clave, en todos los estudios, sobre el movimiento feminista. Este año con la muerte de Franco el 20 de noviembre, fue también el año de celebración para el feminismo español, año en que las

Naciones Unidas declara el Año Internacional de la Mujer, y es particularmente una fecha trascendental porque dos semanas después de la muerte de Franco, se celebra el primer día de la liberación de la mujer en Madrid.

2b **Traduce el primer párrafo al inglés.**

3a **Lee este extracto de "Yerma" escrito por Federico García Lorca. Completa el texto escogiendo la palabra más apropiada.**

ACTO I Escena 2 (extracto)

YERMA Mi marido es otra cosa. Me lo dio mi padre y yo lo acepté. Con alegría. Ésta es la pura ¹_____ .

Pues el primer día que me puse novia con él ya pensé ... en los hijos ...Y me miraba en sus ojos. Sí, pero era para verme muy chica, muy manejable, como si yo misma fuera hija ²_____ .

VIEJA Todo lo contrario que yo. Quizá por eso no hayas ³_____ a tiempo. Los hombres tienen que ⁴_____ muchacha. Han de deshacernos las trenzas y darnos de beber agua en su misma boca. Así corre el mundo.

YERMA El tuyo, que el mío, no. Yo pienso muchas cosas, muchas, y estoy ⁵_____ que las cosas que pienso las ha de realizar mi hijo. Yo me entregué a mi marido por él, y me sigo entregando para ver si llega, pero nunca por divertirme.

| mía   gustar   verdad   segura   parido |

3b **Lee el extracto otra vez y discute con un(a) compañero/a estas preguntas.**

1 ¿Crees que Yerma es feminista?
2 ¿Crees que La Vieja tiene ideas modernas o tradicionales?
3 ¿Crees que Lorca nos da una representación moderna de las mujeres y los hombres?

4 ᨆ **Lee la introducción y escucha las respuestas de la feminista Patricia González en esta entrevista. Pon las preguntas en el orden correcto.**

> Tras dejar de jugar al fútbol con 21 años por una lesión de espalda, Patricia se formó como entrenadora. En España no podía vivir del fútbol. Es seleccionadora de Azerbaiyán.

1 ¿Qué fue lo más difícil?
2 ¿Cómo se comunican?
3 ¿Cómo es una jugadora de Azerbaiyán?
4 ¿En España, le resultó imposible dedicarse al fútbol?
5 ¿Se ve algún día como seleccionadora del equipo nacional español?

5 **Lee cada una de las frases y completa los huecos con la forma correcta del pluscuamperfecto.**

1 Patricia González no _____ la comida azerí antes de ir al país. (*comer*)
2 Su novio nunca _____ la lengua azerí antes de vivir en Azerbaiyán. (*hablar*)
3 Cuando Patricia se desplazó a Azerbaiyán, muchos futbolistas españolas _____ ya de la falta de oportunidades para las mujeres. (*quejarse*)
4 Patricia _____ a las jugadoras antes de irse a Azerbaiyán. (*conocer*)
5 Muchas futbolistas españolas _____ para la promoción del fútbol femenino. (*luchar*)
6 Yo _____ a Patricia en Barcelona antes de su dimisión. (*ver*)

6 **Escribe un artículo de 200 palabras sobre el feminismo en el mundo hispanohablante. Puedes mencionar los siguientes puntos:**

- la historia del feminismo en España
- ejemplos de feministas españolas
- opiniones diversas
- tu opinión personal.

⊞ Gramática

The pluperfect tense

The pluperfect is used to say what 'had' happened. It is like the perfect tense and is formed in two parts. The first is the auxiliary verb *haber* and the second is the past participle.

The difference from the perfect is that the pluperfect tense uses the imperfect tense of *haber*.

Las feministas habían luchado contra la discriminación durante cuarenta años.

See page 154.

▪ Expresiones claves

es importante destacar
subraya la importancia de
durante esta época
más/menos libertad
es importante mencionar
la lucha por
manifestaciones
la discriminación

Una representación de "Yerma" en el Teatro Español, Madrid, Junio 2004

A: Los derechos de los gays y las personas transgénero

1 **Discute con tu compañero/a si crees que estas estadísticas son verdaderas o falsas.**

1 En dos países del mundo ser homosexual se considera un delito y se castiga con la muerte.

2 México es el quinto país en el que más delitos se cometen contra la comunidad LGTB, siendo asesinada una persona en un crimen homófobo cada dos días.

3 En algunos países del mundo a los homosexuales se les prohíbe la entrada.

4 Casi la mitad de los delitos de odio en España los sufren lesbianas, gays, transexuales y bisexuales.

2a **Empareja cada palabra inglesa con su equivalente en español.**

1	pride	**a**	manifestaciones
2	equality	**b**	la sensibilización
3	diversity	**c**	el orgullo
4	awareness	**d**	la diversidad
5	protests	**e**	la igualdad

2b **Lee el texto y decide si las frases son Verdaderas (V), Falsas (F) o No mencionadas (N).**

El Orgullo Gay en Madrid

MADO (Madrid Orgullo) es la gran fiesta que se celebra en el Barrio de Chueca y algunas de las principales calles de Madrid, durante la "Semana del Orgullo LGTB", cuyo acto central es la Manifestación Estatal, la más grande de Europa, que tiene lugar el primer sábado de julio.

Esta fiesta se ha convertido, por derecho propio, en la más popular de España. Y es que, el Orgullo, ha pasado de aquellas pequeñas manifestaciones reivindicativas de los años 80 al gran evento que es hoy. Evento en el que todos nos unimos para celebrar la igualdad y la diversidad, de una forma lúdica y divertida, sin olvidar las reivindicaciones del Colectivo LGTB.

El Orgullo LGTB es una fiesta abierta a todo el mundo (niños, jóvenes, mayores, vecinos del barrio y visitantes de todas partes del mundo) con un carácter multiétnico y cultural que refleja la diversidad de la sociedad actual. De ahí nace el "Orgullo, ejemplo de convivencia". Esta iniciativa pretende promover la implicación y sensibilización de colectivos, empresas, organismos y prescriptores para promover la necesaria conciliación sobre el impacto que genera el MADO, y la necesidad de comprometerse con el respeto y la convivencia.

Vocabulario

comprometerse *to be involved/ engaged*

cuyo *whose*

la manifestación reivindicativa *a protest*

1 Madrid Orgullo es la manifestación más popular en Europa.

2 Madrid Orgullo ocurre durante todo el mes de julio.

3 En los años ochenta había muchas manifestaciones para apoyar los derechos LGTB.

4 Las manifestaciones en los años ochenta eran más grandes.

5 El Orgullo LGTB es una fiesta solamente para los homosexuales.

6 El Orgullo LGTB quiere concienciar a la gente de la importancia de la convivencia.

2c Traduce el último párrafo del texto al inglés.

3 〰 Escucha este reportaje sobre un crimen homófobo. Luego contesta las preguntas en español.

1 ¿Quiénes sufrieron una agresión homófoba en Sevilla?
2 ¿Cuántas veces fueron agredidos?
3 ¿Cuál fue la primera agresión?
4 ¿Cuál fue la excusa que les dio el amigo del agresor?
5 ¿Qué pasó cuando los amigos llegaron a la calle San Isidro?

4 Discute con tu grupo lo que piensas de este anuncio chileno y después discute estas preguntas.

¿Y si nace **homosexual**?
¿Le quitarías sus derechos?
¡ Ley contra la discriminación ahora!

Un mensaje de:
MOVILH
Auspicia:
Embajada del Reino de los Países Bajos

www.movilh.cl

1 ¿Crees que estos anuncios son eficaces para luchar contra la discriminación?
2 ¿Qué deberían hacer los gobiernos?
3 ¿Crees que los jóvenes son más tolerantes que sus padres? ¿Por qué?
4 ¿Eres optimista o pesimista cuando piensas en el futuro de los derechos LGBT?

5 Lee las frases y complétalas con la forma correcta del futuro perfecto.

1 Si defendemos los derechos de los gays _____ el futuro de nuestros hijos. (*cambiar*)
2 Casi 5 millones de homosexuales _____ este año si cambiamos la ley en Puerto Rico. (*casarse*)
3 Nosotros _____ al Orgullo Gay tres veces este año. (*asistir*)
4 Ellos _____ todo antes de la llegada de los participantes al desfile del Orgullo Gay. (*organizar*)
5 El Orgullo Gay _____ a las diez de la noche antes del comienzo de los fuegos artificiales. (*terminar*)
6 Mañana tú _____ a Madrid para experimentar la vida nocturna del barrio gay. (*volar*)

6 Haz una presentación de dos minutos sobre los avances de los derechos LGTB y los retos para el futuro. Utiliza la información y ejemplos de estas paginas y busca por Internet más ejemplos si es necesario.

Expresiones claves

según yo …
el gobierno necesita/debería …
a mi parecer …
no se debe olvidar …
es importante recordar …
quiero subrayar …
no soy ni optimista ni pesimista …
no debería descartar la idea …

Gramática

The future perfect tense

The future perfect informs you what will have happened.

Los gays habrán logrado la igualdad …

It is formed using the future of the auxiliary verb *haber* followed by the past participle.

See page 155.

Estrategias

Recognising words ending in '-ity'

Spanish nouns ending in *-dad* frequently end in '-ity' in English.

*la igual**dad*** – equal**ity**

*la diversi**dad*** – divers**ity**

1 **Lee el texto y busca la traducción de estas frases o palabras.**

Ricky Martin promueve el matrimonio gay en Puerto Rico

España aprobó el matrimonio gay en 2005, pero la pequeña isla de Puerto Rico no permiten los matrimonios entre personas del mismo sexo. Sin embargo, el cantante puertorriqueño Ricky Martin recordó a sus compatriotas que "el matrimonio igualitario es un asunto de derechos" y les dijo que "ya es tiempo" de que en la isla se permitan los enlaces entre personas del mismo sexo. Añadió que "la diversidad es parte del cambio en el mundo". Por ello, apuntó, "mi isla debe dejar constancia del respeto a la igualdad". La estrella puertorriqueña más internacional hizo este comentario después de que el lunes el secretario de Justicia de la isla, César Miranda, reconociera que el Gobierno se está replanteando su tradicional oposición al matrimonio entre personas del mismo sexo, un asunto muy polémico en la isla. Ahora, Ricky Martin se ha sumado a este reclamo y afirmó que en la actualidad se están violando sus derechos en la isla al no permitírsele

casarse legalmente con otro hombre. "Es momento de crecerse ante los tiempos; la oposición que hasta hoy han expresado de que las personas LGBT, como yo, no tengamos la oportunidad de legalizar una unión matrimonial, es una violación de nuestros derechos", dijo dirigiéndose al gobernador de la isla, Alejandro García Padilla, y al secretario de Justicia. Igualmente, "les recuerdo que este es un asunto de igualdad, no estamos pidiendo tener más derechos que nadie".

1	he reminded	**4**	weddings	**7**	controversial
2	countrymen	**5**	the star	**8**	to grow up
3	an issue	**6**	is reconsidering	**9**	rights

2a 🎵 **Escucha este reportaje sobre la situación de los matrimonios gay en los países latinoamericanos y rellena el cuadro.**

País	¿Legal o no?	Más detalles
Argentina		
Uruguay		
México		
Colombia		
Chile		

2b 🎵 **Escucha otra vez y después, utilizando el cuadro de arriba, escribe un resumen de la situación de los matrimonios gay en cada uno de los países latinoamericanos. Escribe unas 70 palabras. Debes utilizar tus propias palabras.**

3 Utiliza el artículo "Ricky Martin promueve el matrimonio gay en Puerto Rico" para ayudarte a traducir estas frases al español.

1 Ricky Martin is trying to promote gay marriage in Puerto Rico.
2 He said that it is time to legalise marriage between people of the same sex.
3 The issue is very controversial amongst the inhabitants of the island.
4 Many people think it is a question of equal rights for all.
5 Diversity is very important in today's world.

4 Discute con tu compañero/a si piensas que los homosexuales deberían tener derecho a casarse. Pensad en los argumentos a favor y en contra del matrimonio gay.

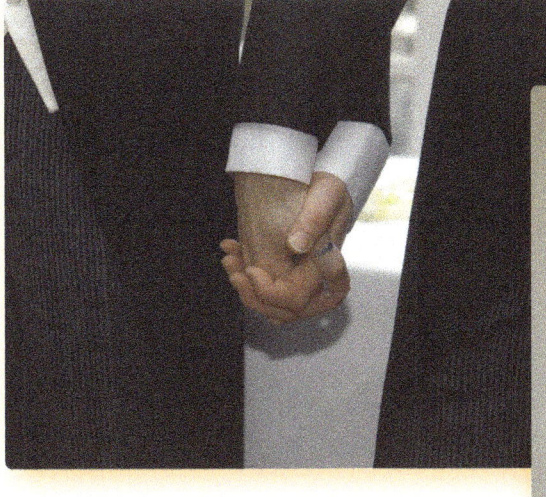

Estas ideas pueden ayudar:

- el papel de la iglesia y la religión
- los impuestos
- la muerte
- la igualdad.

5 Lee cada una de las frases y completa las con la forma correcta del condicional perfecto.

1 Yo _____ los regalos para la boda de Emilio y Juan pero no tuve tiempo. (*comprar*)
2 Ella _____ las invitaciones para su boda con Aurelia pero llegó su exnovia. (*terminar*)
3 Nosotros _____ esta iglesia para nuestra boda si lo hubiéramos sabido. (*reservar*)
4 _____ las doce cuando los novios llegaron a la iglesia. (*ser*)
5 Yo _____ a la boda de Juan y Pablo pero no me invitaron. (*asistir*)
6 Paco e Iván _____ a México de luna de miel si lo hubieran tenido el dinero. (*ir*)

6 Escribe unas 150 palabras sobre las opiniones en pro y en contra del matrimonio gay.

Estrategias

Translation tips

- Break each sentence down into manageable chunks.
- Make sure you read the source text carefully. Be aware of 'false friends'.
- Always check your work for spellings, verb formations and tenses.

Gramática

The conditional perfect

The conditional perfect informs you what 'would have happened'.

La iglesia habiá prohibido los matrimonios gay …

It is formed using the conditional of the auxiliary verb *haber* followed by the past participle.

See page 155.

¡Demuestra lo que has aprendido!

1 Estas palabras pertenecen al tema de 'La igualdad de los sexos'. Empareja los sinónimos.

1	la violencia doméstica	**a**	laboral
2	realizar	**b**	salarios
3	consentir	**c**	cobrar
4	tareas domésticas	**d**	hogar
5	enlace	**e**	quehaceres
6	casa	**f**	elaborar
7	concienciar	**g**	la violencia de género
8	ganar	**h**	asesinar
9	crimen	**i**	reclamar
10	sueldos	**j**	maltrato
11	abuso	**k**	delito
12	profesional	**l**	sensibilizar
13	exigir	**m**	matrimonio
14	matar	**n**	permitir

2 Completa las frases, escogiendo la palabra más apropiada.

1 Según los estudios, la diferencia de salarios entre los hombres y mujeres crece a _____ que aumenta los años de experiencia laboral.

2 Las madres _____ un papel notable con su contribución al mundo profesional.

3 Las tareas domésticas se distribuyen en España de manera cada vez más _____ .

4 Las horas trabajadas por las mujeres también _____ en las diferencias salariales.

5 Los hombres participan más y durante más tiempo en actividades de _____ que las mujeres.

ocio   desempeñan   influyen   medida   igualitaria

3 ¿Cuánto has aprendido? Elige la respuesta correcta.

1 La dictadura de Franco…
  a dio más libertad a la mujeres que antes de la guerra civil.
  b negó cualquier reivindicación política.
  c mejoró las condiciones sociales de la mujeres.

2 En 1975 las Naciones Unidas…
  a fueron creadas.
  b declararon el año internacional de la mujer.
  c criticaron la situación precaria de las mujeres.

3 También en 1975 Franco…
  a nació.
  b murió.
  c fue asesinado.

4 Actualmente se han abierto…
  a centros de acogida para hombres maltratados.
  b cárceles para los agresores que abusan de sus mujeres.
  c centros de acogida para niños maltratados.

5 Hoy en día entre los jóvenes argentinos…
  a ya no existe el maltrato contra las mujeres.
  b es cada vez visible la violencia psicológica.
  c hay más conciencia de las razones por las que se abusa de las mujeres.

4 Empareja las dos partes de las frases.

1 En muchos países del mundo ser homosexual se considera…
2 Madrid Orgullo…
3 El Orgullo LGTB quiere…
4 Las agresiones contra los homosexuales…
5 Ricky Martin quiere destacar que…
6 La isla de Puerto Rico…

a concienciar a la gente de la importancia de la convivencia.
b un delito y se castiga con la muerte.
c no permite los matrimonios entre personas del mismo sexo.
d el matrimonio igualitario es un asunto de derechos humanos.
e es la gran fiesta que se celebra en el barrio madrileño de Chueca.
f han aumentado mucho durante los últimos años.

¡Haz la prueba!

1 📖 **Lee este artículo sobre el Cordobés. Selecciona las cuatro frases correctas según el texto.**

El Cordobés, premio Transexualia: normalizar a los LGTB en el mundo del toro

La figura del torero es machista por naturaleza y por una etiqueta que confunde hombría con heterosexualidad. Pero los tiempos cambian y la realidad se impone. Y este fin de semana, Manuel Díaz, El Cordobés, recibió más aplausos en los Premios Orgullo 2015, otorgados por el colectivo Transexualia, que cuando corta una oreja en la plaza. El Cordobés fue galardonado por su compromiso de normalizar la diversidad LGTB en el mundo del toro, un premio que aceptó encantado, "ya que yo mismo, como ellos, he sido cuestionado desde antes de nacer, por ser mi madre soltera. En el colegio, porque no tenía padre como manda la ley. En el toreo, porque no tenía a quién brindarle en la plaza y porque también se cuestiona a los toreros por su profesión. Y yo acepto este premio encantado porque creo que todos somos iguales, no debe haber diferencias entre las personas y creo que todos debemos de ser libres para elegir lo que nos gusta y luchar por lo que nos interesa. El problema es de quien nos cuestiona, no nuestro". Manuel Díaz, que estaba acompañado por su esposa, Virginia Troconis, pidió apoyo para que no haya diferencias entre las personas por inclinaciones que no hacen daño a nadie. "Yo tengo muchos amigos gays y puede que haya homosexuales en el mundo del toro. Lo importante es que sean libres y respetados".

1 No es normal ser machista si eres torero.
2 Manuel Díaz recibió un premio por su trabajo por normalizar la diversidad.
3 A Manuel Díaz le dio vergüenza ser galardonado.
4 Manuel creció sin la influencia de un padre.
5 Manuel cree que la igualdad es fundamental en nuestra sociedad.
6 Manuel no tiene ningunos amigos gay.
7 Manuel piensa que existen toreros que son homosexuales.
8 Manuel afirma que la homosexualidad en el mundo del toro es imposible.

[4 marks]

2 💬 **Traduce este texto al inglés.**

En la actualidad, ochocientas mujeres mueren cada día por causas directamente relacionadas con el parto y el embarazo, y cuarenta y siete mil mueren por abortos inseguros cada año. En España, se acaba de aprobar una reforma de la Ley del Aborto que obliga a las menores a tener la autorización de sus padres y madres para interrumpir un embarazo, vulnerando su derecho a decidir. Este es un escueto resumen de lo que supone para la mitad de la población mundial no tener acceso a los derechos relacionados con su cuerpo, con su salud, con su bienestar y su dignidad.

[10 marks]

3 〜〜 **Escucha el reportaje sobre las palabras del Papa Francisco. Decide si las frases son Verdaderas (V), Falsas (F) o No mencionadas (N).**

1 El Papa Francisco denunció el machismo de algunos hombres.
2 Afirmó que los medios de comunicación no juegan un papel importante en la comercialización del cuerpo femenino.
3 Quiere que haya más leyes para proteger a la mujer.
4 Subraya la importancia de las mujeres como un complemento a los hombres.
5 Durante su discurso el Papa Francisco menciona frecuentemente la biblia.
6 La Iglesia católica promueve la importancia de los matrimonios entre hombres y mujeres.

[6 marks]

4 💬 **Practica la gramática que has aprendido. Traduce estas frases al español.**

1 Many women have died due to domestic violence.
2 The Pope has criticised some men who have behaved in a chauvinistic way.
3 The government had promised to introduce a new law.
4 Pablo had been a good father and husband.
5 By the end of the year, many gays will have got married.
6 Many transsexuals will have suffered abuse before the end of the year.
7 Without the support of the industry, women would have earned less than men.
8 Few homosexuals would have dreamed of equality in the seventies.

[24 marks]

5 💬 Completa el texto, escogiendo la palabra más apropiada de la lista.

> malabares   supone   psicológicas   duplicado
> propensas   carreras

Compaginar familia y trabajo eleva al doble la tasa de depresión en las mujeres

Las mujeres son dos veces más [1]_____ a sufrir de depresión en comparación con las cifras de hace 40 años, según los investigadores. La causa, es su esfuerzo por hacer [2]_____ para compaginar las familias y las [3]_____ laborales.

Se cree que una de cada siete mujeres se verá afectada por la depresión en algún momento de sus vidas, algo que [4]_____ más del doble de hombres que lo sufrirán. Los científicos aseguran que el esfuerzo de tratar de tener una familia y una carrera a la vez supone para las mujeres una 'pesada carga' que tiene repercusiones [5]_____ . Los investigadores han estudiado el alcance de los problemas de salud mental en Europa, concluyendo que las tasas de depresión en las mujeres se han [6]_____ desde la década de 1970.

[6 marks]

🔖 Consejo

Approaching gapfill tasks

When approaching a gapfill question, you should consider:

- the word that comes before the gap
  - is it a definitive or indefinitive article? If yes, then the next word must be a noun.
  - what gender is the definitive article? This must agree with the noun from the list.
  - is it part of the verb *haber*? If yes, then the next word must be a past participle.
  - is it a noun? If yes, the next word may be an adjective which will need to agree with the noun.

- the word that comes after the gap
  - is it an adjective? If yes, check what form the adjective is in (i.e. masculine, feminine, singular or plural? The word before must be a noun which must agree.

- writing the function of each word next to the list you must choose from. Is it an adjective/noun/verb?

- writing next to each word on the list what it means in English.

Use all of the above to reduce the number of possibilities and remember to cross out each one when you have used it.

6 💬 Utilizando la información que has aprendido y las fotos, discute lo siguiente con tu compañero/a.

- ¿Crees que existe igualdad entre los sexos?
- ¿Crees que los homosexuales disfrutan de más igualdad actualmente?
- ¿Qué se debe hacer en el futuro para que haya más igualdad? Eres pesimista u optimista cuando piensas en el futuro?

7a Busca en el texto una palabra o expresión que tenga el mismo significado que las siguientes.

1 el slogan
2 citó
3 manifestar
4 ira
5 lo esencial es

[5 marks]

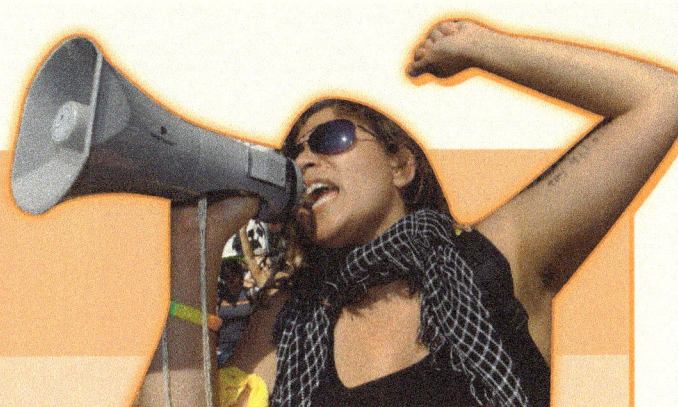

Grupo feminista convoca marcha en Montevideo, Uruguay, por asesinato a una mujer

Bajo el lema "Tocan a una, tocan a todas", una organización feminista convocó este lunes en las redes sociales una marcha para este martes en Montevideo en repudio por el asesinato de una mujer la pasada semana en un barrio de la capital uruguaya. "En noviembre del año pasado decidimos que cada vez que hubiese una muerte violenta de una mujer íbamos a salir a la calle a protestar", dijo Rossana Blanco, una de las integrantes de la asociación convocante, Feministas en Alerta y en las Calles. El colectivo reúne a activistas de diversas organizaciones en defensa de los derechos humanos y concretó desde el pasado mes de enero más

de 15 marchas en el centro de Montevideo bajo la consigna "Tocan a una, tocan a todas" cada vez que se notifica una muerte. "Otra vez, con rabia, dolor e indignación decimos que nos falta una más, una más que se suma a la triste cuenta de 23 mujeres víctimas de violencia machista en lo que va del año en nuestro país", indica la convocatoria hecha pública por la organización. Las concentraciones que el grupo realiza después de cada feminicidio no son masivas dado el breve espacio de tiempo con el que se convocan, pero se pone el acento en seguir haciendo visible la protesta, según dijo Blanco.

7b Escribe un párrafo en español, usando un máximo de 70 palabras para resumir lo que has leído. Responde con frases completas. Incluye:

- lo que hizo el grupo feminista este lunes [2]
- qué ha hecho el colectivo [2]
- la eficacia de las concentraciones. [3]

Hay cinco puntes adicionales por la calidad de tu español escrito. En la medida de lo posible, debes utilizar tus propias palabras.

[12 marks]

8 Elige uno de los siguientes temas y escribe unas 250 palabras.

1 Nunca habrá igualdad entre los hombres y las mujeres.
2 Ser homosexual actualmente es normal y está aceptado.
3 Todos los hombres son machistas.

3 Vocabulario

3.1 La mujer en el mercado laboral

la	afición	hobby
los	alimentos	food
el/la	amo/a de casa	house husband/ housewife
el/la	amante	lover
el	ámbito laboral	job field
la	brecha de género	gender gap
el	calzado	footwear
el	cargo profesional	professional post
	compartir	to share
el/la	costurero/a	dressmaker/seamstress/tailor
	cuidar a	to look after
	dedicar a	to spend time
	desempeñar	to carry out
la	desigualdad	inequality
	disminuir	to reduce
la	doncella	maid
	educar	to educate, to raise
	enfrentar	to face up to
	fregar	to scrub, to wash up
la	fregona	a mop, a skivvy
	ganar	to earn
el	hogar	home
	igual	equal
	igualitaria	equal
el	lavavajillas	dishwasher
	limpiar	to clean
	mercado laboral	job market
el	pago	payment
	planchar	to iron
los	quehaceres	chores
el	reto	challenge
el	salario	salary
los	salarios femeninos	salaries paid to women
el	sueldo	wage
	trasvasar	to divert/transfer
	en vías de desarrollo	in development
la	vivienda	home/housing

3.2 El machismo y el feminismo

	abofetear	to slap
	abusar de	to abuse
	acoger	to take in
el	acoso	abuse/harassment
el/la	agresor(a)	attacker
el	asesinato	murder
los	celos	jealousy
	clandestino	illegal
	convocar	to organise
	desaparecer	to disappear
	detenerse	to arrest
la	dictadura	dictatorship
la	dignidad	dignity
	embarazada	pregnant
la	esposa	wife
	extraño/a	strange
la	fecha clave	key date
el	femicidio	femicide
	impensable	unthinkable
la	injusticia	injustice
la	ira	fury
la	lacra	blot, blemish
la	lucha	fight
el	machismo	chauvinism
la	manifestación	protest
el	marido	husband
el/la	novio/a	boyfriend/girlfriend
	obligar	to force
el	partido político	political party
el	prejuicio	prejudice
	prever	to foresee
la	rabia	anger, rage
	reclamar	to demand
el	respeto	respect
	tirar	to pull/to throw
	vecinal	local
la	violencia de género	domestic violence

3.3 Los derechos de los gays y las personas transgénero

	adoptar	*adopt*
	aprobar una ley	*to pass a law*
la	**boda**	*wedding*
	borracho/a	*drunk*
la	**campaña**	*campaign*
la	**comisaría**	*police station*
	convertirse en	*to become*
	de repente	*suddenly*
el	**delito de odio**	*hate crime*
	denunciar	*to report*
la	**diversidad**	*diversity*
	diverso/a	*diverse*
	fomento	*promotion*
	golpear	*to hit*
	homofóbo/a	*homophobic*
el	**impuesto**	*tax*
la	**comunidad LGBT**	*LGBT community*
	lanzar	*to launch*
	legalizar	*to make legal*
la	**lesbiana**	*lesbian*
	lleno/a	*full*
el	**matrimonio**	*marriage*
la	**mitad**	*half*
	olvidar	*to forget*
el	**orgullo gay**	*Gay Pride*
la	**pareja**	*partner/couple*
	por naturaleza	*by nature*
	pretender	*to try*
	promover	*to promote*
	reconocer	*to recognize*
	reflejar	*to reflect*
	respetar	*to respect*
la	**sensibilización**	*awareness*
	sensibilizar	*to make aware*
	subir	*to increase*
los	**valores**	*values*
	violar	*to violate*

■ **Expresiones claves**

Stating and reacting to opinions

A mi modo de ver
Opino que
Tengo claro que
Hay que recordar que
Desde mi punto de vista
(No) es una opinión/actitud que yo comparto
¿De verdad?
¿En serio?
No debes olvidar que
¡Es increíble que digas eso!
¡Basta de excusas!
¡Es una locura lo que dices!

4 La influencia de los ídolos

By the end of this section you will be able to:

		Language	Grammar	Skills
4.1	**Cantantes y músicos**	Discuss the positive and/or negative influence singers and musicians have on people	Use indirect object pronouns	Use connectives to improve your written work Improve your translations into Spanish
4.2	**Estrellas de televisión y cine**	Discuss the positive and/or negative effect TV and cinema stars have in our society	Practise the passive voice	Use connectives and other expressions to improve your conversation style
4.3	**Modelos**	Consider the type of influence fashion models have on young people	Use direct object pronouns	Check your written work

> El mundo hispánico está lleno de grandes estrellas de la televisión, el cine, la música y la moda. Son cantantes, actores, actrices, presentadores o modelos con talento, guapos y muy poderosos. Algunos son famosos solo en España, otros en el mundo entero. Muchos son conocidos por ganar premios prestigiosos por su trabajo. Algunos son reconocidos también por su labor humanitaria. Todos tienen algo en común: la gran influencia que ejercen, mayormente positiva, pero a veces también negativa.

1a Discute la nacionalidad y profesión de cada uno de estos famosos con un compañero. Utiliza Internet si lo necesitas.

1. Shakira
2. Andrés Velencoso
3. Jennifer López
4. Nieves Álvarez
5. Sofía Vergara
6. Dani Rovira
7. Penélope Cruz
8. Gael García Bernal
9. Paula Echevarría
10. Sara Carbonero

1b Empareja cada frase con uno de los famosos de la actividad 1a.

1. Soy actriz. He trabajado en muchas películas españolas, italianas y también de Hollywood. Me gustó colaborar en una de las películas de "Piratas del Caribe".
2. Me encanta mi trabajo en la televisión. Al ser colombiana, tengo un acento muy particular y soy famosa en Estados Unidos por una serie que se llama "Modern Family".
3. Mi experiencia en el mundo del cine es reciente. Yo era humorista, pero una película en el año 2014 me hizo famoso como actor. Se llama "Ocho apellidos vascos".
4. Soy una actriz española famosa por mi trabajo en televisión. Estoy casada con un cantante muy conocido en España que se llama David Bustamante.
5. Soy una modelo española famosa. Mi nombre significa 'snow' en inglés. En el año 2001 colaboré en un libro para concienciar sobre el problema de la anorexia.
6. Mi trabajo como modelo me ha permitido viajar y conocer a mucha gente.
7. Soy famosa por mis canciones y mi forma de bailar, pero también hago mucho trabajo para los niños más pobres de mi país natal, Colombia.
8. He sido una presentadora de la sección de deportes de un canal de televisión en España. Mucha gente me admira también por mi forma de vestir, siempre a la última moda.
9. Tengo una doble profesión. Soy cantante, pero también actriz. Me encanta la variedad. También tengo mi propia línea de ropa y perfume.
10. Soy un actor de cine mexicano y colaboro con las campañas de *Greenpeace* para limpiar las aguas de productos tóxicos.

2 Sin usar un diccionario, ¿cuántas de estas palabras conoces en inglés? Compara tus respuestas con las de un(a) compañero/a.

1 la riqueza
2 la labor humanitaria
3 los seguidores
4 una organización benéfica/humanitaria
5 la pasarela
6 las letras y los mensajes de sus canciones
7 abusar de su éxito
8 olvidar sus orígenes
9 recaudar dinero

3a Decide si estas acciones de algunos famosos de la tele, del cine, de la moda o de la música tienen una influencia positiva o negativa sobre la sociedad.

1 Organizar grandes conciertos para recaudar dinero para los pobres y necesitados.
2 Aparecer en campañas de televisión que promueven una vida sana.
3 Hacerse tatuajes en el cuerpo o vestirse de manera extravagante.
4 Donar dinero a las organizaciones benéficas.
5 Promocionar productos en la televisión.
6 Vestir con ropa y zapatos muy caros y aparecer en revistas y otros medios de comunicación.
7 Aparecer en campañas políticas.
8 Trabajar en películas con escenas de violencia.
9 Emborracharse o tomar drogas.
10 Colgar videos o fotos en las redes sociales con imágenes de su vida privada.
11 Escribir letras de canciones inolvidables, pero con palabrotas.
12 Colaborar con campañas de concienciación para ayudar al planeta.
13 Cambiar su imagen cuando son famosos.
14 Aparecer en programas de televisión como "Gran Hermano" o "Supervivientes".

3b Compara tus respuestas con las de un(a) compañero/a.

4 Piensa en un famoso de la tele, del cine, de la música o de la moda y explica por qué tiene una influencia positiva o negativa sobre la gente.

Penélope Cruz   **Gael García Bernal**   **Javier Bardem**

Vocabulario

componer *to compose*
desarrollarse *to develop*
destacado *renowned*
en segundo plano *in the background*
la lista oficial de ventas *the charts*
tocar *to play (an instrument)*

1a Lee las biografías de los tres cantantes hispanos y busca el español.

1 has become
2 a success
3 platinum
4 currently
5 following
6 developed
7 throughout
8 career

Sofía Reyes es una actriz y cantante Mexicana que nació en Monterrey, Nuevo León, México y actualmente reside en Los Ángeles, California. Con tan solo ocho años, Sofía comenzó a cantar y tocar el piano. Cuando cumplió 12 años, empezó a escribir canciones con su padre y una amiga. Durante los años siguientes se desarrolló como pianista, cantante y compositora.

Dasoul nació en Gran Canaria. Desde pequeño tuvo curiosidad por el mundo de la música, aunque decidió dejarlo en segundo plano. Hace cinco años se propuso convertir su pasión en su trabajo, así que empezó a producir y a componer para diferentes artistas nacionales. Después de varios singles, a finales de 2014, presentó "Él No Te Da". El tema se ha convertido en un éxito, consiguiendo estar durante más de dos meses en el Top 10 de la Lista Oficial de ventas. El single ya es Disco de Platino.

Antonio Orozco es uno de los artistas españoles más destacados. Ha vendido más de medio millón de discos y ha realizado más de mil conciertos a lo largo de su extensa carrera profesional. Antonio Orozco nació en Osuna, Sevilla, pero emigró con su familia a Hospitalet de Llobregat, Barcelona, cuando era un bebé. Hijo de padres sevillanos de clase trabajadora, es el mayor de tres hermanos.

1b Lee otra vez las biografías y empareja cada frase con un cantante.

1 Ha tenido éxito con una canción recientemente.
2 Vive en los Estados Unidos.
3 Se mudó cuando era muy joven.
4 Toca un instrumento musical.
5 Ha compuesto canciones para otros cantantes.
6 Ha tenido una carrera muy larga.

2a Lee y traduce este texto al inglés.

Antonio José, el ganador de "La Voz"

Con Antonio José queda muy claro que lo de salir en la tele y participar en concursos musicales, no garantiza el éxito profesional. Recordemos que este joven ya representó a España en el festival de "Eurojunior" pero su carrera no pasó de ahí. Ahora, como triunfador de "La Voz 3", se supone que ha saltado al estrellato. O no. ¿Alguien sabe dónde se ha metido Rafa, el 'heavy' que ganó en la primera temporada? A David Barrul, el vencedor del año pasado se le ha escuchado un poco más pero tampoco tanto. Pero, ¿tendrá futuro este joven en la música?

2b Discute con un(a) compañero/a.

1 ¿Crees que los cantantes en programas como "La Voz" tienen talento?
2 ¿Crees que los participantes son buenos modelos a seguir?
3 ¿Crees que los telespectadores piensan que es fácil ser músico?
4 ¿Piensas que la fama es más importante para los concursantes que la música?
5 ¿Te gustaría participar en un concurso como "La Voz"?

3 〰 Escucha lo que dice David Bisbal, un famoso cantante español, sobre los realities musicales y contesta las preguntas.

1 ¿Qué piensa David Bisbal sobre participar en un *reality musical*? Da dos ejemplos.
2 ¿Por qué piensa que son importantes?
3 ¿En qué dos países ha sido un mentor?
4 ¿Qué dice sobre estas experiencias?
5 ¿Qué se menciona en el reportaje sobre la aparición de Bisbal en un reality show?
6 ¿Qué se dice en el reportaje sobre el sonido de su nuevo disco?

4 Utiliza Internet para buscar más cantantes hispanos y la influencia que ejercen sobre los jóvenes. Haz una presentación de dos minutos sobre tu artista favorito. Puedes mencionar los siguientes puntos:

- una biografía corta de su vida
- su éxito
- si crees que (no) es buen ídolo para los jóvenes
- si trabaja para organizaciones benéficas.

5 Escribe un blog de 200 palabras sobre la influencia que ejercen los músicos en los jóvenes. Puedes mencionar los siguientes puntos:

- los cantantes famosos y sus admiradores
- el aumento y la influencia de los realities.

■ Expresiones claves

a lo largo de su carrera profesional
ha vendido más de … copias
su primer disco fue …
compone …/canta …/toca …
su disco sale a la venta …
ha realizado más de … conciertos
ha ganado varios premios
grabó …
alcanzó el puesto número … en descargas

🔖 Estrategias

Examples of connectives to improve writing style

- To talk about consequences: *por eso, así que, por lo tanto*.
- To draw conclusions, use *al fin y al cabo, en resumen*.
- To give more additional information, use *además, es más, incluso*.
- To present counter information, use *en cualquier caso, ahora bien, sin embargo, no obstante*.
- When referring to something specific, use *en cuanto a* or *(con) respecto a*.

1 Corrige las frases utilizando la información del texto.

Vocabulario

atestado *full*
la barriga *tummy*
desarrollar *to develop*
la inversión *investment*
lograr *to achieve*
la pobreza *poverty*
reflexionar *to think about*
tildado *stigmatised/labelled*

Shakira: "El trabajo en la educación no es tan solo caridad... es una inversión humana"

Shakira escribió un artículo que expresa su sentir en cuanto a la importancia de la educación. La cantante y activista reflexiona sobre la pobreza en su natal Colombia, que la motivó a crear la Fundación "Pies Descalzos".

La estrella dice que "aunque mi principal ocupación es la de artista, tengo otra pasión que he desarrollado en los últimos años: la promoción de la educación desde los primeros años de la infancia. Me crié en una Colombia dividida y atestada de pobreza. En Barranquilla, de donde vengo, parecía que muchos de los que me rodeaban tenían su destino tildado desde antes de nacer. Los que nacían pobres, morían pobres, y desafortunadamente, lo mismo ocurre en la Colombia actual, al igual que en muchas otras partes del mundo en desarrollo. Esa indignación se convirtió en el catalizador que me inspiró a formar mi Fundación Pies Descalzos a los 18 años".

La artista también comenta sobre los resultados que ha logrado la fundación, como dar apoyo a seis mil niños y desarrollar escuelas con programas de alimentos para que "los niños puedan aprender con la barriga llena. He entendido que el trabajo en la educación no es tan solo caridad… es una inversión humana".

1 Shakira ha dado un discurso que expresa sus sentimientos sobre la importancia de la educación.
2 La riqueza en Colombia la motivó a trabajar como voluntaria.
3 Según Shakira, Colombia es un país unido y atestado de pobreza.
4 Muchos niños en el mundo nacen ricos.
5 La fundación ha ayudado a cinco mil niños.
6 Para Shakira, lo más importante es la inversión de dinero.

2 Traduce este texto sobre los músicos de La Oreja De Van Gogh al inglés.

El famoso grupo español, La Oreja de Van Gogh se suma a la campaña "Por Ser Niña" que intenta acabar con la discriminación de género que afecta a millones de niñas en todo el mundo a través de la educación y la sensibilización. Cerca de 1.000 millones de niñas y mujeres viven con menos de un euro al día. Invertir en una niña es invertir en el desarrollo de toda su comunidad. Es importante que la educación de las niñas sea una prioridad y los músicos como La Oreja de Van Gogh ayudan a concienciar a la gente sobre este problema.

3 Lee este párrafo sobre los cantantes y su trabajo para las organizaciones benéficas. Luego utiliza los pronombres indirectos y traduce las frases al español.

> Muchos cantantes dan dinero a organizaciones benéficas. Quieren eliminar la pobreza del Tercer Mundo e intentan ayudar a los niños desfavorecidos. Estos cantantes nos inspiran. Si puedes ayudar, deberías ponerte en contacto con uno de los representantes del Oxfam de tu barrio.

1 Many singers give them money. (charities)
2 These singers give them the present of hope.
3 They are trying to help them. (children)
4 They are asking you to get in contact.
5 Oxfam will tell us how we can help.

4 〰 Escucha este reportaje sobre un concierto muy peculiar. Haz un resumen de 70 palabras. Debes utilizar tus propias palabras. Puedes mencionar los siguientes puntos:

- lo que tienen en común la reina Sofía y Raphael
- qué hicieron
- los protagonistas
- su reacción hacia los niños.

5 Mira las fotos y discute las siguientes preguntas con tu clase o con tu compañero/a.

1 ¿Cuál de las dos fotos te impresiona más?
2 ¿Crees que es importante que los cantantes hagan trabajo solidario? ¿Por qué (no)?
3 ¿Crees que los cantantes tienen el deber de recaudar fondos para las organizaciones benéficas?
4 ¿Por qué crees que los cantantes quieren ayudar?
5 ¿Piensas que los cantantes utilizan las organizaciones benéficas para la autopromoción?
6 ¿Es importante que la gente sepa que los cantantes dan dinero?

6 Haz una presentación de dos minutos a tu clase sobre los cantantes y su influencia en los jóvenes. Debes utilizar tus propias palabras. Puedes mencionar los siguientes puntos:

- su trabajo para las organizaciones benéficas y su importancia para recaudar dinero
- si son verdaderamente solidarios o si es autopromoción
- su importancia para sensibilizar a la gente sobre los problemas mundiales
- si es una trivialización de problemas graves.

Estrategias

Translating into Spanish

- Do lots of practice with and without dictionaries.
- Work out what grammar is being tested.
- Check for accents.
- Check for verb endings.
- Check your spelling.
- Use the previous texts to help with vocabulary.

Gramática

Indirect object pronouns

The indirect object is the person or thing to whom, or for whom, the action is performed. An indirect object is usually a person receiving the direct object.

Shakira me da mucha inspiración.

Me, te, nos, os – to me, to you singular (informal), to us, to you plural (informal)

Le, les – to him/her, to them/you (formal)

The indirect object pronoun usually comes in front of the verb.

Shakira les da la oportunidad de recaudar fondos.

With a gerund or infinitive, the indirect object can be added on to the end.

See pages 149–150.

Expresiones claves

La foto que me impresiona más es …
El deber de un(a) cantante es …
Es importante que los cantantes …
Si pudiera, me gustaría …
Los cantantes son famosos y por eso …
En el fondo/el centro/a la izquierda de la foto se ve …

Vocabulario

a nivel mundial *on a worldwide level/worldwide*

convertirse en *to become*

la dama *lady*

la polémica *controversy*

saltar a la fama *to shoot ('jump') to fame*

Gramática

The passive voice

In Spanish, the passive is formed with the verb *ser* + past participle. The past participle must agree with the subject of the sentence, as in these examples:

Las actrices son admiradas por sus seguidores.

Los documentos fueron escritos por el director.

Las redes sociales serán utilizadas mucho más en el futuro.

However, this structure is mostly limited to formal or written language and is best avoided in spoken Spanish. Often the passive is avoided by using the pronoun *se* and the third person of the verb. These sentences avoid the passive and do not indicate 'by whom' the action is done:

Se admira a las actrices.

Se utilizarán las redes sociales mucho más en el futuro.

Sentences with *estar* + past participle express the result of an action, rather than the action being done.

Las paredes están pintadas de verde.

See page 159.

---

1 ¿Comprendes lo que hacen o hacían estas personas en la televisión o el cine de España o América Latina? Traduce la tabla al inglés.

Penélope Cruz	Actriz española nacida en Madrid, cuyo trabajo en el cine la ha convertido en una gran estrella a nivel internacional.
Dani Rovira	Humorista y actor malagueño que saltó a la fama en 2014 por su trabajo en la película "Ocho apellidos vascos".
Alejandro González Iñárritu	Director y productor de cine mejicano, conocido a nivel mundial por sus controvertidas películas, entre ellas "Birdman", "Babel" o "Amores Perros".
Paula Echevarría	Actriz española de series de televisión como "Velvet" o "Gran Reserva".

2a Lee la tabla otra vez y empareja cada palabra española con su equivalente en inglés.

1	una fundación		**a**	an award
2	un discurso		**b**	accessories
3	marcar tendencias		**c**	to support
4	un premio		**d**	a foundation
5	apoyar		**e**	a joke
6	un chiste		**f**	to set trends
7	complementos		**g**	a speech

2b Cada una de las estrellas mencionadas ha sido noticia en años recientes por su trabajo, acciones o comentarios en público. Utiliza Internet para emparejar cada nombre con la actividad.

1 Ha creado una fundación para niñas sin hogar en la India.

2 Contó un chiste e hizo comentarios sobre Ibiza en un discurso de los Goya.

3 Marca tendencias por la ropa y complementos que suele llevar.

4 Hizo comentarios sobre el gobierno mejicano en su discurso de aceptación de un Oscar.

2c Elige una de las acciones mencionadas en la actividad 2b y habla sobre ello en parejas. Explica por qué crees que es una influencia positiva o negativa de ese famoso.

3 Traduce estas frases al español utilizando la pasiva. ¡Cuidado! Hay tres frases que puedes traducir usando el pronombre <u>se</u> y el verbo en la tercera persona si quieres.

1 His speech was followed and applauded by many.

2 Homeless children in India are helped by famous cinema and TV stars.

3 The organisation is supported by Salma Hayek.

4 Many awareness campaigns have been created to help women who suffer domestic violence.

5 The actress is admired for her humanitarian work.

6 Social networks are a big influence and are sometimes criticised for their power in society.

4a Lee el artículo y busca la traducción de estas frases o palabras.

La influencia de su abuela en *Salma Hayek*

La actriz mexicana Salma Hayek reconoce que su abuela siempre ha tenido una enorme influencia en su trabajo humanitario y benéfico. Su abuela la ayudó a comprender la necesidad de utilizar su fama y popularidad para influir en todo tipo de causas políticas y sociales, sobre todo en relación con el papel de la mujer en la sociedad y con la búsqueda de la igualdad de oportunidades.

En una conferencia en Londres con la organización "*Trustwomen*", Salma Hayek dijo, refiriéndose a su abuela: "Fue una mujer muy valiente que trató de hacer mucho en una época adversa para las mujeres, pues vivió en una sociedad que no entendía que las mujeres pudieran tener aspiraciones fuera del trabajo en la casa o del cuidado de los hijos".

La estrella de cine ha dedicado las dos últimas décadas a apoyar diferentes causas benéficas y con fin humanitario. Su trabajo incluye campañas de sensibilización contra la violencia doméstica que sufren las mujeres o contra la discriminación de los inmigrantes. Además, es una gran defensora de la lactancia materna, y en un viaje con UNICEF a Sierra Leona dio el pecho a un niño hambriento cuya madre no podía producir leche. Esto creó mucha controversia.

Para Salma, las críticas son el resultado de una falta de comprensión de los hechos. Ella continúa con su trabajo y dedica su tiempo a poner su granito de arena para crear una sociedad más justa. ¡Su abuela estaría orgullosa!

1	huge	**6**	with a humanitarian aim
2	all sorts	**7**	breastfeeding
3	above all	**8**	hungry
4	who tried	**9**	lack of understanding
5	outside housework	**10**	fair

> ### Vocabulario
>
> **la campaña de sensibilización** *awareness campaign*
> **la crítica** *criticism*
> **dar el pecho** *to breastfeed*
> **la época adversa** *difficult period*
> **orgulloso** *proud*
> **el trabajo benéfico** *charity work*

4b Contesta las siguientes preguntas en español.

1 ¿Quién tuvo una gran influencia en Salma Hayek?
2 ¿Qué dos tipos de causas defiende la actriz?
3 ¿Cómo describió Salma a su abuela?
4 ¿Cuántas décadas ha estado Salma involucrada en su trabajo humanitario?
5 ¿Qué dos grupos sociales se benefician de sus campañas de sensibilización?
6 ¿Qué reacción causó su acción de dar el pecho a un niño hambriento en Sierra Leona?
7 ¿Cómo se sentiría la abuela de Salma al ver su trabajo?

> ### Expresiones claves
>
> en relación a/con …
> no hay que olvidar que …
> refiriéndose a …
> estar involucrado en …
> pensar en los menos afortunados
> no debemos ser egoístas
> participar en causas altruistas
> pensar en el bien ajeno

5 Escucha este reportaje sobre una actriz española y su influencia. Haz un resumen de 70 palabras. Puedes mencionar los siguientes puntos:

- el tipo de influencia que tiene Paula Echevarría
- el estilo a la hora de vestir de Paula y su opinión
- la ropa que lució en una revista y por qué fue controvertido.

> ### Vocabulario
>
> **el que calla otorga** *silence is consent*
> **esperado** *awaited/anticipated*
> **la melena** *long hair*
> **las prendas** *clothing/clothes*

1 Lo que dicen los famosos en los medios de comunicación puede tener una gran influencia en el público y en sus admiradores. Trabaja con un(a) compañero/a.

- Discutid qué tipo de asuntos/palabras no deberían mencionar los famosos en sus discursos.
- Considerad también qué actitud, apariencia y mensajes deberían mostrar los famosos para tener una buena influencia en la gente.
- Intentad pensar en ejemplos.

2a Lee el siguiente texto sobre dos estrellas famosas y el poder de sus palabras en dos galas de premios importantes. Luego busca el equivalente en español de las palabras inglesas.

Dani Rovira es un actor y cómico español nacido en Málaga. Aunque es licenciado en Ciencias de la Actividad Física y el Deporte, su pasión está en la interpretación y el humor. Ha conseguido una gran fama y popularidad en los últimos años por su trabajo en la televisión y el cine, especialmente después de su actuación en "Ocho apellidos vascos". En 2015 fue el presentador de la gala de los Goya (el equivalente a los 'Bafta' en España). Según muchos, hizo un trabajo excelente esa noche. Sin embargo, uno de sus chistes creó controversia. Fue un chiste sobre Ibiza donde resaltaba lo peor de la isla, con sus discotecas llenas de turistas borrachos y el consumo de drogas. Muchos internautas se quejaron en las redes sociales por la gran influencia e impacto que sus palabras podían tener en la economía de la isla. Dani, poco después, se disculpó en un tuit diciendo: "Adoro Ibiza, la otra Ibiza. No me gusta ofender, no es mi estilo".

El cineasta y productor mexicano **Alejandro González Iñárritu** es otro famoso del cine cuyas palabras causaron polémica en una gala de premios. Al recibir el Oscar a la mejor película por "Birdman" en febrero de 2015, Iñárritu dedicó el premio a los mexicanos que viven en México o en Estados Unidos y sugirió que México necesitaba otro gobierno. Esto también incendió las redes sociales y se convirtió rápidamente en tema tendencia. Las palabras de Iñárritu expresaban claramente su opinión de que México no ha encontrado un gobierno digno para sus ciudadanos.

Está claro que los famosos deben tener cuidado con lo que dicen, pues sus palabras influyen en gran manera, aunque sean chistes, como en el caso de Dani Rovira.

Vocabulario

la actuación *performance*
el/la ciudadano/a *citizen*
el cómico *comedian*
incendiar las redes sociales *to set social networks ablaze*
quejarse *to complain*

1	graduate	6	drunken
2	acting	7	internet users
3	in the last few years	8	apologised
4	jokes	9	suggested
5	highlighted	10	trending topic

2b Lee otra vez el párrafo sobre Dani Rovira. Luego lee las siguientes frases y decide si son Verdaderas (V), Falsas (F) o No mencionadas (N).

1 Dani Rovira ha sido profesor de educación física.
2 Dani consiguió un gran éxito con la película "Ocho apellidos vascos".
3 El chiste de Dani en la gala de los Goya hizo reír al público.
4 El chiste sobre Ibiza elogiaba lo mejor de la isla.
5 Muchos tuiteros expresaron su rechazo al chiste a través de Internet.
6 Dani dijo que le encanta la isla.

Expresiones claves

según…
al recibir…
está claro que…
deben tener cuidado…
en gran manera…
como en el caso de…

2c Traduce el párrafo sobre Alejandro González Iñárritu (hasta "*sus ciudadanos*") al inglés.

3a 〰 Escucha el informe sobre la actriz colombiana, residente en los Estados Unidos, Sofía Vergara. Luego, empareja las siguientes palabras y expresiones.

1	lo tiene claro	**a**	to be happy with yourself
2	obsesionarse	**b**	to fit in
3	es equivalente a	**c**	voluptuous
4	encajar	**d**	she fights (against)
5	voluptuosa	**e**	is equal to
6	ser feliz con uno mismo	**f**	to become obsessed
7	lucha contra	**g**	she has no doubts

3b 〰 Escucha otra vez y contesta las siguientes preguntas.

1 Según Sofía Vergara, ¿de qué deben estar orgullosas las mujeres?
2 ¿Por qué quieren perder peso muchas de las mujeres que creen estar gordas?
3 ¿Qué tres palabras usa Sofía Vergara para describirse?
4 ¿Qué le aconsejó su antigua representante artística?
5 ¿Qué piensa de las dietas y del ejercicio físico?
6 ¿Qué opina de la cirugía estética?
7 ¿Cuáles son las dos razones por las que Sofía es admirada?
8 ¿Quién ejerce una influencia negativa en la salud física y mental de las mujeres?

4 Los famosos de la tele y del cine, ¿tienen sus acciones la influencia correcta? Lee las dos opiniones y después prepara y discute las preguntas con tus compañeros.

> Hay famosos que enseñan a otra gente y son una gran inspiración a nivel profesional.

> Algunos famosos se han hecho populares por airear y compartir su vida privada con el público.

- ¿Crees que los famosos de la tele y del cine siempre tienen una influencia beneficiosa en los jóvenes?
- ¿Qué cosas deberían hacer para ser admirados como buenos ejemplos a seguir?
- ¿Piensas que está bien que algunos sean famosos por hablar de su vida privada y de los problemas que tienen?

5 Elige uno de estos famosos y prepara un blog sobre si tiene una influencia positiva o negativa en la sociedad, dando ejemplos y tus opiniones. Escribe al menos 200 palabras.

> Sofía Vergara, Salma Hayek, Alejandro González Iñárritu, Paula Echevarría, Dani Rovira, Penélope Cruz, Javier Bardem, Angélica Rivera, Sara Carbonero, Gael García Bernal

---

🔖 Estrategias

Using connectives and expressions to improve your conversation style

- Use expressions such as *a mi modo de ver, opino que, tengo claro que, desde mi punto de vista,* … to express your opinions.

- Use short expressions such as *¿de verdad?* or *¿en serio?* to express your surprise or disbelief.

- Use expressions such as *no debes olvidar que* or *hay que recordar que* to bring an important point into the discussion.

- Use expressions such as *es increíble que digas eso, es una locura lo que dices, basta de excusas* … to show your dislike/disapproval of their views.

- Use connectives such as *en fin, de todas formas, en resumen, en conjunto, en total* … to summarise a point.

Modelo A

1 **Mira las fotos y discute con un(a) compañero/a.**

1 ¿Cuál es el papel de una modelo?
2 ¿Te gustaría ser modelo? ¿Por qué (no)?
3 ¿Crees que las modelos son un buen ejemplo para los jóvenes?
4 Comparando las dos fotos, ¿cuál prefieres? ¿Por qué?
5 ¿Cuál de las dos fotos es el mejor ejemplo para las chicas?

2a **Lee el texto y busca todos los ejemplos de pronombres directos.**

Miss Universo admira a Shakira y Sofía Vergara

A Paulina Vega le hizo gran ilusión recibir la enhorabuena de sus dos compatriotas por su triunfo.

A la hora de afrontar su reinado como la mujer más hermosa del mundo, la flamante Miss Universo Paulina Vega tiene muy claro que intentará seguir el impresionante ejemplo de sus compatriotas, la cantante Shakira y la actriz Sofía Vergara -nacidas al igual que ella en Barranquilla-, porque las considera unas embajadoras de excepción de su país ante el resto del mundo.

"Las dos tuitearon algo sobre el concurso de Miss Universo como para felicitarme. Me hace muy feliz. Realmente admiro mucho a esas dos mujeres. Son geniales y sexis, además de divertidas, auténticas y seguras de sí mismas. Son unas embajadoras verdaderamente buenas de mi país y estamos muy orgullosos de ellas", declaró la joven Paulina a "Access Hollywood", explicando cómo intentará colaborar ahora ella con la labor de representación iniciada por las dos estrellas internacionales: "Creo que dando un buen ejemplo con mis ideas, mis mensajes y con un buen comportamiento será más que suficiente: enseñaré cómo son los colombianos".

Haciendo honor de la afición colombiana por los certámenes de belleza, ni Shakira ni Sofía quisieron perderse el resultado del famoso concurso celebrado el pasado fin de semana en Miami, y se apresuraron a felicitarla a través de las redes sociales en cuanto la coronaron.

Modelo B

2b **Busca en el texto la traducción de estas frases o palabras.**

1 made her really excited
2 to face
3 reign
4 fabulous looking
5 ambassadors
6 they tweeted
7 I will show
8 are hurrying to
9 social networks
10 they crowned

2c **Ahora haz un resumen de 70 palabras del artículo en español. No copies frases del texto. Puedes mencionar los siguientes puntos:**

- qué ganó Paulina Vega
- sus primeras intenciones
- su opinión sobre Shakira y Sofía Vergara
- qué hicieron Shakira y Sofía Vergara.

2d **Utiliza el texto sobre Paulina Vega para traducir estas frases al español.**

1 The competition took place last weekend. Many people watched it on television.
2 They crowned her Miss Universe in Miami in the USA.
3 Shakira and Sofía Vergara congratulated her through social networks.
4 Paulina Vega considers them good ambassadors of Colombia. (Shakira y Sofía Vergara)
5 It makes me very happy, she said.

3a **Antes de escuchar el informe sobre 'El hombre más guapo del mundo', empareja las palabras.**

1 un amante
2 animar a
3 el certamen
4 el cuartel
5 desfilar en una pasarela
6 hacerse un hueco
7 la meta
8 orgulloso

a goal
b proud
c a lover
d to find some time to
e to go down the catwalk
f barracks
g to encourage
h competition

3b 〰 **Escucha el informe y decide si las frases siguientes son Verdaderas (V), Falsas (F) o No mencionadas (N).**

1 Rubén López estudiaba y trabaja cuando ganó Mister Universo.
2 A Rubén siempre le ha interesado el mundo de la moda.
3 Los padres de Rubén le convencieron para que participará en el Mister Universo Mundial.
4 Rubén tiene la intención de abrir una empresa de deporte.
5 Rubén dejará el ejército para trabajar como modelo.
6 Participó en el concurso para conocer a más gente.
7 A Rubén le da vergüenza su origen.
8 Rubén ganó un premio que compartirá con otros militares.

3c **Discute con un(a) compañero/a.**

1 ¿Crees que ser nombrado 'el hombre más guapo del mundo' es sexista?
2 ¿Crees que las apariencias son más importantes para las mujeres que para los hombres?
3 ¿Crees que Rubén es un buen o un mal ejemplo para los chicos?
4 ¿Piensas que los hombres como Rubén cambian la imagen de la masculinidad?

4 **Busca información y haz una presentación con el título "Los modelos pueden tener una buena influencia en los jóvenes". Puedes mencionar los siguientes puntos:**

- los modelos que se cuidan y hacen deporte
- la Miss Universo Paulina Vega
- el ejemplo para los hombres como lo del Rubén López.

▣ Gramática

Direct object pronouns

Direct object pronouns are words that replace the object of the verb.

Los modelos no comen patatas fritas. Models don't eat chips.
Nunca las comen. They never eat them.

Me, te, nos, os – me, you singular (informal), us, you plural (informal)
Lo, la, los , las – him, her, it, them/you (formal)

In the text in activity 2 you can see *felicitarla*.
The *la* refers to Paulina Vega, i.e. 'her'.

The direct object pronoun usually comes in front of the verb.
If a gerund or an infinitive is used you can place the direct object at the end.
Uno de los médicos decidió atenderla.

See pages 149–150.

El modelo, Rubén López

B: Modelos

1a Lee el texto y busca las frases o palabras que tengan el mismo significado que las siguientes.

Prohíben desfilar en España a modelos demasiado delgadas

La preocupación por el impacto negativo que tiene sobre las mujeres en general — y sobre las adolescentes y jóvenes en particular — el modelo corporal que se propone desde la industria y el negocio del modelaje llegó hasta las máximas autoridades madrileñas. Alarmado por el incremento de casos de chicas con bulimia y anorexia, el gobierno decidió tomar el toro por las astas y acordó con importantes empresarios del rubro que no contraten a las modelos extremadamente flacas en un próximo desfile de trascendencia internacional.

La noticia se difundió ayer y dio rápidamente la vuelta al mundo. La decisión fue tomada como parte de un acuerdo voluntario entre el gobierno regional de Madrid y los organizadores del desfile conocido como Pasarela

Cibeles, y tuvo consecuencias sorprendentes: las personas que entrevistaron a las modelos a contratar evaluaron su índice de masa corporal y encontraron que el 30% de las aspirantes no aprobaba la relación buscada entre peso y altura. Y no lo dudaron: aunque muchas habían participado en la edición anterior, las dejaron afuera por escuálidas.

Los argumentos están estrictamente asociados a cuestiones sanitarias. Sus cuerpos, explican, no se ajustan a los nuevos parámetros de salud, que aconsejan un 18% de masa corporal. Esto es: una mujer de 1,75 metro de altura no puede pesar menos de 56 kilos, según los criterios recomendados por la Organización Mundial de la Salud.

Vocabulario

acordar con *to agree with*
ajustar *to tighten*
el desfile *fashion show*
escuálido *emaciated, skinny*
el negocio *business*
tomar el toro por las astas *to take the bull by the horns*

1 la inquietud
2 se expone
3 el comercio
4 el crecimiento
5 delgadas
6 se divulgó
7 descubrieron

1b Lee el texto otra vez y empareja las dos partes de las frases.

1 Las organizaciones del desfile…
2 Quieren que…
3 Los organizadores del desfile conocido como Pasarela Cibeles…
4 El 30% de las modelos aspirantes…
5 La Organización Mundial de la Salud insistió en que…

a los empresarios no contraten a las modelos demasiado flacas.
b se preocupan por el impacto negativo de las modelos demasiado delgadas.
c es una cuestión que afecta la salud de las mujeres que desfilan.
d fracasó en la prueba para determinar si su masa corporal era la apropiada.
e estuvieron de acuerdo con las propuestas de las autoridades madrileñas.

1c Traduce el segundo párrafo del texto al inglés.

2 Escucha este informe sobre una modelo argentina de veinte años y haz un resumen de 70 palabras en español. Puedes mencionar los siguientes puntos:

- lo que ocurrió
- qué pasó en la pasarela
- qué dijeron los médicos
- qué dijeron su madre y su familia.

3 **Discute con un(a) compañero/a.**

1 ¿Qué pensais de los modelos que aparecen en fotos con alcohol o con cigarillos?

2 ¿Crees que estos modelos son una buena o una mala influencia? ¿Por qué (no)?

3 ¿Crees que estas fotos deberían estar prohibidas?

4a **Lee este extracto del libro "¡Divinas!: Modelos, Poder y Mentiras" por Patrícia Soley-Beltran y busca la traducción de estas frases o palabras.**

1 grey hairs
2 I went from considering … to …
3 beauty
4 lacking
5 to beautify oneself
6 cosmetic surgery
7 carried out
8 luxury
9 turned over

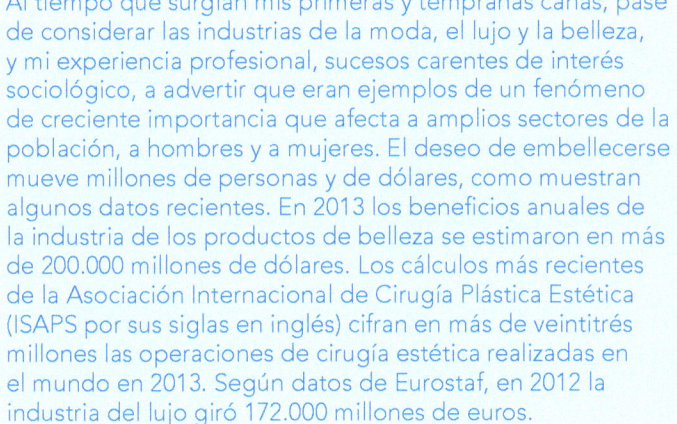

Al tiempo que surgían mis primeras y tempranas canas, pase de considerar las industrias de la moda, el lujo y la belleza, y mi experiencia profesional, sucesos carentes de interés sociológico, a advertir que eran ejemplos de un fenómeno de creciente importancia que afecta a amplios sectores de la población, a hombres y a mujeres. El deseo de embellecerse mueve millones de personas y de dólares, como muestran algunos datos recientes. En 2013 los beneficios anuales de la industria de los productos de belleza se estimaron en más de 200.000 millones de dólares. Los cálculos más recientes de la Asociación Internacional de Cirugía Plástica Estética (ISAPS por sus siglas en inglés) cifran en más de veintitrés millones las operaciones de cirugía estética realizadas en el mundo en 2013. Según datos de Eurostaf, en 2012 la industria del lujo giró 172.000 millones de euros.

4b **Contesta las siguientes preguntas en español.**

1 ¿Cuándo comenzó Patrícia Soley-Beltran a considerar las industrias de la moda?

2 Según ella, ¿a quiénes afecta?

3 ¿Cuánto cuesta hoy en día ponerse más guapo?

4 Según ISAPS, ¿qué pasó en 2013?

5 ¿A qué hace referencia la cifra 172.000 millones de euros?

5 **Escribe un artículo de 200 palabras contestando la siguiente pregunta.**

¿Hasta qué punto se puede decir que los modelos son una mala o una buena influencia para los jóvenes?

Puedes utilizar el trabajo que hiciste en las últimas dos páginas para ayudarte y puedes añadir:

- el comportamiento de los modelos
- las modelos flacas
- la salud de modelos
- las ideas de Patrícia Soley-Beltran.

◪ Estrategias

Checking your written work

Always reread any written work methodically and always:

- Use a trusted online dictionary to check spellings and accents.
- Check gender of nouns and agreement of adjectives.
- Check verb formations.

¡Demuestra lo que has aprendido!

1 Estas palabras pertenecen a esta unidad sobre "La influencia de los ídolos". Empareja los sinónimos.

1	luchar contra	a	lograr
2	lenguaje	b	director de cine
3	educación	c	merece la pena
4	alcanzar	d	conciencia
5	controversia	e	célebre
6	sin hogar	f	paisanos
7	cineasta	g	triunfo
8	vale la pena	h	enseñanza
9	famoso	i	global
10	sensibilización	j	bonito
11	empresas	k	sin techo
12	compatriotas	l	lengua
13	hermoso	m	negocios
14	éxito	n	combatir
15	mundial	o	polémica

2 Empareja el cantante o el músico con la descripción apropiada.

1 Shakira…
2 Antonio Orozco…
3 La Oreja de Van Gogh…
4 Dasoul…
5 Sofía Reyes…

A se suma a la campaña "Por Ser Niña" que intenta acabar con la discriminación de género en el mundo.
B ha vendido más de medio millón de discos y ha actuado en muchos conciertos gracias a su éxito.
C ha producido y ha compuesto canciones para diferentes artistas nacionales.
D creó la "Fundación Pies Descalzos" para combatir la pobreza en Colombia.
E es una cantante mexicana que tiene mucho talento porque es pianista, cantante y compositora.

3 Completa las frases, escogiendo la palabra más apropiada de la lista.

1 Salma Hayek ha trabajado para luchar contra la violencia doméstica y _____ contra los inmigrantes.
2 Penélope Cruz creó una fundación en India para los niños sin _____ .
3 El trabajo de Alejandro González Iñárritu en el cine le ha _____ en una gran estrella a nivel internacional.
4 La antigua representante artística de Sofía Vergara le _____ adelgazar y perder sus curvas pero ella no la escuchó.
5 Muchos internautas se _____ por la gran influencia e impacto que las palabras de Dani Rovira podían tener en la economía de Ibiza.

> hogar   aconsejó   la discriminación
> quejaron   convertido

4 Empareja las dos partes de las frases.

1 Las autoridades madrileñas…
2 La Organización Mundial de la Salud…
3 Patricia Gómez…
4 Muchos jóvenes creen que…
5 Patricia Soley-Beltran ha…
6 Paulina Vega ha…
7 Rubén López es…

a un soldado que fue elegido el hombre más guapo del mundo.
b han exigido que las modelos demasiado flacas no sean contratadas.
c escrito un libro sobre cómo el cuerpo construye la identidad y articula las relaciones de poder.
d aconseja que una mujer de 1,75 metros de altura no puede pesar menos de 56 kilos.
e ganado el certamen "Miss Universo" y quiere dar un buen ejemplo con sus ideas.
f murió después de desmayarse en los camerinos durante un desfile en Argentina.
g está fenomenal que sus ídolos sean arrestados a causa de las drogas o del alcohol.

¡Haz la prueba!

1a 📩 Busca en el texto frases o palabras que tengan el mismo significado que las siguientes.

LA INFLUENCIA DE LOS CANTANTES EN LOS ADOLESCENTES

Muchos padres temen la influencia que pueden llegar a ejercer los cantantes en la vida de los adolescentes. A los once años, un niño sigue siendo como una esponja y se deja influir; copian estilos y quieren ser como los demás. Una niña de doce años compra una revista juvenil y puede que sienta complejos al no reconocerse en esas fotografías, y al diferenciarse de esas modelos y artistas sin sentirse bien dentro de su propia piel.

¿Cómo les afectan las celebrities, y en qué medida cambian su vida?

Depende de cómo sea el famoso. Podemos asegurar que las estrellas mediáticas podrían no ser la mejor influencia para una niña de once años que todavía no comprende que vestir con un top ombliguero y una mini, como Selena Gómez en sus conciertos, no forma parte de la vida real sino de otro mundo imaginario.

No podemos afirmar, sin embargo, que ningún cantante transmite valores positivos. En casa podemos ayudarles a diferenciar lo que está bien de lo que está mal, para que tengan un criterio propio y no se dejen llevar por lo que observan a través de la pantalla.

Optemos siempre por influencias positivas tales como las de la cantante Bebe, que mediante su voz y sus letras inspira a muchísimas mujeres a respetarse a sí mismas.

1 tienen miedo
2 imitan
3 los otros
4 afirmar
5 pero
6 comunica
7 inculca

[7 marks]

1b 📩 Contesta las siguientes preguntas en español. No es necesario hacer frases completas para todas las respuestas.

1 ¿Cuál es la preocupación de muchos padres?
2 ¿Cómo se describe a un niño típico de doce años?
3 ¿Cómo puede sentirse una niña de doce años al ver las fotos en las revistas juveniles?
4 ¿Qué es difícil comprender para una niña de doce años?
5 ¿Cómo pueden ayudar los padres a sus hijos?
6 ¿Por qué es la cantante Bebe una buena influencia?

[6 marks]

2 〰️ Escucha este reportaje sobre Bebe, una cantante española. Selecciona las cuatro frases correctas según lo que has oído.

1 Con sus canciones, bebe quiere sensibilizar a la gente contra el maltrato a las mujeres.
2 La letra de su canción "Malo" alaba a los hombres por su comportamiento.
3 Según los periodistas, Bebe no es una cantante lista.
4 Bebe intenta cantar sobre la realidad experimentada por todas las mujeres en España.
5 Bebe quiere cobrar dinero cantandole al amor y al desamor.
6 A la gente no le apetece escuchar canciones sobre la realidad.
7 A veces bebe tiene miedo de perder dinero por cantar sobre esta realidad.
8 Bebe no teme cantar sobre una realidad que muchas personas quieren evitar.

[4 marks]

3 📩 Traduce este texto al inglés.

El cantante español Alejandro Sanz aceptó la invitación que el portero del Real Madrid, Iker Casillas, le hizo a él y a otras figuras conocidas, con el apoyo de la marca Adidas y algunas organizaciones benéficas, para celebrar un partido de fútbol con fines benéficos en el Palacio de los Deportes de Madrid. La cita fue el miércoles por la noche, día en que se encontraron con varios futbolistas en el recinto deportivo con el objetivo de "fomentar el empleo juvenil", según se dio a conocer a la prensa. Los fondos recaudados con el precio de las entradas del llamado "Partido por la Ilusión", serán destinados a las fundaciones Tomillo y Exit, que se dedican a apoyar a la juventud de Barcelona y Madrid en materia de empleo.

[10 marks]

4 ▢ **Lee el texto y las frases siguientes. Apunta Verdaderas (V), Falsas (F) o No mencionadas (N).**

CLARA LAGO Y DANI ROVIRA, UNA PAREJA DE LO MÁS SOLIDARIA

Estos chicos son lo más. Están en su mejor momento (ganar un Goya no es algo que pase todos los días) y, además, son solidarios. ¿Se puede pedir más? Hablamos de los actores Clara Lago y Dani Rovira, una de las parejas de cine que se convirtió (con su beso) en la protagonista de la pasada gala de entrega de los premios Goya, y que ahora ha sacado a la luz su faceta más comprometida. Las fotos han sido compartidas por las distintas asociaciones con las que han colaborado. Por un lado, la pareja se ha convertido en los mejores embajadores de la Protectora de Animales de Málaga, donde, además de hablar con los responsables de la misma, posaban de una manera muy divertida con uno de los perretes de la asociación. Concienciados con la necesidad de cuidar a los animalitos, tanto Clara como Dani compartían la imagen en sus muros de Twitter desde donde, además, animaban a todos sus seguidores a adoptar un can en vez de comprar. Pero esta no ha sido la única asociación que ha contado con la pareja entre sus filas de embajadores. Porque, además, Clara y Dani también han pasado un rato con otra entidad, Altamara Educación, que busca integrar a los pequeños que se encuentran en peligro de exclusión social.

1 Clara Lago y Dani Rovira acaban de ganar un Goya.
2 Los dos actores han compartido varias fotos para intentar demostrar que son solidarios.
3 Ya no trabajan como embajadores para una organización caritativa que protege a los animales.
4 Creen que es necesario concienciar a la gente sobre los derechos de los animales.
5 Ambos quieren que sus seguidores compren un perro para ayudar a estos animales.
6 Los dos tienen animales domésticos en casa y creen que sus perros son monos.
7 Clara y Dani también han trabajado con una organización que intenta ayudar a los jóvenes.
8 Altamara Educación es una organización que ha tenido mucho éxito con la integración de los niños en peligro de exclusión social.

[8 marks]

5 ▢ **Completa el texto, escogiendo la palabra más apropiada de la lista.**

Netflix ha [1]_____ la serie "Club de cuervos", su segunda producción en [2]_____ que ya está disponible en México y España. La serie narra la lucha de varios hermanos por hacerse con el control de un equipo de fútbol después de que su padre [3]_____ . El estreno de la serie ha impactado, al margen del argumento, por las imágenes de uno de sus protagonistas que sale completamente [4]_____ . Se trata de Joaquín Ferreira, que aparece sin ropa, algo que no ha pasado [5]_____ para los usuarios de las redes sociales, [6]_____ o no hayan visto la serie. El argentino conquistó a todo el mundo gracias a esas impactantes escenas en la serie, aunque muchos padres argentinos se han [7]_____ porque dicen que esas escenas no son [8]_____ para los niños.

> apropiadas   castellano   desapercibido   desnudo
> estrenado   hayan   muriera   quejado

[8 marks]

6 〰 **Escucha esta noticia sobre el trabajo como modelo y lee las frases siguientes. Decide si son Verdaderas (V), Falsas (F) o No Mencionadas (N).**

1 Las modelos femeninas ganan más dinero que los hombres que hacen el mismo trabajo.
2 Eugenia Silvia puede ganar 5 millones de euros al año.
3 Muchos modelos masculinos han decidido dedicarse al cine.
4 Los sueldos en el cine son más bajos que de los de la moda.
5 Para muchos modelos es difícil compaginar la moda y el cine.
6 Jon Kortajarena es modelo desde hace tres años.
7 Kortajarena aparece mucho en las pasarelas españolas.
8 Ha actuado en un videoclip musical de Madonna.

[8 marks]

7 ▢ **Practica la gramática que has aprendido. Traduce estas frases al español.**

1 Many film stars are admired for their humanitarian work.
2 The charity is sponsored by Ricky Martin.
3 Many poor children are helped by models.
4 Young girls are cheated by magazines.
5 Shakira gives them the opportunity to survive.
6 Poverty worries him and he always gives thousands of euros.
7 Eugenia Silva inspired me to become a model.

[21 marks]

8 ✏ **Haz un resumen del artículo, usando un máximo de 70 palabras.**

El desfile de Marca España usó una modelo de delgadez extrema

España saltó a los medios de comunicación en el 2006 por convertirse en el primer país que establecía para las modelos unas medidas corporales mínimas para desfilar. En concreto, fue en la Pasarela Cibeles (Madrid) y el objetivo era exponer un modelo de belleza, a través de las maniquíes, saludable, alejado de la extrema delgadez que se había apoderado del mundo de la moda y que, según los expertos, tanto daño hace a las adolescentes y a la sociedad en general. La medida se importó a otras pasarelas internacionales como la de Londres o París, aunque con criterios distintos. España levantaba la cabeza orgullosa de ser pionera en emprender la lucha contra la anorexia.

Con estos antecedentes no se entiende lo ocurrido esta semana en la sede del Parlamento Europeo en Bruselas, hasta donde llegaron los responsables del organismo "Marca España" para vender la imagen del país. Ocurrió en el espectáculo "Cook & Fashion": la maniquí que cerró el desfile estaba tan extremadamente delgada que provocó gestos de desagrado entre los asistentes. No era un público especializado en moda y quizás por eso llamó más la atención el aspecto escuálido de la modelo que ponía punto final al espectáculo de maridaje entre moda y gastronomía española que "Cook & Fashion" organiza desde hace diez años y que, por lo demás, fue recibido con entusiasmo por los pocos extranjeros presentes en el acto.

Responde con frases completas. Incluye:

- qué pasó en 2006 y la opinión de los expertos [2]
- que pasó en la sede del Parlamento [2]
- cómo fue la reacción de los extranjeros. [3]

Hay cinco puntos adicionales por la calidad de tu español escrito. En la medida de los posible, debes utilizar tus propias palabras.

[12 marks]

9 ✏ **Elige uno de los siguientes temas y escribe unas 250 palabras.**

- Los ídolos deberían hacer más para dar un buen ejemplo a los jóvenes.
- Los famosos ejercen demasiada influencia en los jóvenes.
- Todos los ídolos están mimados y son egoístas.

🔷 Consejo

Approaches to summary questions

In summary questions you should use your own words and it is important to vary your language. You should:

- Avoid lifting too many words from the original text.
- Highlight key words or phrases from the text to help.
- Use synonyms that can transfer the same meaning. For example, *tardar* means the same as *durar* = to last.
- Build up a bank of synonyms and antonyms when you study each topic.
- Try to use different parts of the verb than are in the original.
- Use the bullet points to allow you to summarize the key elements of the question.
- Ensure you stick to the recommended word count.
- Ignore irrelevant information not required by the bullet points.
- Check your work!

10 💬 **Utiliza tus conocimientos sobre la influencia de los ídolos. Mira las fotos y, discute lo siguiente con un(a) compañero/a o tu profesor.**

Jon Kortajarena, actor y modelo

Angelina Jolie en Myanmar

- ¿Crees que los ídolos tienen demasiada influencia actualmente?
- ¿Qué más pueden hacer las personas famosas para ejercer su influencia sobre los jóvenes?
- Si tú fueras famoso, ¿qué (no) harías para servir de ejemplo a los jóvenes?

4 Vocabulario

4.1 Cantantes y músicos

la	actuación	*performance*
	actuar	*to perform*
el/la	bailarina	*dancer*
la	balada	*ballad*
la	banda sonora	*soundtrack*
la	barriga llena	*full stomach*
la	buena voluntad	*good will*
el/la	cantautor/a	*singer songwriter*
el	comportamiento	*behaviour*
	comportarse	*to behave*
la	composición	*(musical) piece*
el/la	compositor/a	*composer*
el	compromiso	*commitment*
el	concierto en vivo	*live concert*
el	concurso musical	*musical competition*
la	conducta	*behaviour*
el	conjunto musical	*band*
la	coreografía	*choreography*
	crear polémica	*to create controversy*
el	escenario	*stage*
	exitoso/a	*successful*
el/la	fan/seguidor/a	*fan, supporter, follower*
el	festival de música	*music festival*
la	grabación	*recording*
	grabar	*to record*
el	gusto musical	*musical taste*
	interpretar una canción	*to perform a song*
la	lacra	*blot/blemish*
la	letra	*lyrics*
la	organización benéfica/ caritativa	*charity, charitable organisation*
	pegadizo/a	*catchy*
	poderoso	*powerful*
	prestigioso	*prestigious*
	rapear	*to rap*
el/la	rapero/a	*rapper*
	revolucionar	*to revolutionise*
el	ritmo bailable	*danceable rhythm*
	saltar al estrellato	*to become a star*
el	sonido	*sound*
	talentoso/a	*talented, gifted*
el	teclado	*keyboard*
	tener éxito	*to be successful*
	triunfar	*to triumph, to win, to succeed*
	versionar	*to make a new version of*

4.2 Estrellas de televisión y cine

	alcanzar	*to reach*
	aparecer	*to appear/to show up*
la	aventura	*adventure*
el	capítulo	*Chapter, episode*
el/la	cineasta	*filmmaker*
	concienciar	*to make aware, to raise awareness*
	concienciarse	*to become aware/to be sensitive to something*
	conseguir éxito	*to achieve success*
	contar una historia	*to tell a story*
	cumplir un sueño	*to fulfil a dream*
	dar ejemplo	*to set an example*
	descartar	*to dismiss, to rule out*
	destacado/a	*Prominent, renowned*
la	desventura	*misfortune*
el	ejemplar	*exemplary*
	entrevistar	*to interview*
el	esfuerzo	*effort*
	estrenar	*to release, to premiere*
la	fundación	*foundation*
el	galardón	*award*
	ganar un premio	*to win an award/prize*
la	gran pantalla	*big screen*
	gratificante	*gratifying*
la	industria cinematográfica	*film industry*
	interpretar un papel	*to play a role (on screen)*
la	labor humanitaria	*humanitarian work*
	lanzar al estrellato	*to propel to stardom*
	ligado	*linked*
	orgulloso/a de	*proud of*
la	perseverancia	*perseverance*
	poner un granito de arena	*to contribute in a small way/ to help a bit*
	por caridad	*for charity*
	promocionar	*to promote*
el/la	protagonista	*main character*
	recaudar fondos	*to raise funds*
	resaltar	*to highlight/to stand out*
	sensibilizar	*to make aware/to raise awareness*
la	serie	*series*
la	telenovela	*soap*
el	tema tendencia	*trending topic*

4.3 Modelos

el **accesorio**	*accessory*
adelgazar	*to lose weight*
la **altura**	*height*
anticuado	*old fashioned*
el **anuncio publicitario**	*advert*
la **apariencia**	*appearance*
el **aspecto físico**	*physical appearance*
atraer la atención	*to catch the eye*
el **cambio radical**	*radical change*
el/la **compatriota**	*compatriot, fellow citizen*
las **curvas**	*curves*
dar la enhorabuena	*to congratulate*
la **delgadez**	*thinness*
desfilar	*to model (on a catwalk)*
el **desfile de moda**	*a fashion show*
el/la **diseñador(a)**	*designer*
diseñar	*to design*
el **diseño**	*designs*
engordar	*to put on/to gain weight*
esclavizar	*to enslave, to make dependent*
esquelético/a	*skin and bone, extremely thin*
el **estilo propio**	*own style*
flaco/a	*skinny*
la **gordura**	*fatness*
el **hueso**	*bone*
impactar	*to impact, to shock*
la **inversión**	*investment*
invertir	*to invest*
el **lujo**	*luxury*
el **maquillaje**	*make-up*
maquillarse	*to put make-up on*
las **medidas**	*measures*
el/la **modelo de tallas grandes**	*large size model*
obsesionarse con	*to become obsessed with*
el **organismo/cuerpo**	*body*
la **pasarela**	*catwalk*
la **Pasarela Cibeles**	*Cibeles fashion show in Madrid*
patrocinar	*to sponsor*
ponerse a dieta	*to go on a diet*
la **prenda de ropa**	*piece of clothing, garment*
promover	*to promote*
el **rostro**	*face*
la **semana de la moda**	*fashion week*
superar	*to overcome*
la **talla cero**	*size zero*
el **trastorno alimenticio**	*eating disorder*
vestir a la moda	*to dress fashionably*

■ Expresiones claves

Stages of setting out ideas

Para introducir ideas:
Para empezar, …
Antes de todo, …
Primero, …
En primer lugar, … / en segundo lugar, … / en tercer lugar, …

Para desarrollar tus ideas:
Es importante destacar …
En cualquier caso …
Por eso
Así que
Por lo tanto
En cuanto a
Con respecto a
De esta manera
Ahora bien
Es importante recordar …
Es importante mencionar …
Quiero subrayar …
Cabe destacar que …
Lo que importa es …
Es relevante que …
Lo que es interesante es que …
Lo curioso es …

Para concluir tus ideas:
En resumen
Al fin y al cabo
En conjunto
En total
Después de todo
Finalmente
En fin
Por último
Para concluir
A fin de cuentas
En conclusión

La identidad regional en España

By the end of this sub-topic you will be able to:

		Language	Grammar	Skills
5.1	**Tradiciones y costumbres**	Describe and discuss Spanish customs and traditions	Use the present subjunctive of regular verbs	Improve your listening skills
5.2	**La gastronomía**	Discuss similarities and differences in the gastronomy of Spain	Use the perfect tense in the subjunctive	Identify correct and incorrect sentences
5.3	**Las lenguas**	Consider the languages that are spoken in Spain and the issues surrounding them	Use numerals	Fill in gaps in a text

España está dividida en 17 comunidades autónomas, además de dos ciudades autónomas en el norte de África (Ceuta y Melilla). El castellano/español es la lengua oficial de España, pero en varias regiones se acepta una segunda lengua con el mismo estatus que el español. Estas lenguas son el vasco/euskera en el País Vasco, el catalán en Cataluña, Valencia y las Islas Baleares y el gallego en Galicia.

1 **¿Sabes dónde poner en el mapa cada una de estas fiestas?**

1 El carnaval de Canarias
2 La Tomatina y Las Fallas de Valencia
3 Los Sanfermines de Navarra
4 El día de Sant Jordi en Cataluña
5 La fiesta del vino en Galicia
6 La Feria de San Isidro de Madrid
7 La Semana Santa en Andalucía
8 La Tamborrada del País Vasco

2 **Empareja las preguntas (1-8) con las respuestas (a-h).**

1 ¿Qué hace a España especial?

2 ¿Qué adjetivos usarías para describir las fiestas?

3 ¿Español o castellano?

4 ¿Dónde se celebra una corrida de toros?

5 ¿Cuál es el principal ingrediente de la gastronomía mediterránea?

6 ¿Qué es ir de tapas?

7 ¿Qué lenguas minoritarias se hablan en España?

8 ¿Qué beneficios tiene la siesta?

a El bable, la fabla aragonesa y el aranés.

b En una plaza.

c Se caracteriza por la utilización del aceite de oliva.

d Su riqueza cultural, lingüística y artística.

e Ambos términos son correctos para referirse a la lengua oficial del país.

f Tradicionales, inolvidables, divertidas, únicas.

g Mejora la salud y previene el estrés.

h Consumir alimentos en diferentes bares, a veces de pie.

3 **Contesta las preguntas.**

1 Haz una lista de unas lenguas, tradiciones y platos típicos de España.

2 Miras las fotos. ¿Sabes qué son? Emparéjalas con los títulos a-f.

¿Lo sabías?

- La diversidad geográfica y cultural de España hace que las fiestas sean muy diferentes en todo el país. A pesar de esto, comparten también tradiciones festivas comunes.

- El mayor número de fiestas en España se celebra en los meses estivales (de junio a septiembre). Una de las razones para esto es el buen clima de esos meses del año.

- El contacto físico (besos, abrazos, tocar al otro mientras hablas, …) es algo muy normal en la comunicación entre los españoles. Al saludar, dar dos besos en la cara es la costumbre.

- España tiene una dieta mediterránea, que suele ser equilibrada y variada. En su gastronomía predominan el pescado y las carnes blancas, los cereales, las frutas y las verduras.

- En Cataluña, la Comunidad Valenciana, las Islas Baleares, el País Vasco y Galicia se reconocen como oficiales dos lenguas: el español y la lengua de esa región (el catalán en Cataluña, la Comunidad Valenciana y las Baleares, el vasco/euskera en el País Vasco y el gallego en Galicia).

a La paella

b El gazpacho

c La Tomatina

d La sardana

e El bacalao al pil-pil

f Un sombrero cordobés

3 ¿Qué lengua es en cada caso? ¿Español, catalán, gallego o vasco? Decide.

1 Adeu **2** Boa noite **3** Nire izena **4** Hasta la próxima

1 Discute con tus compañeros las tradiciones y costumbres que ya conoces sobre España. Considerad aspectos como:

el desayuno	la comida española	la puntualidad	los nombres y apellidos
la siesta	las horas de trabajo	las fiestas	las vacaciones

2 Lee estas frases y decide si son Verdaderas (V) o Falsas (F).

1 Una *churrería* es un establecimiento donde se compran chuches o caramelos.

2 Los españoles celebran el Día de la Madre y el Día del Padre en las mismas fechas que en el Reino Unido.

3 La tradición de la Lotería en España es bastante antigua. Empezó en el siglo dieciocho.

4 Los Reyes Magos traen los regalos a los niños y adultos españoles el día 1 de enero.

5 Los estudiantes españoles tienen vacaciones durante las mismas semanas y meses que los estudiantes en el Reino Unido.

6 Para los católicos de España (la mayoría de la población), hacer la primera comunión a los 9-10 años es una tradición.

Vocabulario

bajo el calor *in the heat*
dependiendo de *depending on*
la ofrenda *offering/gift*
recoger *to collect*
refrescarse *to cool down*
seco *dry*
sustituir *to replace*

3a Lee el artículo y busca la traducción de las siguientes frases o palabras.

Fiesta del Agua en Gran Canaria

En verano, en la localidad de Teror y en otros puntos de la isla de Gran Canaria, se celebra la "Fiesta del Agua". La fiesta tiene su origen en el siglo dieciocho, de un antiguo ritual aborigen: cuando no llovía durante largos periodos, los aborígenes solían celebrar procesiones. Ofrecían leche y mantequilla para demostrar su devoción a su dios y, levantando las manos al cielo y cantando, pedían a ese Dios Supremo que llegara la lluvia.

Con la llegada del catolicismo a las Islas Canarias, la figura del Dios aborigen fue sustituida por la de la Virgen del Pino. Entonces, los agricultores, antes de recoger sus frutas y verduras, pedían una buena cosecha a la Virgen.

La iglesia de la Virgen del Pino y otros templos católicos de la isla de Gran Canaria se convirtieron en lugares de adoración para muchos, pero en algunos pueblos se cambió la tradición de ofrecer leche y mantequilla. En su lugar, empezaron a utilizar el agua como elemento básico de su fiesta.

Hoy en día, la Fiesta del Agua continúa celebrándose en Teror a finales del mes de julio y es una ocasión para que los agricultores puedan dar las gracias a la Virgen por las lluvias que han caído durante el año. La gente todavía hace ofrendas (en un acto en el que los labradores ofrecen a la Virgen diversos productos para distribuir entre los pobres).

En otra localidad de la isla, en el municipio de Telde, también se celebra una peculiar Fiesta del Agua a principios de agosto. Tiene el nombre de Traída del Agua. En esta fiesta la gente participa con cubos, pistolas de agua, garrafas, botellas de plástico y cántaros. ¡Todo sirve! Bajo el calor del verano, disfrutan refrescándose con el agua que se tiran los unos a los otros. Nadie sale de la Traída del Agua seco.

Muchos de los participantes en esta fiesta van vestidos con trajes folklóricos típicos de la isla, pero la gran mayoría viste con ropa veraniega. Después de tirarse agua por las calles del pueblo, los participantes vuelven a la plaza central para continuar bailando, cantando y disfrutando de la gastronomía típica canaria.

1 they used to	**4** crop	**7** at the beginning
2 the sky	**5** they became	**8** buckets
3 the farmers	**6** instead	**9** summer clothes

3b **Contesta estas preguntas en español.**

1 ¿Cuándo empezó a celebrarse la Fiesta del Agua?

2 ¿Cómo pedían los aborígenes a su dios que llegara la lluvia?

3 Cuando el catolicismo se introdujo en las islas, ¿quién reemplazó a la figura del dios aborigen?

4 ¿Qué hacen con los productos que la gente trae como ofrendas?

5 ¿Qué 'armas' utiliza la gente para tirarse agua entre sí?

6 ¿Qué tipo de ropa llevan los participantes de la fiesta?

3c **Traduce los dos primeros párrafos del texto al inglés.**

4a ⨾ **Escucha el siguiente informe sobre el tradicional Día de Todos los Santos y luego rellena los huecos con la información correcta.**

1 El 1 de noviembre es una fecha en la que se recuerda a _____ y _____ que han fallecido.

2 La costumbre en España ese día es comprar _____ y visitar el _____ para adornar la tumba del familiar muerto.

3 En países como México o Guatemala no solo ponen flores, también ponen _____ y _____ .

4 Las tres variedades de flores que más se venden son: _____ , los claveles y _____ .

5 En Madrid, en 2014, vendieron más de _____ ramos de rosas ese día.

6 Otra cosa que hacen muchas personas ese día es escuchar _____ en memoria del familiar muerto.

7 Los Buñuelos de Viento y los Huesos de Santo son los _____ más tradicionales de ese día, y las pastelerías venden muchos _____ cada año.

4b ⨾ **Escucha el informe de nuevo y haz un resumen de unas 70 palabras. Puedes mencionar los siguientes puntos:**

- la principal diferencia entre el Día de Todos los Santos en España y en otros lugares en Latinoamérica
- el aspecto de los cementerios el Día de Todos los Santos
- otras dos costumbres ese día.

5 **Traduce las siguientes frases al español.**

1 Making your first communion is an important event in Catholic countries like Spain.

2 Many towns in Spain celebrate St John's Day with bonfires at midnight.

3 I recommend you wear summer clothes to the water festival. It is very hot!

4 The native people of the islands used to offer milk and butter to their God.

5 I want your friends to participate with me in the Tomatina festival this summer.

6 **Prepara un texto (o una presentación) de 250 palabras sobre una fiesta que se celebra en tu país. Puedes mencionar los siguientes puntos:**

- Cuándo, dónde, número de participantes, actividades, comida y bebida típica, ropa tradicional, música que se escucha o baila.

🔷 **Estrategias**

Improving your listening skills

Try to follow these guidelines:

- Read and understand the instructions for the exercise.

- Familiarise yourself with the vocabulary in the question.

- Listen to the whole extract once to familiarise yourself with the gist.

- Go back to each part of the extract and try to listen for detail.

- Write down some sentences/words you hear to see if you can follow them when written.

- The extracts may use synonyms or sentences that are similar to what you have in the question or statements to consider.

- Finally, focus on the activity to be completed and provide the answers.

■ **Expresiones claves**

en primer lugar
en segundo lugar
por un/otro lado
además
participamos con ganas
en resumen
para concluir

Vocabulario

alrededor de *around*
el desfile/la cabalgata *parade*
el disfraz *a costume*
la hoguera *a bonfire*
el moro *Moor*
el soldado *soldier*

1a 〜 **Escucha las siguientes descripciones de fiestas españolas y encuentra el equivalente en español a las siguientes frases o palabras.**

1 dressed as soldiers
2 there are parades with music and dances
3 they have a good time
4 tons of tomatoes
5 the Southeast coast
6 the Medieval period
7 they win the battle
8 in some places
9 a demonstration of love

1b 〜 **Escucha otra vez las descripciones de estas fiestas y empareja cada fiesta con sus tradiciones.**

1 Los Moros y Cristianos
2 La Tomatina
3 El Carnaval
4 El día de San Jordi
5 San Juan
6 La Tamborrada

a Los participantes tocan un instrumentos de percusión, como el tambor o un barril, para hacer el mayor ruido posible.
b Se hacen hogueras y se celebra una noche mágica alrededor de ellas.
c La tradición es regalar algo diferente dependiendo de si eres hombre o mujer.
d Consiste en vestirse con disfraces y participar en cabalgatas.
e Simulan una batalla entre gente de diferentes religiones, unos árabes y otros españoles.
f Los participantes se tiran toneladas de una fruta usada en ensaladas.

2 **Lee este texto, extraído de la famosa novela "La tesis de Nancy" por Ramón J. Sender. Complétalo escogiendo palabras de la lista 1-11.**

> balcones   insultos   símbolo   conviertan   palo   provincia
> supersticiones   cuya   patrón   ventanas   estampa

Hay un pueblo cerca de la [1]_____ de Málaga, hacia el mar, cuyo santo patrón es San Lucas que, por tener como [2]_____ en los evangelios un toro, es el santo de los maridos [3]_____ mujer (figúrate qué inocentes [4]_____) se vuelve rana la noche de San Juan.

El día de las fiestas hay una procesión y llevan la [5]_____ de ese santo en lo alto de un [6]_____ de doce o quince metros de largo. Pues bien, los maridos salen a las [7]_____ con escopetas y le disparan tiros gritando al mismo tiempo los mayores [8]_____ .

Todo eso para evitar que la noche de San Juan sus esposas se [9]_____ en ranas.

¿No son formas folklóricas encantadoras?

Cuando acaba la procesión parece que no quedan del santo [10]_____ del pueblo sino dos o tres hilachas del lienzo colgando.

Y todavía lo insultan desde los [11]_____ diciendo cosas afrentosas en relación con el sexo.

3 Completa las frases con la forma correcta del subjuntivo.

1 Es posible que (*yo*) _____ en la Tomatina este año. (*participar*)
2 Dudo que los vecinos _____ por el ruido que hacen cuando organizan sus fiestas en casa. (*preocuparse*)
3 Me parece interesante que la gente _____ con disfraces de todos los colores. (*vestirse*)
4 ¡Ojalá que mi amiga _____ a la fiesta de San Juan en junio! (*venir*)
5 ¿Te sorprende que los jóvenes _____ agua o vino en las fiestas de su pueblo? (*tirarse*)

4 **Aquí tienes varias opiniones positivas y negativas sobre distintas tradiciones y costumbres en España. En cada caso, empareja la opinión con la pregunta adecuada.**

1 La tauromaquia es una tradición antigua y cruel. No hay lugar para ella en el mundo moderno.
2 No tiene sentido gastar cosas tan necesarias como el agua en fiestas paganas como la Traída del Agua.
3 Una falla es verdaderamente una obra de arte en cartón, papel, madero o poliestireno expandido. Me parece increíble que las quemen al final.
4 Debemos mantener nuestras fiestas regionales y locales porque son parte de la identidad de nuestra comunidad autónoma.
5 Los niños reciben dinero y regalos el día de su primera comunión. Es un acontecimiento muy importante en el mundo católico.

a ¿Por qué hay que luchar por las fiestas que tenemos?

b ¿Estás de acuerdo con la tradición española más polémica?

c ¿Qué se suele dar a los que reciben su primera comunión?

d ¿De qué están hechas esas figuras?

e ¿Qué opinas del uso de ciertos recursos en algunas fiestas?

> ### ⨐ Gramática
>
> #### The present subjunctive of regular verbs
>
> The subjunctive is used to express a mood/attitude of the speaker (such as wishes, advice, requests, commands, doubt, possibility and surprise).
>
> *Quiero que vengas a la fiesta conmigo* (a wish)
>
> *Te recomiendo que no lleves ropa blanca a la Tomatina* (a recommendation)
>
> *Es posible que no celebren el Día de San Jorge de la misma forma en el sur de España* (a possibility)
>
> See pages 155-156.

5 **El Carnaval, ¿debemos apoyar esta fiesta? Mira las fotos y lee las dos opiniones. Después prepara y discute estas preguntas con tus compañeros/as:**

- ¿Te sorprende que haya un rechazo a la fiesta del Carnaval?
- ¿Qué opinas tú del Carnaval? ¿Te gustaría participar?
- ¿Crees que esta fiesta debe continuar existiendo?

> ### ▪ Expresiones claves
>
> la principal forma
> de forma divertida/diferente
> al ritmo de la música
> estoy de acuerdo
> tienes razón
> ¡suena muy divertido!
> la gente lo pasa bien
> es algo inolvidable
> ¡me parece increíble!

¿El Carnaval? Solo nos deja basura, ruido, accidentes, peleas, consumo de drogas, robos, … ¡Es una locura de fiesta!

Sin duda, es una gran tradición, con diversión, bailes, disfraces divertidos, … Debemos mantener esta fiesta para las generaciones futuras.

Expresiones claves

no me lo puedo creer
no tengo ni idea
tienes mucha razón
no tiene sentido
acostarse
a la hora de comer
tomar una siesta
comer a gusto
comer de todo
engordar/adelgazar
ponerse a régimen/a dieta
cuidar la línea

1 Habla con un(a) compañero/a de las costumbres a la hora de comer. Considera y contesta las siguientes preguntas. Después, discutid vuestras respuestas con el resto de la clase.

1 ¿Qué suelen desayunar los españoles y a qué hora?
2 ¿Prefieren el té o el café para desayunar?
3 ¿Es la comida del mediodía a la misma hora que en el Reino Unido?
4 ¿Qué suelen comer para el almuerzo?
5 Los españoles, ¿cenan temprano?
6 ¿Sabes qué es la merienda?

2a Lee el artículo y busca la traducción de estas frases o palabras.

1 usually (2 options)
2 muffins/fairy cakes
3 coffee break
4 working hours
5 followed by
6 afternoon snack
7 even more
8 something light
9 full

Las costumbres alimenticias de los españoles

El desayuno de los españoles suele ser muy distinto al de otros lugares del resto de Europa. Suele consistir normalmente en una bebida y algo dulce para acompañar. La bebida por lo general es una taza de café (con leche, solo o cortado), un zumo de naranja o un chocolate caliente. Los dulces que eligen para desayunar son normalmente galletas, magdalenas, cruasanes o cualquier otra bollería.

Está muy firmemente arraigada en España la pausa para el café a media mañana, sobre las 10.30 u 11.00. A esas horas puedes ver muchos bares llenos de trabajadores disfrutando de un café u otra bebida y de algo para ayudarles a llegar al almuerzo (un bocadillo, por ejemplo).

La hora del almuerzo es entre las 2 y las 3 de la tarde, depende de la familia y de los horarios de trabajo. Es la comida más importante del día. Aunque no se hace en cada hogar español, muchos almuerzos en España consisten en un primer plato (ensalada, sopa o tortilla), seguido de un segundo plato (pescado, pasta o carne) y luego el postre (normalmente fruta o flan). Muchos se beben un café después de la comida.

A las 5 o 6 de la tarde muchos españoles, especialmente los niños y los más mayores, hacen la merienda, normalmente un bocadillo o algo ligero como una fruta o un dulce.

Finalmente, la cena. Muy tarde, aún más los fines de semana y en verano. No vas a ver a un español cenando a las 7 de la tarde. Se cena entre las 9 y las 11 de la noche, especialmente si comes fuera de casa. Lo normal es que sea menos abundante que el almuerzo y que consista en algo ligero, como una ensalada, un bocadillo, unas tapas, … para no irte a la cama con el estómago muy lleno.

Vocabulario

abundante *big, large (for a meal)*
la bollería *pastries*
el café solo *a black coffee*
el cortado *a coffee with a drop of milk*
en cuestión de *in relation to*
está arraigada en *it is rooted in*
fuera *outside*
suele consistir en *it usually consists of*
el tentempié *snack*

2b Decide si las frases son Verdaderas (V), Falsas (F) o No mencionadas (N).

1 A los españoles les encanta desayunar algo salado.
2 La mitad de españoles toma té y algún dulce para desayunar.
3 Los españoles no acostumbran a tomarse nada entre el desayuno y el almuerzo.
4 Por lo general, el almuerzo incluye varios platos.
5 El café solo se bebe con el desayuno.
6 La merienda es un tentempié ligero que se toma a media tarde.
7 A los españoles les preocupa acostarse con el estómago lleno.

2c Haz un resumen de 70 palabras del artículo. Debes utilizar tus propias palabras. Puedes mencionar los siguientes puntos:

- lo que comen los españoles
- dónde comen
- y cuándo comen.

3a Lee el texto "España y la dieta mediterránea" y rellena los huecos con las palabras de esta lista.

consumen	mediterránea	caracteriza	alimentos
utilizan	sobrepeso	obesidad	

España y la dieta mediterránea

La gastronomía española se ¹_____ por una variedad de platos que ²_____ productos de la dieta ³_____ . La situación geográfica de España le convierte en uno de los países donde predomina este tipo de dieta. La dieta mediterránea es una dieta equilibrada cuyo secreto es la variedad de sus ⁴_____ y la frecuencia con la que se ⁵_____ . Para disfrutar de una buena salud los expertos recomiendan esta dieta. Tiene efectos beneficiosos demostrados, como que reduce el riesgo de enfermedades cardiovasculares, el ⁶_____ , la ⁷_____ , el colesterol, etc.

3b Ahora traduce el texto al inglés.

4a Escucha el informe sobre la influencia de los abuelos en la dieta mediterránea hoy en día. ¿Cómo dicen estas palabras o frases en el informe?

1	according to	**5**	eating habits
2	lack of knowledge	**6**	to look after their children
3	pre-cooked meals	**7**	the study reveals
4	the culprits	**8**	they are passing on

4b Solo seis de las siguientes afirmaciones son correctas. Al escuchar el informe de nuevo, decide cuáles son.

1 Los expertos en nutrición se muestran esperanzados sobre el futuro de la dieta mediterránea.
2 La dieta mediterránea es seguida por menos de la mitad de la población española.
3 Las costumbres extranjeras no tienen ninguna influencia en los nuevos hábitos alimenticios.
4 Los hábitos alimenticios en España han empeorado.
5 Las personas mayores siguen una dieta más variada y equilibrada.
6 Muchos niños de entre 6 y 9 años tienen sobrepeso.
7 Los abuelos comen solo tres piezas de fruta a la semana.
8 Los abuelos enseñan a sus nietos buenas costumbres a la hora de comer.

Estrategias

Identifying correct and incorrect sentences

- Remember that the information appears chronologically.

- Before you start, read through all the sentences carefully so that you are ready to listen for key vocabulary and phrases. Usually similar vocabulary is used in the extract and in the sentences in the exercise.

- Listen carefully and see if you can identify the words or sentences around the options given.

Vocabulario

las buenas costumbres *good habits*
las costumbres extranjeras *foreign habits*
desaparecer *to disappear*
empeorar *to worsen*
enseñar *to teach/to show*
esperanzado *hopeful*
el experto en alimentación y nutrición *diet and nutrition expert*
fomentar *to encourage (something)*
las personas mayores *the elderly/ old people*
tener sobrepeso *to be overweight*

5 ¿Sigues una dieta variada y equilibrada? Describe tu dieta y da tu opinión sobre los alimentos que deberías consumir menos o más. Escribe 200 palabras.

El aceite de oliva: una influencia romana

Vocabulario

cultivar *to grow (something)*
el descubrimiento *discovery*
la diversidad culinaria *culinary diversity*
los fenicios *Phoenicians (ancient civilisation in the Mediterranean)*
hay que mirar *it is essential to look at*
la pradera *meadow*
proporcionar *to provide*
tras *after*

1a **Lee el texto sobre la historia de la gastronomía única de España y busca sinónimos de las siguientes frases o palabras.**

1	en primer lugar	**5**	todavía
2	totalmente	**6**	es necesario
3	campos	**7**	mostraron
4	litorales	**8**	ventajas

La influencia de la geografía

Para empezar, el país está casi completamente rodeado de agua. Esto explica por qué uno de los ingredientes básicos de la dieta española es el pescado (y los mariscos). El resto de la geografía española son montañas, praderas y fértiles extensiones de tierra. Todas juntas, junto con sus largas costas, proporcionan una increíble y deliciosa variedad de productos frescos. Verduras, frutas, hortalizas, legumbres, carnes, productos lácteos, cereales, … Todos estos productos se cultivan y se consumen por toda la geografía del país.

La influencia del pasado cultural

Para comprender aún más la gran variedad de la gastronomía española, también hay que mirar al pasado del país y a sus habitantes a través de los siglos. Entonces es posible entender mejor el origen de esta gran diversidad culinaria. Varias culturas han influido en la historia de la cocina española. Los fenicios dejaron sus salsas, los romanos enseñaron los beneficios del aceite de oliva y los árabes introdujeron el arroz, los cítricos y los frutos secos. Tras el descubrimiento de América en el siglo quince, llegaron a España productos como el chocolate, la patata o el tomate.

Todos estos productos, introducidos por otras culturas con el paso de los siglos, ayudan a crear los platos variados que se comen en España.

1b **Traduce al inglés el párrafo titulado 'La influencia del pasado cultural'.**

2 〰 **Escucha el informe sobre las opiniones de los cocineros españoles más renombrados en el mundo. Contesta las preguntas en español.**

1 ¿Qué se dice sobre la gastronomía española actual?
2 ¿Por qué han recibido Ferran Adrià y Joan Roca premios?
3 Según algunos cocineros famosos, ¿dónde debería haber más restaurantes?
4 ¿Qué dos requisitos deben cumplir esos restaurantes?
5 ¿Qué deberían usar para preparar los platos en esos restaurantes?
6 Aparte de la creatividad culinaria, ¿qué otro elemento sería esencial?

3 **Lee el texto sobre la gastronomía española y empareja los siguientes platos regionales con su definición.**

1 Fabada de Asturias
2 Ensaimada de Baleares
3 Pimientos de piquillo de Navarra
4 Papas arrugadas de Canarias
5 Cocido montañés de Cantabria
6 Morcilla de Castilla y León

a Un dulce, muy sabroso, que es muy popular entre los mallorquines.
b Una salchicha que se hace con sangre, arroz y algunas especias.
c Son patatas que se cocinan con sal y eso las hace arrugarse.
d Este plato es un cocido que está hecho con fabes o judías grandes.
e Son rojos y se rellenan de arroz, bacalao o atún.
f Es un plato muy popular del norte. Se come en invierno y está hecho con judías, col y cerdo.

Platos regionales de España

La gastronomía española por región

Cada región española disfruta de una gran diversidad de platos. Cada comunidad utiliza productos típicos de esa región en la preparación de esos platos. Los turistas y visitantes que van a España cada año se sorprenden de la gran variedad existente entre las regiones. Hay platos que son populares dondequiera que vayas como la tortilla de patatas, el gazpacho, la paella, el chorizo o el jamón serrano. Sin embargo, hay otros platos que son característicos de determinadas regiones. Algunos de los cocineros más importantes del mundo son españoles y han contribuido a difundir la gastronomía regional a nivel internacional. España está actualmente entre los cinco primeros países del mundo que tiene el mayor número de restaurantes con estrellas Michelin, uno de los reconocimientos más grandes en el mundo de la gastronomía.

4 **Después de leer sobre la gastronomía en España, escribe un párrafo de 150 palabras sobre la gastronomía en tu país. ¿Es diferente según las regiones? ¿Qué productos y platos se consumen más?**

5 **Traduce las siguientes frases al español. ¡Cuidado! Todas necesitan un verbo en subjuntivo (presente o perfecto).**

1 I want you to try this dish. I don't think you will have eaten this type of fish before.
2 I am sorry you have never visited Andalucía. It has a very varied gastronomy.
3 It is likely they have bought all the ingredients to make a Spanish paella.
4 He is going to ask his grandparents to show me their vegetable garden.
5 It is a shame you haven't cooked that dish before. It is delicious!
6 I recommend you change your diet to a Mediterranean diet.

6 **¿Tiene futuro la dieta mediterránea? Prepara y discute estas preguntas con tus compañeros:**

- ¿Te sorprende que la comida rápida sea más popular que la dieta mediterránea?
- ¿Crees que es importante enseñar las ventajas y desventajas de cada tipo de alimentación?
- ¿Por qué piensas que es esencial aprender sobre la gastronomía de un país?

Gramática

The perfect tense in the subjunctive

The subjunctive can be used in different tenses. One of the most common ones is the perfect subjunctive, which is formed with the verb *haber* in the subjunctive (*haya, hayas, haya, hayamos, hayáis, hayan*) followed by the past participle of the verb in question (ending in *-ado/-ido* or in its irregular form).

haya comido, hayamos consumido, hayan engordado; hayas aprendido, haya visto, hayamos hecho, etc.

The perfect subjunctive is used after verbal expressions that convey wishes, hope, advice, requests, doubt, uncertainty, influence, surprise, regret, …

No puede creer que el chocolate haya venido de América. He can't believe that chocolate has come from America. (surprise)

Siento que no hayan desayunado contigo. I am sorry they haven't had breakfast with you. (regret)

Dudamos que en todos los hogares españoles se haya perdido la dieta mediterránea. We doubt that the Mediterranean diet has been lost in all Spanish homes. (doubt)

See page 157.

1a Lee el texto y busca la traducción de estas frases o palabras.

1 currently
2 this figure
3 level
4 soldiers and traders
5 come(s) from
6 almost
7 advances
8 left a mark

Una lengua con muchos hablantes

Se calcula que en el mundo hay actualmente unos 470 millones de hispanohablantes, y esta cifra continúa aumentando. Además de en España, el español es lengua oficial en más de veinte países de Latinoamérica. Se habla en África y es una lengua oficial en Guinea Ecuatorial. También se habla en las Filipinas. En Estados Unidos el español (también llamado el castellano en muchos países latinoamericanos) es la segunda lengua más hablada y su desarrollo es espectacular.

A nivel de pronunciación, el español que se habla en Latinoamérica es muy similar al de las regiones españolas de Canarias y Andalucía. ¿Por qué? Una gran parte de los españoles que llegaron a América en siglos pasados eran de esas regiones españolas.

El español como lengua viene del latín. Entre los siglos tres y uno antes de Cristo, el Imperio Romano conquistó la Península Ibérica. El latín que hablaban los soldados y los comerciantes se extendió por todo el territorio. El latín es por lo tanto el ADN del español. Muchas de las palabras del español proceden del latín, pero no todas. El español también tiene palabras de origen íbero, celta, griego y germánico.

Después del latín, la lengua que más ha influido en el español, con más de 4.000 palabras, es el árabe. Los árabes entraron en la Península Ibérica en el año 711 y estuvieron allí casi ocho siglos. Los árabes contribuyeron con una cultura muy rica y con muchos avances tecnológicos, pero además dejaron una huella grande en el idioma con palabras como 'ajedrez' o 'azúcar'.

Después del siglo dieciséis, el español recibió palabras de otras lenguas también: las lenguas indígenas de América, el francés, el italiano, el inglés, el portugués, etc.

¿Cómo se llama el 'zumo' en México?

1b Contesta las preguntas en español.

1 ¿Cuántos millones de hablantes tiene el español en el planeta?
2 ¿En qué posición se encuentra el español en Norteamérica?
3 ¿De dónde eran muchos de los españoles que emigraron a América en el pasado?
4 ¿En qué siglos llegó el latín a la Península Ibérica?
5 ¿Qué otra lengua ha tenido una gran influencia en el español?
6 ¿Cuánto tiempo estuvieron los árabes en la Península Ibérica?

2a 〰 Escucha a Pedro y Gloria hablar sobre la importancia del español en el mundo actual. ¿Cómo dicen estas frases y palabras?

1 has increased
2 in the last few decades
3 (he) interviews
4 without a doubt
5 all the sources
6 the world of business
7 through
8 coming from
9 more and more normal

2b 〰 **Escucha otra vez y responde a estas preguntas.**

1 El español es una lengua _____ y _____ .
2 Gloria habla de cómo ha evolucionado el español en años _____.
3 ¿Qué dice Gloria sobre la posición del español para el año 2050?
4 Según ella, ¿por qué aprenden muchos el español?
5 ¿Cuántas personas se comunican en español por Internet?
6 ¿Por qué piensa Gloria que Estados Unidos será un país bilingüe?

3a **Empareja las dos partes de las siguientes frases. ¡Cuidado! Sobran dos segundas partes.**

1 El castellano fue la única …
2 El catalán, vasco y gallego se convirtieron …
3 La enseñanza en los colegios públicos tuvo que ser …
4 Los cantantes, presentadores y escritores …
5 Las iglesias eran lugares donde los habitantes …
6 Muchos dicen que durante el franquismo no hubo leyes …

a vieron su libertad de expresión reprimida.
b idioma prohibido por Franco.
c únicamente en castellano durante muchos años.
d que apoyaran el castellano.
e lengua reconocida por el régimen.
f tenían que rezar en castellano.
g podían expresarse sin problemas en el idioma que querían.
h en lenguas solo habladas en un entorno familiar o de amistades.

Estrategias

Filling in gaps in a text

- Remember that the sentences appear chronologically.

- Read the sentences first to get the gist.

- Go through the words around the gaps and check their meaning and grammar features (for example is it a noun (masculine or feminine), verb (which tense: past participle form, a gerund)

- Read your final work once it is complete, and make sure it all makes sense.

Las lenguas regionales durante la dictadura de Franco (1939–1975)

boas tardes   *eskerrik asko*   *benvinguda*   *hasta llueu*

La diversidad lingüística de España hoy en día no siempre fue posible décadas atrás. Dicha diversidad se vio gravemente amenazada durante la dictadura del General Franco. El castellano o español se convirtió en la única lengua oficial del Estado; el régimen impuso una represión de los otros idiomas: el catalán, vasco y gallego.

Aunque los habitantes de las regiones donde se hablaban esas lenguas continuaron hablándolas 'en la intimidad de sus casas', con su familia y amigos de confianza, es cierto que a nivel público no se escucharon durante muchos años.

Se prohibió enseñar esos idiomas en las escuelas públicas, se prohibió escribir libros, artículos, etc. o cantar o emitir por televisión o radio en catalán, gallego o vasco, se prohibió usar esas lenguas en las iglesias. Fue una situación de verdadera represión lingüística que para muchos fue insultante. 'Si eres español, habla español' se convirtió en un eslogan común escuchado en esas regiones.

Hoy en día hay expertos que argumentan que realmente no hubo leyes contra el uso de las lenguas regionales durante el franquismo. Es verdad que quizá no había una ley escrita y no existían penas de cárcel por hablar en catalán, vasco o gallego 'en la intimidad', pero el miedo a ir a la cárcel por expresarte en el idioma de tus antepasados fue real durante décadas.

Afortunadamente, la llegada de la democracia y la firma de la Constitución española en 1978 significaron por fin el reconocimiento de estas lenguas.

3b **Haz un resumen del artículo de 70 palabras. Puedes mencionar los siguientes puntos:**

- la diversidad lingüística en la España de hoy
- lo que ocurrió durante la época franquista con las lenguas
- cómo mantuvieron los hablantes del catalán, vasco y gallego la continuidad de su lengua
- dónde se prohibió usar dichas lenguas
- los cambios que permitió la democracia.

Vocabulario

amenazado *threatened*
los antepasados *ancestors*
emitir *to broadcast*
el franquismo *Franco's regime*
la pena de cárcel *prison sentence*
por fin *at last*
el reconocimiento *recognition*

Expresiones claves

desde una edad temprana
tener derecho a decidir
expresarse con fluidez
comunicarse con soltura
Se me da bien estudiar idiomas
No me apetece aprender ese idioma
Me/te/le … cuesta recordar
No me/te/le … queda otro remedio
Tampoco es justo perder las raíces

1a Lee el artículo y decide si las siguientes frases son Verdaderas (V), Falsas (F) o No mencionadas (N).

1 Los padres en las regiones con lenguas cooficiales pueden elegir qué tipo de educación reciben sus hijos.
2 El inglés y el francés son idiomas importantes en muchos colegios.
3 Las escuelas públicas catalanas dan todas sus asignaturas en catalán.
4 Los niños de Galicia reciben solo un 25% de sus clases en castellano.
5 Muchos niños gallegos han empezado a aprender hasta tres idiomas en años recientes.
6 En el tercer modelo del sistema educativo vasco, el euskera o vasco suele predominar.
7 Los padres de la Comunidad Valenciana y de Baleares tienen similiares opciones a las de los padres gallegos.

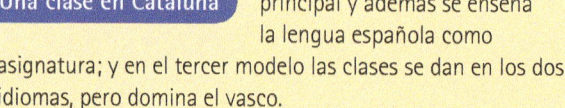

Las lenguas cooficiales en la educación

Cataluña, Galicia y País Vasco tienen lenguas cooficiales que se enseñan en los colegios. Por esa razón, no siempre es fácil tomar una decisión tan importante. Los padres deben decidir si sus hijos reciben una educación solo en castellano, una educación solo en el idioma cooficial, o una educación trilingüe, es decir, una educación que mezcla el castellano, el idioma cooficial y el inglés.

Cada región ha adoptado posturas específicas para su sistema educativo.

En Cataluña, por ejemplo, depende del tipo de colegio. En los colegios públicos las asignaturas se imparten en catalán, excepto lengua española e idioma extranjero. En los colegios privados, hay colegios bilingües, que imparten las mismas horas en castellano que en catalán, y trilingües, que además de catalán y castellano ofrecen también un idioma extranjero.

Una clase en Cataluña

Galicia es la región donde los niños tienen más posibilidades de aprender ambas lenguas hasta un mismo nivel. La mitad de las clases se dan en gallego y la otra mitad, en castellano.

Muchos colegios han empezado en años recientes a ofrecer la enseñanza trilingüe, con un tercio de las clases impartidas en inglés.

En el País Vasco hay tres modelos de educación. El primero ofrece las clases en castellano y el vasco es solo una asignatura; en el segundo modelo, el vasco es la lengua principal y además se enseña la lengua española como asignatura; y en el tercer modelo las clases se dan en los dos idiomas, pero domina el vasco.

Finalmente, en las otras regiones donde también hay una lengua cooficial (Comunidad Valenciana y Baleares) los padres tienen similares opciones a los de Galicia.

1b Haz un resumen en inglés de 70 palabras. Explica las características del sistema educativo en Cataluña, Galicia y País Vasco. ¿Qué sistema te parece más adecuado?

1c Traduce los tres últimos párrafos (desde '*Galicia es la región...*') del artículo al inglés.

2 **¿Deben los niños aprender el idioma cooficial de su región? Discute estas cuestiones con tu compañero.**

- ¿Deberían los niños de las regiones españolas donde existe una lengua cooficial recibir su educación solamente en castellano?
- ¿Piensas que es una buena idea estudiar el idioma de esa región (por ejemplo, el catalán o el gallego), aparte del castellano?
- ¿Qué ventajas y desventajas tiene?
- ¿Cómo crees que afecta esto a los niños que no nacieron en esa región pero que se mudan allí?

3 **Traduce las siguientes frases al español. Utiliza el vocabulario del texto para ayudarte.**

1 Parents should have the right to choose the languages their children must study.
2 Some children find it difficult to adapt to a school where a regional language is taught.
3 Learning at least two languages can enhance your job opportunities in the future.
4 The education system is very complex in Spain because each region can decide on specific subjects for that region.
5 State and public schools offer different educational models for the learning of the regional language.

4 〰 **Escucha la historia de Fátima, una chica del sur de España que ahora vive en el norte. Luego elige la palabra correcta para completar cada frase.**

1 Fátima es una adolescente que estudia **cuatro/cuarto/catorce** de ESO.
2 En verano Fátima y sus padres se **mudan/mudaron/mudarán** a Tolosa, en el País Vasco.
3 El gobierno vasco decidió que Fátima tendría que **acudir/dejar/mentir** a un colegio donde solo se enseñaba en vasco.
4 Fátima no tiene **conocimientos/razones/quejas** de vasco.
5 La oficina de administración educativa **decidió/decidirá/decide** que Fátima tenía que ir a un colegio en Bilbao.
6 Tras **doce/dos/veinte** meses de lucha, Fátima recibió una plaza en un colegio más cerca.
7 Ahora Fátima solo tiene que **viajar/estudiar/aprender** media hora en autobús.

5 〰 **Escucha este informe sobre las diferentes lenguas y dialectos de España. ¿A qué se refiere cada cifra? Une cada explicación con un número. ¡Cuidado! Sobran dos explicaciones.**

A El porcentaje de adolescentes que usa la lengua de su región para comunicarse.
B El lugar que ocupa el español en Wikipedia con respecto al número de visitas.
C El porcentaje de la población del planeta que es hispanohablante.
D La cantidad de comunidades autónomas existentes en España.
E El porcentaje de españoles que habla catalán.
F El número de comunidades autónomas que tienen una segunda lengua.
G El porcentaje de la población mundial que tiene el español como segunda lengua.
H Los millones de españoles que comprenden el catalán.
I El número de dialectos que se hablan en España.

1	2	3	4	5	6	7
6,7%	6	29%	12	83%	10	5

Gramática

Numerals

There are two types of numbers: cardinal (*uno*, *dos*, *tres*, …) and ordinal (*primero*, *segundo*, *tercero*, …)

Cardinal numbers

Uno changes to *un* before a masculine noun.

Un millón de personas

Ciento changes to *cien* when referring to only one hundred. When it comes to 100+, you need to use *ciento*, *ciento veinte*, etc.

Then continue with *doscientos*, *trescientos*, *cuatrocientos*, *quinientos*, *seiscientos*, *setecientos*, *ochocientos*, *novecientos*

Ordinal numbers

The most used ones are 1st to 10th:

primero, segundo, tercero, cuarto, quinto, sexto, séptimo, octavo, noveno, décimo

Ordinal numbers agree with the noun they refer to.

La primera mujer, los segundos coches

Primero and *tercero* shorten to *primer* and *tercer* before a masculine noun.

El primer piso, el tercer niño

See pages 163-164.

¡Demuestra lo que has aprendido!

1 Estas palabras pertenecen al tema 'La identidad regional de España'. Empareja los sinónimos.

1	asignatura	a	pueblo
2	veraniego	b	pincho
3	trimestre	c	materia
4	árabes	d	incrementa
5	con fuerza	e	de Franco
6	sigue	f	tres meses
7	aumenta	g	determinadas
8	dictadura	h	comida
9	ciertas	i	castigos
10	época	j	costa
11	alimentos	k	viene
12	procede	l	estival
13	variedad	m	régimen
14	tapa	n	continúa
15	penas	o	fuertemente
16	franquista	p	diversidad
17	localidad	q	período
18	litoral	r	moros

2 ¿Cuánto has aprendido? Da la respuesta correcta.

1 El mayor número de fiestas en España se celebra en los meses de …
- verano.
- primavera.
- otoño.

2 ¿Cuál de estas costumbres no es española?
- Almorzar a las 2 o más tarde.
- Cenar a las seis de la tarde.
- Merendar algo ligero.

3 Las españolas pierden sus apellidos cuando se casan, ¿verdadero o falso?

3 Lee las frases y escribe la forma correcta de la palabra entre paréntesis.

1 En España muchos _____ una dieta variada y equilibrada. (*seguir*)

2 Cada región española tiene una _____ diversidad de platos. (*grande*)

3 El desayuno de los españoles _____ ser muy distinto al de otros países europeos. (*soler*)

4 En muchos hogares españoles el almuerzo consiste en un _____ plato, un segundo plato y el postre. (*primero*)

5 A la hora de _____ , muchos niños y mayores toman algo ligero. (*merendar*)

6 A muchos españoles no _____ acostarse con el estómago lleno. (*gustar*)

7 Es posible que tú _____ mejor la gran variedad gastronómica si estudias el pasado cultural de España. (*entender*)

8 Muchos usuarios de Internet _____ en español en las redes sociales. (*comunicarse*)

4 Empareja las dos partes de las siguientes frases.

1 Un estado plurilingüe…
2 En España hay…
3 En muchos colegios vascos…
4 El español es la segunda lengua…
5 Durante la dictadura franquista…
6 Existen unos 470 millones…
7 Los Reyes de España dan mucha importancia…
8 En una gran parte de los colegios públicos de Cataluña…
9 La llegada de la democracia a finales de los años 70 en España…
10 El latín es la lengua…

a se estudia euskera.
b de donde viene el español.
c significó el reconocimiento de las lenguas cooficiales.
d multiples variedades dialectales.
e es un país donde hay varias lenguas oficiales .
f las asignaturas se enseñan en catalán.
g más hablada en Estados Unidos.
h de hispanohablantes en el planeta.
i se prohibió hablar las lenguas regionales.
j al aprendizaje de las lenguas cooficiales en la educación de la futura reina.

¡Haz la prueba!

1 📝 **Lee el artículo y haz un resumen usando un máximo de 70 palabras en español. ¡Cuidado! Responde con frases completas. Incluye:**

- diferencias en el paisaje de Galicia [2]
- la gastronomía y el idioma [2]
- características de la arquitectura [3]

Hay cinco puntos adicionales por la calidad de tu español escrito. En la medida de lo posible, debes utilizar tus propias palabras.

[12 marks]

La comunidad autónoma de Galicia

Galicia es una comunidad autónoma al noroeste de España, dividida en cuatro provincias: Lugo, Orense, Pontevedra y La Coruña. La región es célebre por sus verdes paisajes, zonas montañosas y un litoral caracterizado por sus famosas rías.

¿Qué son las rías? En palabras simples, es cuando el agua del mar y el agua del río se unen porque el río está en una región costera abierta al mar. En Galicia el visitante encontrará las Rías Altas, con sus magníficas playas, acantilados inolvidables y preciosos pueblos pesqueros, y las Rías Bajas, con sus reservas naturales y balnearios, como el de La Toja.

El clima gallego es bastante lluvioso, con temperaturas bajas en invierno, y temperaturas que pueden alcanzar más de 20 grados en verano.

La región tiene importantes ciudades y pueblos bellísimos, con fantásticos ejemplos de arte y arquitectura. Destacan las casas acristaladas de La Coruña y los hórreos (graneros) y cruceiros (cruz de piedra en las plazas), repartidos por toda Galicia.

Los romanos también dejaron en Galicia ejemplos de su arquitectura, como las murallas de Lugo o la Torre de Hércules en La Coruña. En la Edad Media fue descubierta la tumba del Apóstol Santiago, que convirtió a la capital de Galicia (Santiago de Compostela) en una de las tres ciudades santas del mundo Cristiano, junto con Jerusalén y Roma. Desde entonces existe el Camino de Santiago, una ruta que muchos cristianos hacen y que recorre el norte de España y llega hasta Santiago de Compostela.

Galicia tiene una identidad regional muy marcada. Tiene su propia lengua, el gallego, su folklore, con la gaita como su instrumento más popular, y su gastronomía, llena de exquisitas variedades, como el marisco y el pescado o los dulces tradicionales y el vino Albariño.

2a 〰️ **Escucha el siguiente extracto sobre la Batalla del Vino de Haro en La Rioja y contesta las preguntas. No es necesario hacer frases completas para todas las respuestas.**

1 ¿Cuándo exactamente se celebra esta fiesta? [1]
2 ¿En qué año empezó la tradición? [1]
3 ¿En qué lugar de Haro se celebra la fiesta? [1]
4 Menciona cuatro cosas que los participantes utilizan para llevar el vino. [4]
5 ¿Qué dos cosas hacen los participantes después de que se acaba el vino? [2]
6 ¿Cuántos litros de vino se usaron hace diez años en comparación con fechas recientes? [1]

[10 marks]

2b 〰️ **Escucha otra vez y rellena los huecos con la información correcta.**

1 La Batalla del Vino de Haro se celebra el día de _____ .
2 La fiesta fue declarada de Interés Turístico Nacional en el año _____ .
3 Después de tirarse vino unos a otros los participantes quedan completamente _____ .
4 La gente que participa en la batalla va vestida de color _____ y normalmente camina o _____ a la zona de la batalla.
5 La fiesta dura _____ una o dos horas.

[5 marks]

3a 📖 Lee el texto y busca la traducción de estas frases o palabras.

Allí abajo, una serie cómica con estereotipos regionales

La serie *Allí abajo* emitida por Antena 3 por primera vez en el 2015 triunfa por presentar con humor los tópicos y estereotipos de andaluces y vascos. Una clara secuela televisiva del éxito de la película 'Ocho apellidos vascos', la serie *Allí abajo* quiere entretener y divertir al espectador. Tiene un argumento lleno de situaciones graciosas que dibujan de forma exagerada las diferencias entre la gente del norte y del sur de España.

Muchos la califican como un soplo de aire fresco, una serie que simplemente quiere hacer reír y desconectar al espectador. Con dos protagonistas principales, un chico vasco (Iñaki) y una chica sevillana (Carmen), la serie trata de cómo el chico, un joven de treinta años que nunca ha salido de su comunidad y que aún vive con su madre, conoce a una chica sevillana durante un viaje con su madre a Sevilla. Iñaki y Carmen se conocen en el hospital donde tienen que atender a su madre después de caerse por unas escaleras en el hotel donde se alojaban. Como consecuencia del grave accidente, la madre de Iñaki se queda en coma por un tiempo y Carmen, que trabaja como enfermera jefe en el hospital, cuida de ella.

La historia está llena de momentos cómicos creados por el contraste entre los personajes del norte (Iñaki, su madre, sus amigos y tíos) y los personajes del sur (Carmen, los otros enfermeros, médicos y pacientes del hospital, las vecinas de Carmen, etc). A través de todos ellos, la historia presenta todos los estereotipos sobre los vascos y los andaluces.

El País Vasco aparece como un lugar lluvioso y muy verde. Sus habitantes son más fríos, reservados y conservadores, con muy poco sentido del humor, buenos cocineros y jugadores de la pelota vasca. Son gente que habla su propia lengua, el euskera, y que quiere ver canales de televisión vascos cuando están fuera del País Vasco. Andalucía aparece como un lugar soleado y caluroso, con color y tradición. Los andaluces se presentan como abiertos, cómicos, religiosos, amantes de las sevillanas y de la fiesta, y constantemente contando chistes o haciendo bromas. Son gente más expresiva con sus emociones, que da abrazos y besos para expresar el cariño. Son tópicos típicos que muchos identifican con la identidad regional del País Vasco y Andalucía, pero que no siempre son la realidad.

1	a TV sequel	**7**	as a result
2	in an exaggerated manner	**8**	through
3	a breath of fresh air	**9**	TV channels
4	still	**10**	hot
5	they meet at	**11**	telling jokes
6	to look after		

[11 marks]

3b 🔊 Traduce al inglés el último párrafo del texto.

[10 marks]

3c 📖 La serie 'Allí abajo' presenta muchos estereotipos relacionados con los vascos y los andaluces. Después de leer el texto, ¿puedes decidir en qué columna poner los siguientes?

1 Son muy religiosos y creyentes.
2 Bailan sevillanas.
3 Son muy reservados.
4 No entienden el sentido del humor de los españoles.
5 Son muy graciosos y buenos contando chistes.
6 Les gusta la variedad en la mesa y cocinan muy bien.
7 Mantienen un deporte muy antiguo que se juega con una pelota.
8 Son muy cariñosos y lo expresan sin problema.
9 Les gusta ver la tele en su lengua regional.

Los vascos …	Los andaluces …

[9 marks]

3d ✏️ Piensa en los estereotipos de tu región (acento, comida, bailes, creencias, costumbres …). ¿Como os perciben los otros? Escribe unas 250 palabras.

4 🔊 Practica el subjuntivo y los números. Traduce estas frases al español.

1 Spanish is the second most spoken language in the world.
2 The fifth dish is my favourite. I don't think the Basque cooks prepare it well.
3 65% of the population can communicate in the regional language.
4 It is important that this festival is maintained for future generations.
5 It is a shame you cannot eat these five tapas. They are delicious!
6 The official language in this region is Spanish, but parents want their children to study the regional language at school too: Basque, Catalan or Gallego.
7 Seafood specialities from Galicia occupy the third place on the list of most popular dishes.
8 Different regions in Spain have their own dialect. There is a different accent in all the regions.
9 The population of the Canaries enjoys their Carnival every year. I recommend you visit the islands next February.
10 I don't think customs and traditions in Andalucía are representative of the rest of Spain.

[30 marks]

5 💬 **España, ¿es realmente diferente?**

En esta unidad has aprendido sobre la identidad regional de España (fiestas, costumbres, tradiciones, gastronomía, lenguas, …). Utilizando la información que has aprendido, discute lo siguiente.

- ¿Te sorprende que haya tanta diversidad regional en España?
- ¿Tú crees que todas las regiones españolas tienen similitudes?
- Aparte de la lengua y las fiestas, ¿qué aspectos piensas que identifican más a cada región española? (considera el clima, la gastronomía, la gente, …)

📖 Estrategia

Speaking – Responding to a stimulus

When preparing your answers for a discussion on a stimulus, you should:

- Underline key words in each question.
  *¿Te **sorprende** que haya **tanta diversidad regional** en España?*

- Prepare ideas in bullet points, using sentences that include a combination of:
  - Factual information with examples
  - Your opinions on those facts and examples
  - A wide range of topic specific vocabulary
  - A range of tenses (try to include at least three tenses as well as some structures with the subjunctive)
  - Some linking expressions. For example: *por una parte, por otra parte, no obstante, además, no debemos olvidar, por último, en resumen, …*

Ejemplos de lenguas regionales: una placa da la calle en español y vasco, una placa en catalán y otra en gallego

5 Vocabulario

5.1 Tradiciones y costumbres

el	acontecimiento	*event*
	acostumbrarse	*to get used to*
la	afición	*hobby/pastime*
el/la	aficionado/a	*supporter/fan*
el	año bisiesto	*leap year*
el/la	asistente	*attendee*
	asistir	*to attend*
el	bullicio	*noise*
la	cabalgata	*mounted procession*
la	ceremonia ancestral	*age-old ceremony*
la	deidad	*deity, god*
el	desfile	*parade, procession*
	destacar	*to highlight, to stand out*
	disfrazarse	*to dress up*
la	encuesta	*survey*
	escuálido/a	*squalid*
la	estación del año	*season of the year*
	festejar	*to celebrate*
	festividad	*festival, celebration*
	fomentar	*to encourage (something)*
el/la	ganadero/a	*cattle breeder, stockbreeder*
	habituarse	*to get used to*
la	jornada gastronómica	*gastronomic conference/day*
el/la	labrador/a	*farm worker*
	lanzar	*to throw, to launch*
el	orgullo	*pride*
	predominar	*to prevail/to predominate*
	quemar	*to burn*
	reemplazar	*to replace*
	regalar	*to give a present*
	reunirse	*to meet, to get together*
	saltar	*to jump*
el	semestre	*semester, term*
el	sondeo	*survey*
el	trimestre	*term, trimester, three-month period*
la	verbena	*open-air dance*
el	vínculo	*link*
la	voz del pueblo	*the voice of the people*

5.2 La gastronomía

	alimentar	*to feed*
el	alimento	*food*
	aperitivo	*aperitif, snack*
el	aroma	*scent*
	asar	*to roast*
el	buñuelo	*dough ball*
	calentar	*to heat up, warm up something*
la	calidad	*quality*
la	cantidad	*quantity*
el/la	cocinero/a	*cook*
el	consumo	*consumption*
la	cosecha	*crop, harvest*
	cotizado	*sought-after/valued*
	cultivar	*to grow*
el	cultivo	*crops*
la	empanadilla	*small pasty/pie*
	encargarse de	*to be in charge of, to take responsibility for*
	enfriar	*to cool, chill*
	exquisito	*exquisite*
la	fruta de temporada	*seasonal fruit*
	hervir	*to boil*
	innovar	*to innovate*
el	libro de recetas	*recipe book*
el	litoral	*coast*
el	maíz	*maize, corn*
la	materia prima	*raw material*
la	merienda	*afternoon snack*
el	olor	*smell*
el	placer	*pleasure*
el	plato novedoso	*new dish*
el	potaje	*stew*
la	pradera	*meadow*
	probar un plato	*to try a dish*
la	receta casera	*recipe for a homemade dish*
la	recolección	*harvest*
	relleno	*filled*
el	sabor	*flavour, taste*
	satisfacer	*to satisfy*
la	tendencia	*trend*
el	trigo	*wheat*
el	trozo	*piece*

5.3 Las lenguas

el	acento	accent
	adaptarse	to adapt
	adoptar	to adopt
el	alfabeto	alphabet
el	analfabetismo	illiteracy
el/la	antepasado/a	ancestor
	bilingüe	bilingual
la	consonante	consonant
la	convivencia	co-existence
el	diálogo	dialogue, conversation
el	discurso	speech
la	diversidad lingüística	linguistic diversity
	editar	to edit
la	enseñanza	(the) teaching
la	entonación	intonation
la	evolución	evolution
	evolucionar	to evolve
	expresarse	to express oneself
el/la	hablante	speaker
la	jerga	slang, jargon
el/la	lector(a)	reader
la	lengua materna	mother tongue
el	lenguaje coloquial	colloquial language
la	letra	letter
la	letra mayúscula	capital/upper-case letter
la	letra minúscula	lower case letter
	mudo	mute
la	oración	sentence, phrase
el	origen	origin
el	prefijo	prefix
	preservar	to preserve
	proceder de	to come from
	publicar	to publish
el	rasgo	feature
el	reconocimiento	acknowledgement
la	sílaba	syllable
	sorprendente	surprising
la	sorpresa	surprise
el	término	term, word
la	terminología	terminology
	tomar prestado	to borrow
la	vocal	vowel

■ Expresiones claves

Analysing statistics and figures

Según …
la cifra
la estadística
el dato
el número de
ha disminuido/aumentado
incrementar
el porcentaje de …
es (significativamente) más alto/bajo
en comparación con
Se puede ver/decir que …
en cuanto a …
un 10 por ciento de …
Se nota que …
Se notan cambios en
la cifra muestra/las cifras muestran
el gráfico indica/los gráficos indican

6 El patrimonio cultural

By the end of this section you will be able to:

		Language	Grammar	Skills
6.1	Sitios históricos y civilizaciones prehispánicas	Understand civilisations that contributed to the cultural heritage of Spain Discuss the pre-Columbian heritage of Latin America	Use the subjunctive efficiently after verbs of emotion, surprise, doubt, etc.	Use the Internet to enhance your work
6.2	Arte y arquitectura	Discuss Spanish and Latin American artists and the role of architecture in Spain	Understand and use efficiently demonstrative and possessive adjectives	Break down comprehension tasks
6.3	El patrimonio musical y diversidad	Understand the diversity of Hispanic music and dance	Use imperatives	Recognise irregular endings: nouns ending in -ma

El patrimonio cultural de España y del mundo hispánico es riquísimo y diverso. A partir del siglo quince España jugó un papel fundamental en la colonización del 'nuevo mundo' – las Américas – y todavía hoy se aprecia su influencia. También lo que descubrieron los españoles al llegar a aquel continente lejano ha contribuido a aumentar el patrimonio. Hoy en día, sitios pre-hispánicos como Machu Picchu o Copán atraen cada año millones de turistas que quieren conocer más sobre las culturas indígenas de las Américas. En cuanto a las artes, desde las pinturas rupestres de hace unos 14.000 años en la cueva de Altamira en el norte de España, hasta los arquitectos y artistas del siglo veintiuno, España y América Latina a menudo se han encontrado en la vanguardia de la cultura.

1 **¿Cuántos de estos nombres reconoces? Divídelos en tres grupos: artistas, arquitectos y músicos.**

1	Joan Miró	6	Santiago Calatrava
2	Antoni Gaudí	7	Francisco Goya
3	Isaac Albéniz	8	Pablo Picasso
4	Plácido Domingo	9	Joaquín Rodrigo
5	José Carreras	10	Salvador Dalí

2 **El artista español Pablo Picasso fue divertido y también muy sabio. En grupo discutid hasta qué punto estáis de acuerdo con los sentimientos de sus palabras de abajo. ¡Hay que defender tus opiniones!**

> Los ordenadores son inútiles. Solo pueden dar respuestas.

> La inspiración existe, pero tiene que encontrarte trabajando.

> Yo no busco. Encuentro.

3 Lee la información en '¿Lo sabías?' y decide si las frases son Verdaderas (V), Falsas (F) o No mencionadas (N).

1 Moctezuma fue el líder de los Aztecas.
2 Hernán Cortes nació en Madrid.
3 A los aztecas les gustaba la equitación.
4 En el siglo dieciséis la capital del Imperio Azteca era una ciudad excepcionalmente grande para la época.
5 A principios de su carrera como artista Picasso trabajó en Cataluña.
6 Santiago Calatrava tiene fama internacional.
7 Si alguien tiene duende, tiene mucha pericia en algún aspecto del flamenco.

4 Con un(a) compañero/a o en grupo, analiza las fotos de las tres viviendas españolas que se ven en las fotos.

- Describe la arquitectura de cada una.
- En tu opinión, ¿cuándo fue construido cada edificio?
- ¿Cuáles serían las ventajas y los inconvenientes de vivir en cada una de las casas?
- Si pudieras escoger, ¿cuál comprarías: la casa tradicional, la casa moderna o un piso en Casa Milà? ¿Por qué?

¿Lo sabías?

- Antes de ser conquistado por los españoles en 1521, el Imperio Azteca había sido un reino muy poderoso. El emperador Moctezuma controlaba unos 130.000 kilómetros cuadrados de tierras entre el Atlántico y el Pacífico.

- El conquistador español, Hernán Cortés, lideró la conquista del Imperio Azteca. Cruzó el Atlántico con una flota de once galeones, más de seiscientos hombres y una manada de caballos.

- Previamente no existían caballos en el continente norteamericano.

- Tenochtitlán fue la capital del Imperio Azteca. Fue una de las mayores ciudades de la época con unos 300.000 habitantes.

- Otro conquistador muy famoso es Francisco Pizarro que lideró la conquista de los incas en Perú.

- A los 17 años Picasso realizó su primera exposición en la sala grande de un restaurante barcelonés llamado Els Quatre Gats, que existe todavía.

- Existe un puente en Manchester diseñado por Santiago Calatrava, un arquitecto español.

- 'Tiene duende' es una expresión que se utiliza en el mundo del flamenco para explicar que una persona posee un talento especial en el cante, en el baile, o al tocar un instrumento musical.

Casa Milà, un bloque de apartamentos

Una casa contemporeánea

Una casa tradicional de Andalucía

A: Sitios históricos y civilizaciones prehispánicas

1a Lee el texto y busca el español.

Cuzco, Perú

En todo el mundo hispánico se pueden encontrar sitios históricos y de interés turístico que nos recuerdan la riqueza arquitectónica y cultural de nuestro pasado. España, por ejemplo, es considerada por muchos expertos como el paraíso de la arquitectura ya que pocos países del mundo reúnen tantos estilos arquitectónicos y edificios tan bellos.

Al otro lado del Atlántico, en cada uno de los paises hispanohablantes, hay también una gran cantidad de impresionantes monumentos y edificios históricos, además de todas las ruinas arqueológicas que dejaron los habitantes de la América precolombina*.

*América precolombina = America before Columbus (pre 1492)

1	wealth	**4**	buildings
2	paradise	**5**	impressive
3	gather	**6**	inhabitants

Estrategias

Using the Internet to enhance your work

- When set with a task, especially a speaking or writing one, consider what information you already know (facts and figures) and what information you lack.

- Research the topic/issue. The Internet can help you improve your work, but be very specific in your searches.

- Do not just copy and paste the information you find; manipulate the sentences for your own purposes.

- Quotes, figures and specific facts. Always acknowledge the source (e.g. *Según un artículo publicado en …* or *El periódico 'El mundo' publicó un sondeo en el que % de españoles …*).

- Ultimately, the more knowledgeable you sound about a topic, the better an impression you will give.

1b Traduce el texto al inglés.

2 Desarrolla tu conocimiento del vocabulario para este tema. Empareja las siguientes palabras.

1	ruinas arqueológicas	**a**	fortress
2	murallas	**b**	windmills
3	cuevas	**c**	caves
4	molinos de viento	**d**	archaeological ruins
5	puente	**e**	bridge
6	barrio judío	**f**	Jewish quarter
7	monasterio	**g**	treasure
8	torre	**h**	walls
9	alcázar	**i**	monastery
10	tesoro	**j**	tower

3 Lee las frases y apunta Verdadero (V) o Falso (F). Luego corrige las frases falsas utilizando Internet si lo necesitas.

1 La Giralda es el nombre que recibe el campanario de la Catedral de Sevilla.

2 En el año 2007 el Teatro Romano de Mérida fue declarado uno de los 12 tesoros de España.

3 Tikal es uno de los mayores yacimientos arqueológicos de la civilización maya y está situado en México.

4 Uno de los patios del Palacio de la Alhambra en Granada recibe el nombre de Patio de los Tigres.

5 Machu Picchu es un antiguo poblado al sur de Perú, en la cordillera de los Andes. El nombre significa 'Montaña Vieja'.

6 Teotihuacán es el nombre que tiene una de las mayores ciudades prehispánicas situadas en México. El nombre significa 'Ciudad de los Dioses'.

4a 〰 **Escucha este informe sobre dos sitios históricos de Sevilla: la Torre del Oro y la Giralda. Selecciona las cuatro frases correctas según lo que has oído.**

1 La Torre del Oro fue construida en el siglo quince.
2 La Torre fue usada en el pasado como lugar para mantener a los prisioneros.
3 La Torre recibe el nombre de Torre del Oro porque hay tesoros y joyas de oro en el interior.
4 Según la leyenda, el Rey Pedro I el Cruel usó la Torre para ver a sus amantes.
5 La Giralda mide unos 140 metros.
6 Gracias a las rampas de la Giralda, se podía llegar arriba a caballo.
7 Los cristianos reformaron la mezquita cuando construyeron la nueva Catedral.
8 Según los turistas, la visita a la Giralda y la Catedral de Sevilla no se puede olvidar.

4b 〰 **Escucha otra vez. Empareja cada número con su definición.**

1 13
2 36
3 104
4 12
5 35

a El número de rampas que tiene la Giralda.
b El siglo en el que se construyó la Giralda.
c La altura de la Torre del Oro en metros.
d El siglo en el que se construyó la Torre del Oro.
e Los metros que mide La Giralda.

5 **Lee el texto "La huella romana en España". Escribe un resumen de 70 palabras. Puedes mencionar los siguientes puntos:**

- el tiempo que estuvieron los romanos en la Península Ibérica y las huellas que dejaron
- la importancia y el uso del acueducto de Segovia y cómo han intentado conservar el monumento
- el valor del Teatro Romano de Mérida.

LA HUELLA ROMANA EN ESPAÑA

Los romanos invadieron la Península Ibérica (hoy en día España y Portugal) en el año 218 antes de Cristo. Durante los siete siglos que los romanos controlaron la Península dejaron una huella muy grande no solo en la lengua, comida y religión sino también en el arte y la arquitectura.

Por toda España se pueden encontrar numerosos sitios históricos de la época romana, como monumentos, puentes, acueductos, teatros y otras ruinas arqueológicas construidas por los romanos. Entre los más famosos están el acueducto de Segovia, el Teatro Romano de Mérida y el Puente Romano de Salamanca.

El acueducto de Segovia es particularmente interesante porque aún hoy conduce aguas de un manantial cercano. En total, recorre más de 15 kilómetros antes de llegar a la ciudad de Segovia. El acueducto se conserva en buen estado pero en 1992 se prohibió el tráfico de coches por debajo de los arcos para protegerlo. Sin embargo, la contaminación sigue afectando al monumento.

El Teatro Romano de Mérida es otra obra de la arquitectura romana que impresiona al visitante por su belleza y precisión. El teatro es Patrimonio de la Humanidad y cada año se celebra allí el Festival Internacional de Teatro Clásico.

Vocabulario

el arco *arch*
dejar (una) huella *to leave a footprint/mark*
entre *amongst*
la época romana *the Roman period*
el manantial *source*
recorrer *to travel*

6 **Escribe un blog de unas 200 palabras sobre la importancia de los sitios históricos en nuestra sociedad. Puedes mencionar:**

- la importancia de preservar nuestro patrimonio para el futuro
- la importancia a nivel económico/laboral
- medidas o iniciativas que podemos introducir para proteger estos sitios.

La Alhambra

La distribución geográfica de tres de las civilizaciones precolombinas

Aztecas
Mayas
Incas

Océano Atlántico

Océano Pacífico

1a Lee el siguiente extracto en voz alta con un(a) compañero/a. Discutid en inglés lo que quiere decir.

Las civilizaciones prehispánicas

El término 'América precolombina' se usa para referirnos al periodo de la historia de América antes de la llegada de Cristóbal Colón en 1492. En español suele usarse como sinónimo de 'América prehispánica'.

Antes de la llegada de los europeos a América, hubo cientos de culturas y civilizaciones a lo largo de todo el continente. Algunas de las más conocidas y nombradas hoy en día son las culturas maya y azteca en Centroamérica y la cultura inca en Sudamérica. Todas estas civilizaciones prehispánicas tuvieron complejos sistemas de organización política y social y unas interesantes religiones y tradiciones artísticas.

1b Utiliza Internet para investigar las características claves de la civilización inca, la civilización maya, y la civilización azteca. Toma notas y discute con un(a) compañero/a las diferencias que encuentras entre ellas.

2 Completa el texto sobre Copán, en Honduras, escogiendo la palabra más apropiada de la lista.

> zona   fundado   talladas   kilómetros
> altar   bellos   monumento   científico

Copán

En Honduras, a algunos [1]_____ de la frontera con Guatemala se encuentra Copán, uno de los más [2]_____ e impresionantes sitios de la civilización maya. Copán es llamada la 'Atenas del Nuevo Mundo'. La construcción de este lugar data del año 460, cuando fue [3]_____ por los Olmecas (una civilización anterior a la civilización maya).

Copán fue utilizada por los mayas como un lugar [4]_____ , donde sus sacerdotes estudiaron astronomía y el ciclo lunar. Cada veinte años los mayas construían allí una 'estela maya', un [5]_____ típico de su cultura construido con piedras y que se usaba como [6]_____ .

Los arqueólogos consideran Copán como un lugar privilegiado por la gran cantidad de estelas magníficamente [7]_____ que han encontrado desde que empezaron a explorar la [8]_____ en el año 1834.

3 Escucha este reportaje sobre una visita a Machu Picchu. Luego, contesta las preguntas.

1 ¿Cuánto tiempo hace que esta chica visitó Machu Picchu con sus amigas?
2 ¿Cómo describe esta chica el Machu Picchu?
3 ¿Qué tipo de lugar es el Machu Picchu dentro del mundo prehispánico?
4 ¿Qué ocurrió en el año 2007?
5 ¿Cómo se llega al Machu Picchu?
6 ¿Qué dice de Cuzco? Menciona al menos dos detalles.
7 ¿Por qué controlan las autoridades el acceso al Machu Picchu?
8 ¿Qué palabra usa la chica para describir la experiencia que tuvo?

4a **Todas estas frases tienen un verbo en subjuntivo. Tradúcelas al inglés.**

1 Es importante que las autoridades prohiban el tráfico cerca de los sitios históricos.
2 Dudaba que hubieras encontrado la mezquita interesante.
3 Me sorprende que estas ruinas arqueológicas no estén protegidas.
4 Mis padres quieren que vaya a ver el Teatro Romano cuando visite Mérida.
5 No cree que los árabes hayan dejado una huella tan importante en España.
6 Hace siglos era normal que los viajeros visitaran ese palacio.

4b **Traduce al español. ¡Cuidado! Todas las frases necesitan el subjuntivo.**

1 It is incredible that they have built a city in the mountains.
2 I am surprised that the mosque is part of the visit.
3 I don't think young people understand the huge importance of pre-Hispanic civilisations.
4 I would like you to have the experience of a holiday in Mexico.
5 It was possible that they didn't accept the new changes.

5 **Discute con un(a) compañero/a las siguientes preguntas.**

- ¿Cuál de estos monumentos te gustaría visitar?
- Si miras las fotos, ¿qué tipo de arquitectura te gusta más: la romana, la prehispánica o la árabe? ¿Por qué?
- ¿Crees que es importante conservar estos sitios históricos para las futuras generaciones? ¿Por qué?
- ¿Qué podemos hacer para ayudar a proteger estos monumentos que son Patrimonio de la Humanidad? Da ejemplos.
- ¿Te parece importante aprender sobre estos monumentos en los colegios? ¿Por qué?

El Puente Romano de Salamanca

Teotihuacan, México

El Alcázar, Sevilla

Gramática

More on the subjunctive

The subjunctive is used to express a mood/attitude of the speaker (wishes, advice, requests, commands, doubt, possibility, surprise, etc.)

It can be used in different tenses: present, perfect, imperfect or pluperfect.

The tense of the subjunctive is ruled by the tense of the verb of emotion/surprise/doubt/possibility, etc.

- *Quiero que visitemos la catedral.*
- *No creo que hayan visitado la mezquita.*
- *Me gustaría que vivieras en Sevilla.*
- *Me sorprendió que hubieras viajado a Sudamérica para tus vacaciones.*
- *Era importante que comprendieran las cifras.*

See pages 155–157.

Expresiones claves

data del siglo dieciséis
dejar secuelas entre las tribus
forzar el cristianismo
la huella de los conquistadores
preservar las raíces
se usaba
siglo tras siglo
suele usarse
tras el descubrimiento de América

"Las Meninas" por Diego Velázquez

Vocabulario

alumbrado *lit*
el enano *dwarf*
la época *period*
el espejo *mirror*
el pincel *paintbrush*
el retrato *portrait*
sevillano *from Seville*
transitorio *transitory, fleeting*

Estrategias

Breaking down comprehension tasks

• Read the text first and then read the questions carefully to understand what is being asked.

• For each question, scan the text for the appropriate section which will enable you to answer it.

• It is quite likely that the start of your answer will already be there in the question eg:
¿En qué año invadieron los musulmanes la Península Ibérica? – Los musulmanes invadieron la Península Ibérica en…

• Do try to use your own words.

• Make sure that the verb in your answer is in the correct person eg. *¿Crees que…? – Creo que* (or *No creo que* +subjunctive).

• Check the grammar of your answers carefully when finished.

---

1 En grupo o con un(a) compañero/a, discute las preguntas siguientes. Justifica tus opiniones.

• ¿Te interesan el arte y la arquitectura?
• ¿Piensas que el arte juega un papel importante en la vida?
• ¿Qué museos de arte has visitado, en Gran Bretaña o en el extranjero? ¿Qué te parecieron?
• ¿Qué género de arte te gusta más? ¿Quiénes son tus artistas preferidos?
• ¿Prefieres el arte clásico o moderno?

2a Lee el texto y busca frases o palabras que signifiquen lo mismo.

1 acabado		**4** pintura		**7** pasajero
2 laico		**5** un rayo		
3 diaria		**6** por otro lado		

DIEGO VELÁZQUEZ

"Las Meninas", que se puede ver en el Museo del Prado en Madrid, es una obra de fama universal. Fue pintada por el sevillano Diego Velázquez en 1656. La época de arte intensamente religioso del siglo anterior, que limitó la libertad de sus pintores, había terminado y así Velázquez pudo introducir en sus obras una perspectiva secular, con representaciones de la vida cotidiana. Fue destinado a ser también el más importante pintor de la Corte de su época, siendo el favorito del Rey Felipe IV.

Hay distintas interpretaciones de este cuadro, "Las Meninas", pero la más lógica es que lo que vemos nosotros es lo que veía el rey mientras Velázquez pintaba su retrato. El rey observa lo que pasa desde el mismo punto de vista que nosotros. Ve su reflejo en el espejo, junto a su esposa, la reina; ve a su hija, la Infanta Margarita, en el centro de la pintura, alumbrada por una ráfaga de luz en una sala que es en contra, bastante oscura; ella, acompañada de sus damas de honor (las meninas) ha venido a ver a su padre mientras que Velázquez ejecuta su retrato; el rey ve a sus enanos cuyo papel es entretenerle; a su perro; a su pintor con su pincel (y en este autorretrato de Velázquez vemos que es un señor importante porque lleva la cruz de Santiago). Es una pintura que captura un momento en la vida de todos estos personajes, un momento transitorio cuyo mensaje, si buscas un significado simbólico, se puede interpretar como una representación de la naturaleza transitoria de la vida.

2b Contesta las siguientes preguntas en español.

1 ¿De dónde era Diego Velázquez?
2 Además de ser un pintor de la Corte, ¿qué le gustaba pintar?
3 Explica cuál era el papel de las meninas.
4 En tu opinión, ¿por qué la pintura se titula "Las Meninas"?
5 ¿Cuál era el papel que jugaban los enanos en la Corte de Felipe IV?
6 Explica con tus propias palabras un posible significado simbólico de la obra.

2c Traduce al inglés el segundo párrafo del texto.

2d Utiliza el texto para traducir estas frases al español.

1 In the Prado Museum there are many world-famous paintings.
2 Velázquez was Felipe IV's favourite court painter.
3 The central figure in Velazquez's "Las Meninas" is the king's daughter.
4 One interpretation of this painting is that we are watching through the king's eyes.
5 It is surprising that Velázquez included a self-portrait in "Las Meninas".

3 Completa las frases con el adjetivo demostrativo más apropiado.

1 ¿Cuál prefieres, _____ jersey que llevo yo, o _____ blusa en el escaparate al otro lado de la calle?
2 _____ libro que está aquí, sobre la mesa, es muy aburrido.
3 Cuando era joven mi padre fumaba; de hecho en _____ días muchas personas fumaban.
4 En _____ colegio, no se permite a los estudiantes comer chicle. Ponlo en _____ cubo de basura por favor.

4 〰 Escucha el reportaje sobre el arte en Latinoamérica y contesta las preguntas.

Primera parte
1 En tus propias palabras, explica brevemente por qué no es de extrañar que no se pueda definir el arte latinoamericano como una entidad única.

Segunda parte
2 ¿De dónde eran Frida Kahlo y Diego Rivera?
3 ¿En qué año murió Diego Rivera?
4 ¿Qué sabes sobre las ideas religiosas y políticas de Rivera?
5 ¿Dónde realizó Rivera un mural?
6 Menciona dos características de la obra de Frida Kahlo.

Tercera parte
7 ¿En qué año y en qué país nació Fernando Botero?
8 ¿Las figuras en sus pinturas son muy delgadas o gordas?
9 ¿En qué año y en qué país nació Ricardo Cinalli?
10 Describe el tamaño de sus esculturas.

La Casa Azúl, México

5 Elige el artista español o latinoamericano que más te guste. Busca información sobre esta persona y escribe un reportaje de 200 palabras sobre su obra, explicando por qué te gusta.

⬔ Gramática

Demonstrative adjectives

In Spanish there are two ways of saying 'that/those', depending on whether the item is nearby or further away. So, to talk about 'that book on the desk in front of you' it would be *ese libro*, whereas 'those houses that you can see out of the window, over there', would be *aquellas casas*.

	masc sing	masc plural
this/these	este	estos
that/those (nearby)	ese	esos
that/those (over there)	aquel	aquellos

	fem sing	fem plural
this/these	esta	estas
that/those (nearby)	esa	esas
that/those (over there)	aquella	aquellas

See page 145.

■ Expresiones claves

las acuarelas
pinturas al óleo
el retrato
el autorretrato
el bodegón
la pintura de paisajes
el arte abstracto/moderno/conceptual
la escultura
me interesa su filosofía
tiene un estilo individual
su obra es intensa/conmovedora/emotiva

1 Discutid en grupo sobre la arquitectura en general. ¿Hasta qué punto estáis de acuerdo con estas frases?

- La buena arquitectura es una forma de arte que enriquece la vida físicamente, psicológicamente, espiritualmente y emocionalmente.
- Vivir o trabajar en un edificio agradable y bien diseñado puede cambiar nuestra manera de pensar y sentir. Nos inspira y fomenta la salud y el bienestar.

2a Lee el texto y decide si las frases son Verdaderas (V), Falsas (F) o No mencionadas (N).

Vocabulario

cuyo/a/os/as *whose*
encargarse de *to take on*
la fachada *façade*
gótico *Gothic*
mudéjar *Muslim (referring to those who remained in Spain after the reconquest without converting to Christianity)*
ondulante *undulating, wavy*

ANTONI GAUDI

En las primeras décadas del siglo veinte llegó el estilo de arquitectura que en España se llamó 'modernista'. Se ven ejemplos de este movimiento en sus diferentes formas por toda Europa – por ejemplo, en Alemania se llama 'Jugendstil'; y en Francia, 'Art Nouveau'.

En España su representante más conocido es el catalán Antoni Gaudí cuyas primeras obras, en las que reinterpretó estilos artísticos del pasado como el gótico y el mudéjar, evolucionaron a otras más naturalistas. Su fuente de inspiración fue siempre la naturaleza con sus formas vivas y ondulantes. La mayoría de sus obras se encuentran en Cataluña y la más famosa de todas es sin duda, el templo de la Sagrada Familia en Barcelona que es una joya arquitectónica a nivel mundial. Desgraciadamente el arquitecto murió en 1926, después de ser atropellado por un tranvía. Posteriormente otros arquitectos se han encargado de continuar esta obra. Ahora se estima que con suerte se finalice en 2026 – más de 140 años después de su inicio en 1882.

Otros edificios de Gaudí que atraen mucha atención incluyen la Casa Batlló en Barcelona con su hermosa fachada; Casa Milà (apodada 'La Pedrera') cuya azotea está poblada de chimeneas fantasmagóricas – y no hay que olvidar el Parque Güell en el norte de la ciudad con sus esculturas y paredes de cerámica multicolores y vivas.

La Sagrada Familia, en Barcelona

1 El modernismo no tuvo equivalente en otras partes de Europa.
2 Antoni Gaudí tomó muchas de sus ideas de lo que vio en el mundo natural.
3 A Antoni Gaudí se le conoce como 'el arquitecto de Dios'.
4 Lo que es de mucho interés en la Casa Batlló es su exterior.
5 Las chimeneas de la Pedrera son alucinantes.
6 Es posible que Antoni Gaudí sea beatificado (es decir que un día la iglesia católica le hará santo).
7 El Parque Güell es famoso por sus chimeneas.

2b Escribe un resumen de unas 70 palabras del texto sobre Antoní Gaudí de la página anterior. Debes utilizar tus propias palabras. Puedes mencionar los siguientes puntos:

- en qué época y en que género de arte trabajó
- cuáles fueron las fuentes de su obra
- el Templo de la Sagrada Familia y otras obras suyas.

3 Traduce las frases al español.

1 The wonderful examples of architecture built by the Moors in Andalusia are testament to their high level of culture.
2 The mosque in Córdoba is one of the oldest in the world.
3 Its arches and columns in the interior are like a forest in which it is easy to get lost.
4 There are those who don't agree that the Sagrada Familia is one of the jewels of Spanish architecture.
5 Amongst his buildings in Barcelona Gaudí is famous for the beautiful Casa Batlló and for La Pedrera whose chimneys are fantastic.
6 With its colourful ceramic sculptures and organic forms, the Parque Guell is an exciting place to visit.

4 ⟿ Escucha el reportaje sobre César Manrique y contesta las preguntas.

1 ¿Dónde y en qué año nació César Manrique?
2 Tuvo dos objetivos; menciona uno de ellos.
3 Fue pintor, arquitecto, _____ y _____ .
4 ¿En qué disciplina tenía formación formal?
5 ¿En qué década comenzaron sus esfuerzos para conseguir sus objetivos?
6 ¿Qué materiales prefería?
7 Describe la ubicación de su propia casa.
8 ¿En qué isla está situado el Lago de la Costa de Martiánez?
9 ¿Qué es el Lago de la Costa de Martiánez?
10 ¿Cuándo y cómo murió César Manrique?

5 Después de escuchar sobre César Manrique, mira las dos fotos y busca por Internet otras fotos de sus obras. Después comparte con tus compañeros tus opiniones sobre los siguientes puntos.

- En tu opinión ¿cómo respeta la obra de Manrique el estilo arquitectónico de la isla?
- Mira las fotos para discernir los materiales que utiliza en la construcción.
- De lo que has visto, ¿piensas que Manrique cumplió su meta de convertir la isla de Lanzarote en "uno de los lugares más hermosos del planeta"?
- ¿Piensas que puede ser exitoso mezclar la arquitectura tradicional y moderna en el mismo edificio? ¿Por qué/por qué no?
- ¿Has observado la influencia de otros artistas en la obra de César Manrique?

⬛ Expresiones claves

he escogido este edificio porque …	fue construido por …
un edificio/monumento imponente/ majestuoso/simbólico/histórico/ tradicional	fue construido para …
	típico de …
el estilo arquitectónico es …	una joya arquitectónica
	representa …

⌨ Gramática

Possessive adjectives and pronouns

Possessive adjectives precede and agree with the noun:

mis hermanos; nuestros padres, nuestras tías.

Possessive pronouns follow the noun or are freestanding. A definite article is required with possessive pronouns except when it is introduced with part of the verb *ser*.

No es mi chaqueta. La mía es más grande. Prefiero aquella chaqueta tuya.

¿Paco, tienes tu billete? Yo tengo los nuestros, y Señor Moya, este es el suyo.

See pages 146–147.

El Taro de Tahíche, la casa del artista lanzaroteño César Manrique

**Los Jardines de Aranjuez,
un lugar de inspiración**

1 **¿Reconoces algunos de estos nombres? Empareja las dos partes de cada frase y luego tradúcelas al inglés.**

1 Isaac Albéniz y Enrique Granados fueron dos compositores clásicos …
2 María de Montserrat Caballé es …
3 Violeta Parra era una cantante, compositora y activista social chilena …
4 Joan Manuel Serrat es un cantante, compositor, poeta y …
5 José Plácido Domingo es un tenor, director de orquesta, productor y compositor español que formó …
6 Orishas fue un grupo de hip-hop cubano con fama internacional …

a una cantante lírica española con tesitura de soprano.
b que mezclaba elementos de música folk en sus letras de canciones con crítica a la sociedad.
c que nacieron en el siglo diecinueve y murieron en el siglo veinte.
d parte del trio de los tres tenores con el italiano Luciano Pavarotti y su compatriota José Carreras.
e cuya música contribuyó a establecer una identidad afro-cubana.
f músico español cuya obra tiene influencias de otros poetas, como Antonio Machado, Miguel Hernández, Rafael Alberti y Federico García Lorca.

2 〰 **Escucha esta información sobre el compositor Joaquín Rodrigo y sus obras. Luego contesta las preguntas.**

1 ¿En qué provincia de España nació Rodrigo?
2 ¿En qué fecha nació?
3 Rodrigo nació el día de Santa Cecilia: por el reportaje, ¿qué sabes de ella?
4 ¿De qué discapacidad padeció Rodrigo? ¿A consecuencia de qué?
5 Según el reportaje, ¿qué dos adjetivos describen la música de Rodrigo? *pesimista; refinada; optimista; alegre; luminosa; lenta; moderna*
6 ¿Cómo se caracteriza la estética de su música, nombrada "neocasticismo"?
7 Menciona tres tipos de música que compuso.
8 ¿Para qué instrumentos compuso "El Concierto de Aranjuez"?
9 Menciona dos aspectos de los jardines del palacio de Aranjuez evocados en "El Concierto de Aranjuez".

3a **Traduce estas frases al español, usando la forma singular *usted* del imperativo.**

1 If you like music, listen to the "Concierto de Aranjuez".
2 Listen to the song.
3 Go to the theatre to see "El Sombrero de Tres Picos".
4 Visit Cataluña and dance the Sardana!
5 Don't forget that flamenco originates from a mixture of cultures.

3b **Ahora tradúcelas usando la forma plural *ustedes*.**

⊞ Gramática

Imperatives

The imperative is used for commands or instructions.

For the informal singular *tú* form, take the *tú* form of the present tense and remove the final *'s'*.

To use the plural *vosotros* form take the infinitive of the verb and replace the final *'r'* with *'d'*.

For the formal *usted* or *ustedes* use the third person of the subjunctive:

mire la vista; suban las escaleras

For all negative commands, add the negative word and then use the present subjunctive as appropriate:

no subas; no compréis; no mire; no coman

For more details, including exceptions, and position of pronouns, see pages 157-158.

4a Antes de leer este fragmento del poema 'Retrato', empareja la palabra o la frase con su definición.

un huerto	ropa no muy elegante o de moda
ni un seductor Mañara ni un Bradomín	me enamoré
torpe aliño indumentario	un barco
la flecha que me asignó Cupido	sitio en el que se cultivan legumbres, verduras y frutas
la nave	dos mujeriegos famosos

Antonio Machado (1875-1939) es uno de los más importantes poetas españoles. En el poema 'Retrato' pinta su autorretrato. El músico, cantante y compositor, Joan Manuel Serrat ha compuesto la música para este poema y para muchos más de Machado.

Retrato – Antonio Machado

Mi infancia son recuerdos de un patio de Sevilla,
y un huerto claro donde madura el limonero;
mi juventud, veinte años en tierras de Castilla;
mi historia, algunos casos que recordar no quiero.

Ni un seductor Mañara, ni un Bradomín he sido
¿ya conocéis mi torpe aliño indumentario?,
más recibí la flecha que me asignó Cupido,
y amé cuanto ellas puedan tener de hospitalario.

¿Soy clásico o romántico? No sé. Dejar quisiera
mi verso, como deja el capitán su espada:
famosa por la mano viril que la blandiera,
no por el docto oficio del forjador preciado.

Y cuando llegue el día del último viaje,
y esté al partir la nave que nunca ha de tornar,
me encontraréis a bordo ligero de equipaje,
casi desnudo, como los hijos de la mar.

Antonio Machado

Joan Manuel Serrat

4b Contesta estas preguntas según la información en el poema.

1 ¿Dónde nació Machado? ¿Piensas que se quedó allí durante muchos años?
2 ¿Qué impresión tienes de su infancia? ¿Fue acomodada o pobre? ¿Cómo lo sabes?
3 ¿Qué aprendes de su apariencia y de su carácter?
4 ¿De qué habla en la última estrofa?

5 Contesta las siguientes preguntas, luego discute el tema con un(a) compañero/a o en grupo.

• ¿Qué importancia tiene la música para ti?
• ¿Piensas que el aprendizaje de un instrumento musical debería ser obligatorio en las escuelas? ¿Por qué (no)?
• ¿Cuáles son las ventajas de saber tocar un instrumento?

Expresiones claves

facultativo
calmante
distraer
un buen espíritu de equipo
ganar confianza
relajante
ayuda a concentrarse
generar
una buena disciplina
hacer las prácticas

1a Lee el artículo. ¿Cuál de los bailes regionales mencionados en el texto es…

1 ¿el más conocido?
2 ¿el que se baila en varias provincias?
3 ¿el que se baila en el noreste del país?

1b ¿Qué simbolizan los libros sagrados de las distintas religiones que se han colocado en el Museo del Baile Flamenco?

El baile y el mundo del flamenco

Cada región de España tiene sus bailes típicos, por ejemplo la Sardana de Cataluña, el Aurresku del País Vasco, o distintas formas de la Jota que se bailan en muchas comunidades, pero lo que es cierto es que de todos los bailes españoles, el baile tradicional de Andalucía, el **Flamenco** es el más conocido a nivel internacional.

Desde 2010, el baile flamenco está considerado por la UNESCO como **Patrimonio Cultural de la Humanidad**. Detrás del baile flamenco coexisten unas normas y unas tradiciones únicas que han dado lugar a un lenguaje propio del que derivan términos como la expresión ¡olé! o *duende*, que la Real Academia Española define como encanto *misterioso e inefable*. Los instrumentos necesarios para tocar música flamenca son la voz, las palmas y la guitarra española. Un guitarrista flamenco recibe el nombre de tocaor y quien baila se denomina *bailaor* o *bailaora*.

El Museo del Baile Flamenco en Sevilla fue fundado por la bailaora famosa, Cristina Hoyos. Está ubicado en un palacio del siglo dieciocho a poca distancia de la Catedral de Sevilla. Ofrece un lugar de encuentro abierto a todos los aficionados del flamenco y a todos los que buscan un mejor conocimiento del arte.

El flamenco se desarrolló por la mezcla de culturas que han pasado por Andalucía y para representar esta fusión de culturas colocaron una caja que contiene la Biblia, el Talmud, el Torah, el Corán, el Vedas, y el Tripitaka en los cimientos del museo y también, como símbolo del lugar de paz y entendimiento que es el museo, una rama de olivo.

1c Traduce las frases al español.

1 There are many regional dances in Spain but flamenco is the best known.
2 If you want to discover more about flamenco, there is a lot of information in the Flamenco Museum in Seville.
3 It is important to remember that flamenco has evolved through a mix of many cultures.
4 An olive branch is a symbol of peace and so there is one in the museum.
5 Today flamenco has many followers throughout the world.

1d Escribe un resumen de unas 70 palabras del texto, desde 'Desde 2010' hasta 'una rama de olivo'. Puedes mencionar los siguientes puntos:

- qué pasó en 2010 y cuáles son las características del baile flamenco
- algunos datos sobre el museo
- el origen del baile flamenco y cómo se representa este origen en el museo.

2a 〰 **Escucha la primera parte de este reportaje sobre "El sistema" de Venezuela y decide si estas frases son Verdaderas (V), Falsas (F) o No mencionadas (N).**

1 El fundador de "El Sistema" es músico profesional.
2 Según el fundador, cada niño tiene el potencial de hacerse músico.
3 La participación en una actividad musical puede dar confianza a los niños.
4 "El Sistema" fue fundado hace catorce años.
5 Si quieren que sus niños participen en "El Sistema", los padres tienen que contribuir a los gastos.

2b 〰 **Ahora escucha la segunda parte y rellena los huecos con la palabra adecuada.**

A un niño que nace con [1]_____ sociales, el [2]_____ de un instrumento musical "le abre un camino [3]_____", le "ennoblece" y "dignifica", [4]_____ Abreu que señala que ese chico músico, además, llena de [5]_____ a su familia, a su [6]_____ y a sí mismo al poder representar con dignidad a su país en cualquier parte del mundo. "El desarrollo de la música [7]_____ muchas potencialidades intelectuales [8]_____ en los niños, por ejemplo favorece el talento matemático", apunta el fundador de más de [9]_____ orquestas y casi 400 coros venezolanos que componen "El Sistema", en el que se forman más de [10]_____ chicos y jóvenes.

2c 〰 **Tras escuchar la tercera parte, contesta las preguntas siguientes en frases completas.**

1 Da dos ejemplos de cómo ayuda la música al desarrollo intelectual de los participantes, según el fundador de El Sistema.
2 Menciona dos destinos para las giras de las orquestas venezolanas al extranjero.
3 ¿Cuál ha sido el resultado de las giras al extranjero?

3 **Escribe unas 150 palabras sobre el siguiente tema. Primero estudia las tres fotos sacadas en Venezuela.**

- Describe la situación social y económica que ves en la primera foto y explica el significado de la progresión ilustrada por las fotos.
- ¿Piensas que es realista creer que aprender un instrumento musical puede transformar la vida de un niño?
- En tu opinión, ¿ser miembro de una orquesta puede ser una experiencia que cambia la vida?

⬚ Estrategias

Recognising irregular endings: nouns ending in *-ma*

It is very easy to be caught out by a large number of Spanish words which end in *–ma* but are in fact masculine. It is important you remember these common ones:

El clima; el diagrama; el dilema; el drama; el fantasma; el lema (slogan); *el panorama; el poema; el problema; el programa; el síntoma* (symptom); *el sistema; el tema; el trauma*

■ Expresiones claves

la miseria
un barrio de chabolas
problemas sociales
falta de asistencia social
animar a los jóvenes
la mejoría académica
la disciplina del aprendizaje
la responsabilidad colectiva
el desarrollo de la confianza
un sentido de logro

¡Demuestra lo que has aprendido!

1 Lee las palabras que pertenecen a este tema y emparéjalas con su equivalente en inglés.

1	compositor	**a**	mark
2	alcázar	**b**	wall
3	herencia	**c**	to impress
4	obra	**d**	canvas
5	época	**e**	brushstrokes
6	ritmo	**f**	exhibition
7	impresionar	**g**	composer
8	autorretrato	**h**	period
9	escultura	**i**	self-portrait
10	lienzo	**j**	rhythm
11	huella	**k**	sculpture
12	mezquita	**l**	heritage
13	cuadro	**m**	fortress
14	pinceladas	**n**	work
15	exposición	**o**	painting
16	muralla	**p**	mosque

2 Completa las siguientes frases escogiendo la palabra apropiada de la lista. ¡Cuidado! Sobran palabras.

1 La Torre del Campanario de la Catedral de Sevilla tiene a lo alto de su _____ una figura que se llama 'El Giraldillo'.
2 México es uno de los países latinoamericanos con mayor número de _____ arqueológicos mayas.
3 Durante _____ ocho siglos los árabes crearon un gran imperio en España.
4 Los incas son los responsables de _____ de las mayores civilizaciones prehispánicas.
5 Muchos sitios históricos de la época romana impresionan _____ su belleza.
6 Los aztecas tuvieron complejos _____ de gobierno.
7 La Alhambra presenta sofisticados _____ de agua para refrescar y regar todos los jardínes y patios.

> una   para   por   canales   ruinas   estructura
> sistemas   uno   dioses   más   casi   yacimientos

3 Empareja cada persona o lugar con su descripción.

1	Antoní Gaudí	5	César Manrique
2	Machu Picchu	6	Salvador Dalí
3	Joaquín Rodrigo	7	Frida Kahlo
4	La Alhambra		

a Compositor del famoso "Concierto de Aranjuez" para guitarra.
b Palacio construido por los árabes en Granada.
c Representante del modernismo catalán.
d Pintora mejicana famosa por pintar muchos autorretratos.
e Poblado de la civilización inca en Perú.
f Pintor español surrealista, autor de famosos cuadros que reflejan sueños y el subconsciente.
g Artista de Lanzarote que buscó la armonía entre el arte y la naturaleza.

4 Analiza y traduce al inglés las frases siguientes. Pon especial atención a las palabras subrayadas.

1 Este baile, conocido como el flamenco, se relaciona con el pueblo gitano y se baila en toda Andalucía.
2 ¡Venga al concierto de estos dos compositores! ¡No llegue tarde!
3 ¡Vaya a las fiestas de San Isidro este año y baile un chotis mientras esté allí!
4 Estos participantes deben cogerse de las manos y bailan la Sardana todos los años en las fiestas del Día de Cataluña.

¡Haz la prueba!

1a 📺 Lee el texto y busca los sinónimos.

1 odiado
2 indudablemente
3 impresionantes
4 niñez
5 fallecimiento
6 dejar huella

[6 marks]

DALÍ Y EL SURREALISMO

Salvador Dalí dijo una vez: *"Seré un genio y el mundo me admirará. Quizá seré despreciado e incomprendido pero seré un genio, un gran genio, porque estoy seguro de ello".*

Sin lugar a dudas, la historia del arte español tiene en Dalí a uno de los mayores representantes del surrealismo, un movimiento artístico de principios del siglo veinte conocido por sus impactantes imágenes de sueños, fantasías y del subconsciente. Dalí fue pintor, escultor, dibujante, escritor … un artista a todos los niveles. Sus obras fueron y son continuamente comentadas y admiradas por su originalidad. Son ejemplos de su talento y excentricidad.

Su infancia estuvo marcada por la muerte de su hermano, lo que creó en él una crisis de personalidad. Dalí llegó a pensar que él era una copia de su hermano muerto, 'como dos gotas de agua'. A lo largo de su vida, el artista viajó por el mundo e incluso vivió en los Estados Unidos en la década de los cuarenta. Para entonces ya estaba casado con su gran amor, Gala, una mujer que fue una gran fuente de inspiración y felicidad para él.

Otra de sus frases famosas fue *"Si muero, no moriré del todo"*. Está claro que Salvador Dalí sabía muy bien que su trabajo iba a marcar la historia del arte a nivel mundial.

📌 Consejo

Answering comprehension questions

Always consider one important aspect when answering comprehension questions (both for listening and reading activities):

- The word(s) the question starts with:
  Many questions start with *por qué, a quién, quiénes, de quién, cuándo, dónde, cuántos/as, qué, cuáles,…* These question words will give you a focus for the answer and what to look for in the text or extract.

1b 📺 Lee otra vez el texto y decide si las frases siguientes son Verdaderas (V), Falsas (F) o No mencionadas (N).

1 Dalí se consideraba a sí mismo una persona con enorme talento.
2 El surrealismo es un movimiento artístico nacido en otro país.
3 Dalí fue el único representante del surrealismo a principios del siglo veinte.
4 Muchos cuadros surrealistas representan lo que ocurre en nuestra mente mientras dormimos.
5 Durante su niñez, la pérdida de un pariente cercano marcó la personalidad del pintor.
6 Dalí contrajo matrimonio con Gala en los años cuarenta.
7 El pintor no sabía que su obra dejaría huella en la historia del arte.

[7 marks]

2 📺 Completa el texto escogiendo la palabra apropiada de la lista.

El tango

El tango es un baile que tiene sus [1]_____ en las zonas más pobres y desfavorecidas de Buenos Aires (en Argentina) y Montevideo (en Uruguay). Es un baile popular y consiste en una danza [2]_____ entre una pareja que baila prácticamente [3]_____ . Esto implica una gran relación emocional entre ambas personas. Los [4]_____ son lentos y rápidos, y demuestran la pasión y el amor (o a veces el desamor) existente entre los amantes.

Muchas de las [5]_____ de las canciones de tango suelen [6]_____ las emociones y tristezas que [7]_____ los hombres y las mujeres «en las cosas del amor»

Uno de los cantantes más famosos en el mundo del tango fue el argentino Carlos Gardel, quien [8]_____ en una estrella mundial antes de [9]_____ la vida en un accidente de avión en el año 1935.

Desde el año 2003 se celebra en Buenos Aires el Campeonato Mundial de Baile de Tango y en 2009 la Unesco [10]_____ el tango Patrimonio Cultural Inmaterial de la Humanidad.

letras   sienten   perder   abrazada   expresar
se convirtió   sensual   declaró   raíces   pasos

[10 marks]

3a 🎵 Escucha este informe sobre "Guernica", un cuadro de Pablo Picasso. Responde a las preguntas en español con la información necesaria, de forma breve y concisa. No es necesario hacer frases completas para todas las respuestas.

1 ¿En qué año pintó Picasso "Guernica"? [1]
2 ¿Qué mensaje expresa el cuadro? [1]
3 ¿Qué se dice sobre el uso del color y el tamaño del cuadro? [2]
4 Aparte de una paloma, ¿qué otros símbolos aparecen en el cuadro? [3]
5 ¿Qué ocurrió en 1975 en España? [1]
6 ¿Cuándo dijo Picasso que el cuadro debería volver a España? [1]

[9 marks]

3b 🎵 Escucha otra vez y selecciona las cuatro frases correctas según lo que has oído.

1 Picasso pintó "Guernica" a finales de la década de los veinte.
2 El País Vasco fue una fuente de inspiración para muchos cuadros de Picasso.
3 Guernica era el nombre del pueblo que fue bombardeado durante la Guerra Civil.
4 "Guernica" utiliza nueve colores para expresar el mensaje de sufrimiento.
5 Entre los seres humanos pintados en el cuadro hay un guerrero.
6 España empezó una larga época dictatorial tras la victoria de Franco en la Guerra Civil.
7 Picasso apoyaba la dictadura de Franco.
8 Devolvieron finalmente el cuadro a España a principios de los años ochenta.

[4 marks]

4 💬 Practica la gramática que has aprendido. Traduce estas frases al español.

1 Show me the differences between the regional dances in Spain.
2 I am surprised you have never seen the Guernica. It is in a permanent exhibition at the Reina Sofía Museum in Madrid.
3 Tell me the truth! Do you like dancing *flamenco* and *sevillanas* or do you prefer to play the castanets?
4 I don't think you understand the quality of this masterpiece. It is the work of a genius.
5 Don't forget you can't visit the palace and the fortress on Sundays.
6 The government wants the councils to look after our national heritage. Schools must also promote the importance of our art, music and architecture.

[18 marks]

5 💬 Lee el texto, luego escribe un resumen usando un máximo de 70 palabras. Responde con frases completas.

El patrimonio musulmán

España posee una rica historia arquitectónica – desde la época de los romanos hasta los tiempos actuales. La arquitectura de la civilización de Al-Ándalus sigue siendo una de las maravillas del patrimonio ibérico. Aparte de ser un reflejo artístico del poder de los musulmanes en la península, es también testigo de su alto nivel cultural. Entre los muchos ejemplos que quedan, la Mezquita de Córdoba, construida en el siglo ocho es para muchas personas una de sus joyas. Además, es uno de los edificios más asombrosos del mundo.

Una vez dentro de la mezquita, uno se pierde y se desorienta en un bosque de ochocientas cincuenta columnas de mármol, jaspe y granito sobre las que se apoyan trescientos sesenta y cinco arcos de herradura bicolores. Esta forma de arquitectura ha facilitado la creación de un lugar a la vez misterioso y reverencial en que el sentido de desorientación es el resultado de un sistema arquitectónico 'democrático' que hace que todo el mundo se sienta igual.

Después de la reconquista de Córdoba por los cristianos, éstos utilizaron la mezquita para celebrar sus oficios, y luego en el siglo dieciséis, cuando los moros fueron definitivamente expulsados de la península ibérica, construyeron la catedral renacentista en pleno corazón de la mezquita. Aunque esta construcción también representa un ejemplo impresionante de la arquitectura de su propia época, hay los que consideran que su construcción no fue más que una forma de vandalismo cultural.

Incluye:

- la importancia de la Mezquita de Córboda a nivel artístico [2]
- la forma y materiales del edificio por dentro [2]
- lo que pasó en el siglo dieciséis [3]

Hay cinco puntos adicionales por la calidad de tu español escrito. En la medida de lo posible, debes utilizar tus propias palabras.

[12 marks]

Vocabulario
el arco *arch*
el bosque *forest*
enriquecer *to enrich*
la herradura *horseshoe*
la joya *jewel*
el mármol *marble*
el testigo *witness*

6 Traduce al inglés este extracto sobre la Isla de Pascua, una isla de Chile, que se llama *Rapa Nui* en la lengua indígena.

En la isla de Pascua, en febrero de cada año se celebra el *Tapati*, la principal festividad de la isla, que dura dos semanas. Hay una serie de ceremonias ancestrales como, por ejemplo, una competición de pintura ancestral o una competición donde algunos jóvenes descienden sobre troncos de árboles por una colina a gran velocidad. Hay danzas típicas de la isla y también eligen a la reina de la isla, que es coronada en la primera luna del mes. La isla de Pascua es un lugar protegido por la Unesco, dado que es Patrimonio de la Humanidad desde 1995.

[10 marks]

7 ¿Merece la pena cuidar del patrimonio cultural?

En esta unidad has aprendido sobre el patrimonio cultural en el mundo hispánico (sitios históricos, arte, arquitectura, música, bailes).

El Valle de los Caídos, construido durante el régimen de Franco.

Un baile tradicional, en las Islas Baleares

Utilizando la información que has aprendido, discute lo siguiente:

- ¿Te sorprende que haya gente que no respete los sitios históricos?
- ¿Crees que debemos restringir el acceso de los turistas en los sitios históricos? ¿Por qué sí/no?

- ¿Qué piensas de los lugares históricos como El Valle de los Caídos, que tienen un pasado ligado a la dictadura en España? ¿Debemos mantenerlos como parte de la historia o deben ser destruidos porque causan dolor y malos recuerdos?

6.1 Sitios históricos y civilizaciones prehispánicas

el	acantilado	*cliff*
el	alma	*soul*
la	altura	*height*
el	ancho	*width*
	antiguamente	*in the past /formerly*
los	baños romanos	*Roman baths*
el	barrio	*neighbourhood/area/district*
el	campanario	*bell tower*
el	ciclo lunar	*cycle of the moon*
	colonizar	*to colonise*
el/la	conquistador(a)	*conqueror*
la	cordillera	*mountain range*
	coronar	*to crown*
la	creencia	*belief*
	dejar	*to leave*
	enriquecer	*to enrich*
el	enriquecimiento	*enrichment*
la	herencia	*legacy*
	en honor a	*in honour of*
la	huella	*trace/footprint/fingerprint*
	laborioso	*laborious*
	medir	*to measure*
los	muertos	*(the) dead*
	originariamente	*originally*
la	peregrinación	*pilgrimage*
	peregrinar	*to make a pilgrimage*
la	población aborigen	*indigenous population*
el	poblado	*village, settlement*
	privilegiado	*privileged*
el	pueblo indígena	*indigenous people/indigenous settlement*
la	rampa	*ramp*
	rezar	*to pray*
la	riqueza	*wealth*
el	sacerdote/	*priest*
la	sacerdotisa	
el	santuario	*shrine*
	saquear	*to loot*
la	sepultura	*grave, tomb*
el	tesoro	*treasure*
el	valor	*value*
	valorar	*to value*
los	vivos	*(the) living*
el	yacimiento arqueológico	*archaeological site*
la	zona rural/urbana	*rural area/urban area*

6.2 Arte y arquitectura

el	acero	*steel*
el	arco de herradura	*horseshoe arch*
el/la	arquitecto/a	*architect*
el	autorretrato	*self-portrait*
el	azulejo	*tile*
la	bóveda	*vault*
el	colorido	*colouring*
	construir	*to build*
el	cristal	*glass*
el	cuadro	*painting, canvas*
	destrozar	*to wreck, ruin*
	destruir	*to destroy*
	edificar	*to build*
el/la	enano/a	*dwarf, little person*
	esculpir	*to sculpt*
el/la	escultor(a)	*sculptor*
	espectacular	*spectacular*
el	espejo	*mirror*
el	estilo arquitectónico	*architectural style*
el	estilo pictórico	*pictorial style*
la	fachada	*façade, front of a building*
la	forma recta	*straight form/shape*
el	género arquitectónico	*architectural genre*
el/la	genio	*genius*
el	hierro	*iron*
el	interior	*(the) interior*
la	joya arquitectónica	*architectural jewel*
el	ladrillo	*brick*
el	lienzo	*canvas, painting*
la	madera	*wood*
el	mural	*mural (painting)*
la	obra de ingeniería	*work of engineering*
la	obra maestra	*masterpiece*
	ondulante	*wavy*
la	pared	*wall*
	piedra	*stone*
el	pincel	*paint brush*
la	pintura retratista	*portrait painting*
la	pirámide	*pyramid*
	retratar	*to paint (a portrait), to portray*
el	retrato	*portrait*
el	techo	*roof, ceiling*
la	vidriera	*stained glass window*

6.3 El patrimonio musical y su diversidad

acompañar	*to accompany*
animar a alguien	*to encourage someone*
aplaudir	*to applaud*
el aplauso	*applause*
la armonía	*harmony*
el/la bailaor(a)	*(flamenco) dancer*
blandir	*to brandish*
el/la cantaor(a)	*(flamenco) singer*
el/la compositor(a)	*composer*
el contrabajo	*double bass*
desnudo/a	*naked*
el/la director(a) de orquesta	*orchestra conductor*
docto/a	*learned*
la espada	*sword*
el equipaje	*luggage*
evocar	*to bring to mind, to evoke*
la flauta	*flute*
la flecha	*arrow*
la forjador(a)	*forger*
la gaita	*bagpipe*
la genialidad	*brilliance*
el/la gitano/a	*gypsy*
el gran talento	*great talent*
el/la guitarrista	*guitarist*
la melodía	*melody*
mezclar	*to mix*
padecer	*to suffer*
la palma de la mano	*palm of one's hand*
la pandereta	*tambourine*
la partitura	*(musical) score/sheet music*
el paso	*step*
el peregrinaje	*pilgrimage*
la rama	*branch*
rescatar	*to rescue*
el ritmo	*rhythm*
la seña de identidad	*sign of identity/distinguishing mark*
la sinfonía	*symphony*
la sintonía	*theme song*
sonar	*to sound*
el sonido	*sound*
taconear	*to tap/to click one's heels*
el taconeo	*the clicking/the tapping of one's heels*
el tambor	*drum*
tocar una composición	*to play a song/piece of music*
el/la violonchelista	*cellist*

■ Expresiones claves

Frequency/time

a menudo
todos los días
constantemente
toda vez que
actualmente
cada día/semana/año
nunca
casi nunca
a largo plazo
a corto plazo
de vez en cuando
a veces
en este momento
en aquel momento
recién
recientemente
en este momento
en aquel momento
últimamente

1 Dosier de cine A: Estudiar una película

1 **Discute con tu(s) compañero(s) las siguientes preguntas.**

1 ¿Por qué merece la pena estudiar una película?
2 ¿Por qué es importante saber las técnicas que utiliza el director?
3 ¿Qué nos puede enseñar una película española?
4 ¿Cuáles son los aspectos que son necesarios considerar cuando estudias una película?
5 ¿Has visto alguna vez una película española? ¿Te gustó o no?

2 **Para comenzar, necesitas términos cinematográficos. Empareja cada término con su equivalente en inglés.**

1	el vestuario	**a**	shots
2	la utilería	**b**	scene
3	la banda sonora	**c**	sound
4	los planos	**d**	costume
5	el maquillaje	**e**	make-up
6	los efectos especiales	**f**	editing
7	una escena	**g**	props
8	el sonido	**h**	special effects
9	el montaje	**i**	soundtrack
10	los encuadres	**j**	framing

3a **Traduce estas expresiones al inglés para hablar del argumento.**

1 El argumento narra …
2 El argumento describe …
3 El/La protagonista es …
4 Al principio de la película …
5 Al final de la película …
6 En esta escena se ve …
7 Esta escena muestra …

3b **Descríbele a tu compañero/a una película que hayas visto. Tu compañero/a tiene que adivinar qué película es.**

4a **Abajo hay una lista de adjetivos que puedes utilizar para describir los personajes de la película que has estudiado. Categorízalos y dibuja un diagrama de Venn.**

Positivo   Positivo y negativo   Negativo

valiente engreído malhumorado prudente cobarde
encantador fiel ingenuo cortés fiable sensible
polemista de mala leche conservador tacaño severo
terco falso soso coqueta jovial

4b **Busca por Internet un tráiler de una película española. Luego, escribe 50 palabras y analiza cómo se representan los personajes.**

4c **Mira estas imágenes de la película "El Laberinto del Fauno". Escribe una lista de adjetivos para predecir qué tipo de personajes son.**

4d Los personajes llevan adelante la acción, les pasan cosas y pueden evolucionar a lo largo de la película. Empareja cada tipo de personaje con su definición.

Tipos de personaje

1 Personaje principal	**3** Personaje estático	**5** Personaje arquetipo
2 Personaje secundario	**4** Personaje dinámico	**6** Personaje estereotipo

a Estos personajes personifican alguna virtud o defecto de forma idealizada.

b Estos participan en momentos importantes de la narración pero su participación a lo largo de la historia es mucho menor que la del principal y suelen sustentarlos.

c Estos personajes en cambio sí presentan una transformación a lo largo de la narración. Esta puede ser tanto negativa como positiva y generalmente la sufren los personajes principales.

d A estos personajes también se los conoce bajo el nombre de clichés porque son predecibles y representan comportamientos o ideas muy conocidas.

e Son los protagonistas de la historia, por lo que se les presta mayor atención. Es en estos en los que se basa la narración y evolucionan a lo largo de la misma.

f Estos personajes no presentan ninguna evolución a lo largo de la narración. Presentan las mismas características al principio y al final de la historia.

5 Aquí hay una lista de temas que a menudo se exploran en las películas. Utiliza Internet para emparejar los temas con una película. ¡Cuidado! Una película puede tener varios temas.

1 la guerra

2 la familia

3 la feminidad

4 la infancia

5 la identidad cultural

6 la amistad

a "Las Trece Rosas"

b "María, llena eres de gracia"

c "Abel"

d "El Laberinto del Fauno"

e "Ocho apellidos vascos"

f "Volver"

6a Empareja cada película de la actividad 5 con su ambiente cultural y el periodo histórico en el que tienen lugar. Si necesitas ayuda, busca por Internet.

A La película narra una historia violenta en España después de la Guerra Civil y explora dos mundos paralelos que chocan. El primer mundo es la cruel realidad que muestra la inhumanidad de los seres humanos, el otro es la fantasía de una niña que inventa un mundo fantástico para sobrevivir esta vida horrorosa.

B La historia está basada en hechos reales y es uno de los acontecimientos más crueles de la represión franquista. En el ambiente de esta época de posguerra donde los ganadores son victoriosos y los perdedores están desesperados, se mezclaban las ruinas de los edificios y la pobreza de los ciudadanos con el dolor físico y psicológico..

C La historia tiene lugar en México, en un pequeño pueblo donde hay mucha pobreza. Trata de una familia y los problemas que sufren sus miembros debido a su situación económica y las pocas oportunidades que hay para poder mantenerse.

D Al principio de la película la historia transcurre en Colombia donde no hay muchas oportunidades de prosperar. Las protagonistas viajan a los Estados Unidos y el director nos muestra una yuxtaposición entre el sueño americano y los valores tradicionales colombianos.

E En las primeras escenas los protagonistas están en la región de Andalucía pero luego, la acción se traslada a la región del País Vasco. El director utiliza los estereotipos de la gente y las costumbres de estas regiones para crear situaciones cómicas.

F El cineasta relata la historia de dos hermanas y compara las diferencias entre el pueblo y la ciudad. El director explora la noción de abandonar la ciudad para ir al campo para volver a los orígenes. Ha dicho que la película es un homenaje a toda la gente de su pueblo natal.

1 | Dosier de cine A: Estudiar una película

6b Elige una de las películas, que no vas a estudiar en clase, e investiga sus temas y su ambiente cultural, social e histórico. ¿Quiénes son los personajes principales y qué sabes de ellos? Luego, haz una pequeña presentación para tu compañero o para el resto de la clase. (Si no tienes tiempo para ver la película en su totalidad podrás buscar un resumen y algunos comentarios en Internet.)

7a Empareja cada plano con el equivalente en inglés.

Los tipos de plano principales son:

plano detalle

primerísimo primer plano

primer plano

plano medio corto

plano medio

plano medio largo

plano americano

plano entero

plano general

gran plano general

a medium shot	**d** close up	**g** extreme close up	**i** three quarter shot
b medium long shot	**e** whole shot	**h** medium close shot	**j** wide shot
c long shot	**f** foreground shot		

7b Discute las siguientes preguntas con tu compañero/a. Luego contesta las preguntas en español.

1 ¿Qué tipo de planos suele utilizar el director o cinematógrafo?
2 ¿Por qué los usó?
3 ¿Cuál es su efecto?
4 Describe alguno de los planos de una película que te hayan impresionado ¿Por qué?

7c Estos tipos de sonido (1–5) se oyen cuando ves una película. Decide si el sonido es diegético o incidental. Escribe D o I.

1 la banda sonora
2 el diálogo entre dos personajes
3 los efectos de sonido
4 una canción cantada por los personajes
5 una canción que la audiencia oye

7d Discute con tu compañero/a. ¿Qué efecto tiene en el espectador el sonido de una película?

- involucra emocionalmente al espectador
- revela el estado de ánimo o el carácter de un personaje
- cambia el ritmo de la película
- crea tensión
- anticipa una situación determinada

El sonido

El sonido diegético surge de elementos presentes en la escena y es lo que oyen los personajes en la película.

El sonido incidental es lo que oyen los espectadores de la película.

El vestuario y el maquillaje en el cine

El vestuario es hermano del maquillaje y de la caracterización, pues gracias a él se puede recrear una época, un estilo o un medio social. El vestuario siempre transmite algo sobre la edad, el sexo, la religión, la posición social, el oficio o la profesión de los personajes y el periodo de tiempo del que estamos hablando.

El vestuario también ayuda a los actores a transformarse en los personajes de las películas. Las personas que se encargan del vestuario no solo deben estudiar los guiones, también tienen que fijarse en que los actores tengan puesta la misma ropa si graban la misma escena en días diferentes.

También tienen que estudiar historia de la moda para poder elaborar los vestidos de cualquier periodo que les pidan. Deben incluso estudiar la moda de hoy y en día llegan a ser un poco como estilistas, pues también visten a los actores con la ropa que hacen los diseñadores famosos.

El vestuario también tiene que tener en cuenta los accesorios, ya sean collares, sombreros o zapatos.

7e Mira las escenas de "Las Trece Rosas, La despedida de Blanca". Escribe 50 palabras sobre el uso del sonido en estas escenas. Utiliza las ideas de la actividad 7d para ayudarte.

7f Lee el texto y luego pon las frases siguientes en el orden en el que aparecen en el texto.

a Es posible que un actor tenga que llevar la misma ropa durante varios días para rodar la misma escena.

b El vestuario da al espectador la oportunidad de saber más sobre el personaje y la época en que transcurre la historia.

c Es necesario que las personas que se encargan del vestuario sepan mucho sobre la ropa de cualquier época.

d El vestuario ayuda a los actores a transformarse en un personaje creíble.

e Hay una relación importante entre el vestuario y el maquillaje.

8 Mira una escena de "El Laberinto del Fauno" o elige una otra película en español. Luego escribe 250 palabras donde analices la escena. Puedes mencionar los siguientes puntos:

- lo que ocurre en la escena
- la personalidad de los personajes
- qué tipo de personajes crees que son
- el sonido
- los planos
- el vestuario
- los efectos especiales.

1 Dosier de cine B: Ocho apellidos vascos

1a Este es un resumen del argumento de "Ocho apellidos vascos" por Emilio Martínez-Lázaro, el director de la película. Completa el texto, escogiendo la palabra más apropiada de la lista.

> seducción   corazón   consejos   abandonar   conocido   propósitos   apellidos

Rafa, un sevillano que nunca ha salido de Andalucía, decide [1]_____ su tierra natal para seguir a Amaia, una joven vasca que a diferencia de otras mujeres que ha [2]_____ , se resiste a sus técnicas de [3]_____ . Para ello, y en contra de los [4]_____ de sus amigos, decide viajar al pueblo de su pretendida, Argoitia, en el [5]_____ abertzale del País Vasco. Una serie de circunstancias llevarán al joven sevillano a tener que hacerse pasar por un auténtico vasco con ocho [6]_____ , e ir enredándose cada vez más en el personaje para lograr sus [7]_____ .

1b Traduce el texto de la actividad 1a al inglés.

1c Discute con tu compañero/a tu opinión sobre la película. Utiliza las Expresiones claves para ayudarte. Puedes mencionar los siguientes puntos:

- lo que pensaste del argumento
- lo que opinas de los personajes
- lo que pensaste de otros elementos en la película
- por qué recomendarías a otros la película

■ Expresiones claves

me hizo reír cuando …
encontré la escena con … muy conmovedora
merece la pena ver …
este/a actor/actriz hace muy bien el papel de …
el paisaje es uno de los elementos más atractivos
me hizo pensar en …/hace falta destacar …
es una de las mejores películas …
es una película muy entretenida porque …
Las escenas graciosas son…

2a Estas son las descripciones de los cuatro personajes principales de la película. Decide cuál es la de Amaia, Rafa, Koldo o Merche.

1. Una chica vasca que está celebrando la despedida de soltera de una amiga en Sevilla.
2. El típico señorito andaluz que nunca ha salido de Sevilla.
3. Una mujer risueña y afectuosa que se presta a este 'juego amoroso' porque quiere ayudar.
4. Un pescador vasco que solo es capaz de mostrar sus sentimientos si está borracho.

2b Decide qué adjetivos describe a Amaia (A), Rafa (R), Koldo (K) o Merche (M).

1. terco/a
2. cariñoso/a
3. gracioso/a
4. ingenuo/a
5. coqueta
6. protector(a)
7. orgulloso/a
8. reservado/a
9. religioso/a

2c ¿Qué tipo de personaje son Amaia, Rafa, Koldo y Merche? Trabaja con un(a) compañero/a y justifica tus respuestas.

1. Personaje principal
2. Personaje secundario
3. Personaje estático
4. Personaje dinámico
5. Personaje arquetipo
6. Personaje estereotipo

2d Identifica una escena o una secuencia que demuestre estos aspectos de sus personalidades. Escribe un párrafo para cada personaje.

3 Estos son algunos de los temas tratados en la película. Dibuja un mapa mental e identifica algunas escenas que demuestren estos temas.

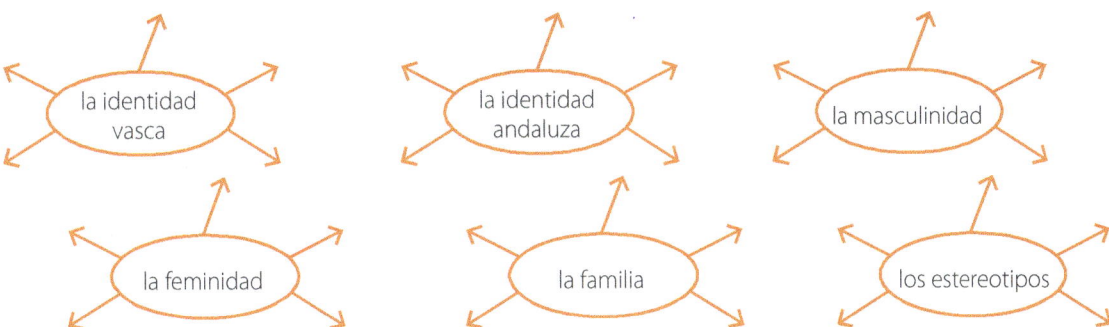

la identidad vasca

la identidad andaluza

la masculinidad

la feminidad

la familia

los estereotipos

4 Utiliza Internet e investiga el ambiente cultural, social e histórico que aparece en la película. Haz una presentación de tres minutos para tu clase.

- la historia de ETA
- la historia de las comunidades autónomas
- el País Vasco
- Andalucía

5a Mira algunos de los planos de la película. Escribe qué tipo de planos son, y el efecto que tienen en la audiencia.

1

2

3

5b Mira una escena y discute con tu compañero/a el uso del sonido. Utiliza las expresiones claves para ayudarte.

- ¿Es el sonido diagético o incidental?
- ¿Qué efecto tiene el sonido en el espectador?

6 Mira una escena de la película. Luego, escribe 250 palabras analizándola. Debes mencionar:

- lo que ocurre en la escena
- la personalidad de los personajes
- qué tipo de personajes crees que son
- el sonido
- los planos
- el vestuario
- el maquillaje.

■ Expresiones claves

el director utiliza un plano … que evoca …
tiene connotaciones de …
nos hace pensar que …
hay una yuxtaposición entre …
el sonido hace que la audiencia …
los efectos especiales impactan porque …
el encuadre en la pantalla da la impresión que …

2 | Dosier de literatura A: Estudiar un libro

1 **Discute con tu(s) compañero/a(s) las siguientes preguntas.**

- Para mejor entender y apreciar una lengua extranjera, ¿cómo nos ayuda el estudio de la literatura del país? Haz una lista de unas cuatro o cinco ideas.
- ¿Estás de acuerdo con el punto de vista de que el estudio de la literatura nos ayuda a entendernos mejor y a entender a otras personas? Justifica tu respuesta.
- ¿Reaccionamos de la misma manera al leer una novela y una obra no ficticia sobre el mismo tema? (Por ejemplo, una novela sobre la Guerra Civil española y una historia de la guerra)
- ¿Crees que la literatura puede ayudarnos a ver el mundo con más perspicacia?
- ¿Qué aspectos tenemos que considerar cuando estudiamos una obra literaria?

Cuando estudias una obra literaria tienes que familiarizarte con:

el vocabulario; el argumento y los temas; los personajes; las técnicas y el estilo y el ambiente cultural, social e histórico de la obra que vas a estudiar.

2a **Las palabras de la tabla de abajo son términos que se relacionan con obras literarias. Empareja cada palabra española con su equivalente en inglés.**

1 el capítulo		**a** sonnet
2 el dramaturgo		**b** stage
3 el poeta		**c** playwright
4 el escenario		**d** novelist
5 la tragedia		**e** rhyme
6 el soneto		**f** act
7 el realismo mágico		**g** episode
8 el monólogo		**h** play
9 el acto		**i** poet
10 la comedia		**j** chapter
11 la estrofa		**k** magical realism
12 las acotaciones		**l** tragedy
13 la rima		**m** monologue
14 el novelista		**n** stage directions
15 la escena		**o** verse
16 el episodio		**p** scene

2b **Decide qué palabras se refieren a una novela (N), una obra teatral (OT) o un poema (P).**

3a **Escribe un breve resumen en español de unas 70 palabras sobre el argumento y los temas de una obra (una novela o una obra teatral) que has leído. El idioma en que fue escrita no importa, pero escoge un ejemplo que te haya inspirado en cierto sentido. Debes utilizar tus propias palabras.**

3b Trabajad en grupo, compartiendo vuestras ideas sobre las obras que escogisteis en la actividad 3a.

4a ¿Cómo describir a un personaje? Estos puntos te darán una idea de lo que debes incluir en el estudio de un personaje, pero primero tendrás que emparejar las dos partes de cada frase.

1. Si es relevante describe la apariencia física del personaje …
2. Discute el trasfondo de tu personaje. Si se mencionan, incluye detalles sobre su historia personal …
3. Escribe sobre la personalidad del personaje. ¿Qué …
4. Analiza las relaciones …
5. Describe de qué manera el personaje cambia o …
6. Analiza el lenguaje que utiliza …
7. Respalda tu trabajo con …

a. … el personaje durante toda la obra.
b. … del personaje con los demás.
c. … crece conforme avanza el argumento.
d. … y explica qué revela su apariencia sobre él/ella como persona.
e. … evidencia textual.
f. … porque inevitablemente, la historia de una persona influencia su personalidad y su desarrollo personal.
g. … valores muestra por medio de sus palabras y acciones?

> **Expresiones claves**
>
> He escogido … porque …
> El escritor desarrolla …
> Los temas reflejan …
> Es una obra muy … porque …
> Mi personaje favorito es …
> Me encanta este género de literatura porque …
> Vale la pena leer …
> Es uno de los mejores libros …
> Recomiendo este libro porque …

4b Una vez emparejadas las dos partes de las frases, tradúcelas al inglés.

4c Aquí tienes una lista de adjetivos para describir a los personajes de una novela u obra de teatro. Ponlos en la sección adecuada.

Positivo   Positivo y negativo   Negativo

contento	triste	optimista
animado	pesimista	egoísta
simpático	sincero	generoso
tímido	tolerante	agresivo
trabajador	perezoso	serio
tonto	antipático	pacífico
vago	fiel	modesto
ingenuo	cortés	sensible
sensato	raro	orgulloso
ambicioso	polemista	encantador
venenoso	valiente	amable
alegre	agradable	de mentalidad cerrada
tranquilo	tacaño	malhumorado
introvertido		

> Los personajes son 'los actores literarios' que desarrollan la acción de una novela o de una obra teatral.
>
> Los protagonistas son los personajes más importantes – son aquellos sobre los que recae el peso del argumento.
>
> Los personajes secundarios son los que sustentan a los principales.
>
> Un portavoz es un personaje sobre el que recae la narración de la acción. Puede ser el/la protagonista, un personaje secundario, o un narrador impersonal y omnipresente que no participa en la acción.

5 **Empareja cada técnica del autor con su definición.**

1 el flashback
2 la verosimilitud
3 un momento de suspense
4 la metáfora
5 una figura retórica .
6 el simbolismo
7 la ironía

a una manera fuera de lo normal de emplear las palabras del idioma
b expresa algo usando una palabra con otro significado
c consiste en alterar la secuencia cronológica de los hechos que se están narrando
d el uso de imágenes para representar un concepto o idea
e hecho de que algo parezca verdad o sea creíble
f lo que se dice con la intención de expresar lo contrario
g un 'cliffhanger'

6a **Empareja cada obra de la lista de libros prescritos con su género (novela/obra de teatro/poema), su ambiente cultural y el periodo histórico en que tiene lugar. Algunos serán obvios pero si necesitas ayuda, busca por Internet.**

Las Obras

1 "Como agua para chocolate" – Laura Esquivel
2 "La casa de Bernarda Alba" – Federico García Lorca
3 "La Casa de los espíritus" – Isabel Allende
4 "El otro árbol de Guernica" – Luís de Castresana
5 "Las Bicicletas son para el verano" – Fernando Fernán Gómez
6 "El Coronel no tiene quien le escriba" – Gabriel García Márquez
7 "Rimas" – Gustavo Adolfo Bécquer

Los géneros

a Es una novela del género 'realismo mágico' escrita por una novelista chilena. Tiene lugar en un país sudamericano anónimo y es la saga de una poderosa familia durante tres generaciones.
b Es una novela del género 'realismo mágico' que tiene lugar en México durante la guerra de independencia a principios del siglo veinte.
c Esta novela fue publicada en 1961. La acción se desarrolla en 1956 en Colombia. El protagonista, un viejo, va cada semana a la oficina de correos con la esperanza de recibir una carta confirmando su pensión de la guerra.
d Es una colección de poemas escritos por un representante del Romanticismo del siglo diecinueve.
e Es una novela que trata sobre los jóvenes vascos evacuados durante la Guerra Civil.
f Es una obra de teatro. Es una tragedia escrita en los años 30 del siglo veinte y tiene lugar en un pueblo español.
g Es una obra de teatro que entrelaza varias generaciones de una familia en Madrid durante la Guerra Civil.

El escritor Gabriel García Márquez, autor de "El coronel no tiene quien le escríba"

Laura Esquivel, la escritora de "Como agua para chocolate"

6b **Discute las preguntas siguientes con un(a) compañero/a.**

- En general, ¿qué género de literatura prefieres y por qué?
- ¿Quiénes son tus autores favoritos?
- ¿Qué te parece la poesía? ¿Eres aficionado/a a ella o no?
- ¿Qué piensas que sería más difícil de estudiar una colección de poemas españole, una novela o una obra de teatro? Justifica tu repuesta.

Si podrías escoger, ¿cuál de los libros de la lista (¡que NO vas a estudiar!) te gustaría más leer, y por qué? Haz una investigación sobre el ambiente cultural, social e histórico de esa obra. ¿Quiénes son los personajes principales y qué sabes de ellos? Haz una pequeña presentación a tu compañero o al resto de la clase. (Si no tienes el tiempo para leer la obra en su totalidad podrás buscar un resumen y algunos comentarios por Internet.)

7a **Lee el breve resumen abajo de "Réquiem por un campesino español". Luego contesta las siguientes preguntas.**

"Réquiem por un campesino español" es una novela de Ramón J. Sender, uno de los novelistas españoles más importantes de la posguerra.

La novela relata los sucesos más importantes de la vida de Paco el del Molino, así como la intriga, la venganza, el miedo y la ira a la que se ve sometido. Paco, que fue asesinado durante la preguerra, es el protagonista de la novela, trágico, inocente, sincero y, quizás, algo idealista. Otro protagonista y narrador de la historia es Mosén Millán, el cura del pueblo. Es el día del réquiem por Paco, el aniversario de su fallecimiento. Mientras que espera la llegada de los asistentes a la misa, Mosén Millán rememora la vida de Paco por etapas, desde su niñez hasta su muerte, de la que, en gran parte, él es responsable.

Durante la novela se escuchan los testimonios de otros personajes: Águeda, la viuda de Paco; el padre de Paco; el monaguillo y La Jerónima, y los asistentes al réquiem (don Valeriano, don Gumersindo y don Cástulo) que celebra Mosén Millán para señalarse aún más como culpable de la tragedia.

El cura del pueblo simboliza y representa a todo el conjunto de la Iglesia, en una dura crítica sobre el papel que ésta adoptó durante la preguerra y la Guerra Civil Española. La narración desde el punto de vista de Mosén Millán resulta sincera e incluso tierna en ocasiones. El papel que ocupa en la obra apenas se llega a comprender del todo hasta el clímax de la novela, en donde se narra la traición del cura del pueblo hacia Paco.

1 ¿Quiénes son los protagonistas de "Réquiem por un campesino español"?
2 ¿Consideras que uno de los protagonistas de "Réquiem por un campesino español" juega un doble papel?
3 En el resumen de "Réquiem por un campesino español", ¿se mencionan algunos de los personajes secundarios?
4 Decide cuáles son los temas de "Réquiem por un campesino español", según la información dada. Explica las razones por las que has sugerido cada uno.

7b **Lee un fragmento de "Réquiem por un campesino español" u otro libro en español. Luego utiliza la evidencia que contiene para escribir unas 250 palabras. Menciona:**

- lo que ocurre
- la personalidad de los personajes
- qué tipos de personajes que crees que son
- los temas
- las técnicas y el estilo
- el ambiente cultural, social e histórico.

Una escena de la película "Requiem por un campesino español"

2 Dosier de literatura B: La casa de Bernarda Alba

1 Completa este resumen de "La casa de Bernarda Alba" por Federico García Lorca, escogiendo las palabras más apropiadas de la lista.

La obra comienza con el funeral del segundo marido de Bernarda Alba. Las criadas, solas en la casa, ponen de manifiesto su odio por Bernarda, persona clasista y autoritaria.

Tras la muerte de su [1]_____ , Bernarda Alba se recluye e impone un [2]_____ riguroso y asfixiante por ocho años, [3]_____ a sus cinco hijas que [4]_____ a la calle. Cuando Angustias, la [5]_____ y la única hija del primer marido, hereda una [6]_____ , atrae a un pretendiente, Pepe el Romano. El joven se compromete con Angustias, pero [7]_____ enamora a Adela, la hermana menor, quien está dispuesta a ser su [8]_____ . Cuando Bernarda [9]_____ de la relación entre Adela y Pepe, estalla una fuerte discusión y Bernarda dispara a Pepe, pero éste escapa. Al escuchar el [10]_____ , Adela cree que su amante se ha muerto y se suicida.

El autor de 'La casa de Bernarda Alba', Federico García Lorca

> luto   amante   fortuna   salgan   primogénita   disparo   esposo   simultáneamente   prohibiendo   se entera

2 Lee los siguientes fragmentos del texto. Decide qué nos dice cada uno sobre el carácter de Bernarda y qué tecnicas (A, B, C, D) ha ulilizado el autor.

La Poncia habla de Bernarda con otra criada:

1 ….¡Mandona! ¡Dominante!

2 Si Bernarda no ve relucientes las cosas, me arrancará los pocos pelos que me quedan.

3 Treinta años lavando sus sábanas; treinta años comiendo sus sobras; noches en vela cuando tose; días enteros mirando por la rendija para espiar a los vecinos y llevarle el cuento; vida sin secretos una con otra, y sin embargo, ¡maldita sea!

Bernarda habla con una criada:

4 Menos gritos y más obras. Debías haber procurado que todo esto estuviera más limpio para recibir el duelo. Vete. No es éste tu lugar *(La criada se va sollozando)*.

Bernarda habla con Adela:

5 Niña, deme un abanico.
   Adela: Tome usted. *(Le da un abanico redondo con flores rojas y verdes)*
   Bernarda: *(Arrojando el abanico al suelo)* ¿Es éste el abanico que se da a una viuda? Dame uno negro y aprende a respetar el luto de tu padre.

Habla con sus hijas:

6 En ocho años que dure el luto no ha de entrar en esta casa el viento de la calle. Haceros cuenta que hemos tapiado con ladrillos puertas y ventanas.

7 *(Avanzando y golpeándola con el bastón)*…

8 ¡Silencio digo!

Una representación de 'La casa de Bernarda Alba', durante *La Festival de Teatro* en las Islas Canarias

> Al leer o ver la obra, aprendemos mucho sobre el carácter de los personajes. Lorca transmite esta información en distintas maneras.
>
> A   A través del diálogo, un personaje nos informa del comportamiento o ideología de otro.
> B   A veces un personaje se describe a sí mismo.
> C   Se conoce a los personajes por su forma de actuar y de sus gestos.
> D   Algunos personajes tienen objetos en su posesión que los identifican.

3 Empareja los temas 1–9 con los acontecimientos en la obra que los ilustran (a–i). ¡Cuidado! Algunos de los ejemplos ilustran más de un tema.

Temas

1 La hipocresía y las falsas apariencias
2 El temor al cotilleo
3 La desigualdad y la injusticia social
4 La marginación y represión de la mujer
5 La honra
6 El conflicto entre la tiranía y la libertad
7 El clasismo
8 El amor
9 El odio y la envidia

Ejemplos

a Se ve la discriminación contra la mujer en el trabajo y ante la ley.
b Bernarda considera que pertenece a una clase superior a los demás y recuerda a sus hijas frecuentemente que había nacido 'con posibles'.
c Sus hermanas envidian a Angustias.
d Es aceptable solo para los hombres. Las mujeres, como la hija de la Librada, que contravienen las normas aceptadas de la sexualidad, sufren la persecución y son marginadas.
e Cuando Adela se suicida, Bernarda insiste en que 'ha muerto virgen'.
f Hay un conflicto entre lo que sienten y creen las hijas y lo que quiere la sociedad.
g Bernarda oculta a su madre para que nadie sepa de su locura.
h Las criadas y los vecinos detestan a Bernarda.
i Bernarda tiene obsesión por la limpieza para evitar la censura de otros.

4 Lee el fragmento de la obra que procede del Acto I, al terminar los funerales, y después de la salida de la última vecina. Después de leerlo, contesta las siguientes preguntas.

1 De este fragmento, ¿qué aprendes del carácter de Bernarda?
2 ¿Qué temas mencionados en la actividad 3 se ilustran en este fragmento?

5a Con un(a) compañero/a empareja cada símbolo con su interpretación.

Símbolo

1 La Poncia se refiere a Bernarda como un lagarto.
2 el bastón de Bernarda
3 los colores verde y rojo
4 el calor opresivo
5 el caballo
6 el agua
7 el mar

Interpretación

a representan la pasión y la sexualidad
b un símbolo de la libertad
c un símbolo de la opresión dentro de la casa
d representa el deseo sexual
e un símbolo de represión
f un símbolo de autoridad
g un símbolo sexual

5b Las acotaciones son las notas que en una obra teatral aclaran lo relativo al escenario, acción o movimientos de los personajes. Lee las acotaciones del principio de cada uno de los tres actos y contesta estas preguntas.

1 ¿Cómo cambia el color de la escena entre actos? En tu opinión, ¿qué significa ese cambio de tonalidad?
2 El primer acto tiene lugar en un salón de recepción; el segundo en una parte de la casa más privada; el tercero en un patio interior – en el centro de la casa. ¿Cómo se puede interpretar esta progresión hacia adentro?
3 ¿Qué simbolizan 'Muros gruesos; Un gran silencio umbroso'?

6 Comparte tus opiniones sobre "La casa de Bernarda Alba" con el grupo. Luego escribe unas 250 palabras sobre la obra, describiendo los aspectos que más te han impresionado – por ejemplo: tu(s) personaje(s) favorito(s); tu opinión sobre los temas principales.

3 Writing an essay about a film or a literary text

It is very important when writing an exam essay on your Spanish set text or film to think carefully about your use of language, your grammar and your accuracy because you are going to be judged on these as well as on the content.

Here we are going to take you through the process of writing an essay in a series of steps though you should aim to devise your own methods too.

Before you start

- Preparation is KEY! Obviously you need a thorough knowledge of the text/film/poem (the source material)
- There will be two questions to choose from; think carefully before making your choice.
- Having decided on your question, read it and reread it to establish EXACTLY what is required, not just what you think is required or would like to be required!

The plan

Introduction

- Explain BRIEFLY what points you intend to explore and develop in the essay.

- Your introduction only needs to be one paragraph but it *must* allow the reader to see that your answer to the question posed is going to be relevant.

Main body of the essay

- You could make bullet points to help you map out the features you need to include and help you to consider a logical structure.

- Having established your list of bullet points, number them in the order you think you should write about them. This will not necessarily be the order in which you thought of the points in the first place.

- Make sure you can provide an example for each point from your knowledge of the source material.

Conclusion

- This is a brief summing-up of your points where you make a judgment or decision about their outcome.

**AS level ONLY: there are bullet points to guide, but it is not compulsory to follow them if you don't want to.

Making the relevant points

- Generally each point will take one paragraph.
- Work through your plan making the relevant points coherently and justifying them with evidence and examples from the source material.
- You must ensure that you use a wide range of structures and vocabulary.

Giving examples

- Each point *must* have an example to illustrate it. The examples could be a direct quote/quotation from the source material or a reference to a specific scene/chapter/verse/line from the source material.

Ensuring relevance

- After giving your examples and at the end of each paragraph, refer back to the title. This should ensure that your answer is relevant.

Checking your work

- You must ensure that you allow yourself sufficient time to reread your essay to check that your manipulation of language is accurate.

Ocho apellidos vascos

1 Plan

Look at the plan this student has written for this essay question.

> *"Describe cómo cambia la relación entre Rafa y Amaia a lo largo de la película".*
>
> • *su primer encuentro*
>
> • *la visita de Rafa al País Vasco*
>
> • *su 'relación'*
>
> • *sus sentimientos al final*

    1   What further points could be added to the plan?

    2   Are there enough/too many points?

    3   Are there enough examples to back up the point?

    4   Could you add any more?

Now write your own plan for this essay.

2 Introduction

> *Hay varias cambios en la relación entre Rafa y Amaia de la película, Ocho apellidos vascos describo y voy a describir y analizar su primer encuentro y la visita de Rafa al País Vasco.*
>
> *Primero, . . .*

    1   Proofread the introduction and correct the mistakes.

    2   What advice would you give to the student who wrote this introduction?

    3   How would you improve it?

Now write your own introduction to the essay.

3 Making points

> *Al principio de la película Amaia está muy cruel pero Rafa está muy enamorada de ella. Cuando se conocen en la boda se besan pero Amaia volve al País Vasco y Rafa decide seguir la a pesar de los consejos de sus amigos, que piensen que Rafa es tonto.*

    1   Proofread the extract and correct the mistakes.

    2   Do you think the point is well-argued? Why (not)?

    3   What examples are there, such as scenes from the film, to back up the student's point?

    4   What cinematic language and techniques could the student use to improve the point?

Now rewrite the point and improve it.

4 Conclusion

> *En concluir, creo que la relación entre Rafa y Amaia cambia un montón a lo largo de la película. Al principio, es una relación de amor y odio pero poco a poco gracias a las situaciones cómicas que experiment juntos y la influencia de los personajes secundarios, como Merche y Koldo, se enamoran.*

    1   Read the conclusion for any errors and correct them.

Highlight in the student's conclusion the following positive aspects:

    2   a clear indication of the start of a conclusion

    3   use of technical vocabulary

    4   the student's opinion

    5   where judgements and decisions regarding the title are made

    6   good linking words

    7   a summing up of certain key ideas.

Now write the complete essay, bearing in mind all the advice given. Remember, at AS you are required to write 250 words.

La casa de Bernarda Alba

1 Plan

Look at this student's plan for this essay.

¿Qué nos enseñan los siguientes personajes sobre el papel de las mujeres en la obra? Menciona a La Poncia; María Josefa; La hija de la Librada y Bernarda Alba.

- *Bernarda – representa la dominación masculina y la represión*

- *La Poncia – su relación con Bernarda y los otros personajes*

- *María Josefa – por su locura puede expresar sentimientos que las hijas no pueden decir*

- *La hija de la Librada – el tratamiento de este personaje muestra la hipocresía y la vergüenza sufridas por las mujeres*

Decide:

1 Whether enough points have been made
2 If not, what should be added.
3 Can you provide an example to illustrate each point?

2 Introduction

La casa de Bernarda Alba es "un a drama de mujeres con pueblos de España". Todos los personajes mostran aspectos del papel de las mujeres en aquel época y Voy a la contribución de cuatro de los personajes. Importantes de la obra.

Para comenzar voy a considerar el papel de Bernarda …

1 Proofread the introduction card and correct the mistakes.
2 How could the student improve upon this introduction?

Now write your own introduction to the essay.

3 Making points

Bernarda es viuda y asume el papel de jefa de la casa. Esta muy fuerte orgullosa y domina sus hijas y las criadas. Para ella las apariencias son lo más importante y piensa siempre "¿qué dirán?"

In this extract the student is starting to talk about Bernarda.

1 Proofread the extract and correct the mistakes.
2 Is this a promising start?
3 Is the student addressing the question?
4 How can you improve on it?
5 Make some detailed notes on how you would write about Bernarda. Don't forget to include some specific quotes or references to substantiate each of your points.
6 Do the same for the other three characters you are going to consider.

4 Conclusion

En conclusión, creo que cada uno de los cuatro personajes que he considerado nos enseñe mucho sobre el papel de las mujeres en aquella época. El personaje epónimo, Bernarda, simboliza el tiranía no solo de los varones sino también del clima político de la época.

1 Reread the conclusion for any errors and correct them.
2 Is this an appropriate summing up?
3 What are the strengths and weaknesses of this conclusion?
4 How could it be improved?
5 Is the language appropriate?

Now write the complete essay, drawing on these pages and the case study to help you. Remember, at AS level you are required to write 250 words.

Gramática

1 Nouns and articles

1.1 Gender of nouns

Masculine noun endings

Nouns ending in -o are masculine, with a few exceptions such as:

la foto, la mano, la moto, la radio, la modelo

Most nouns ending in -e are masculine, but there are some exceptions:

la calle, la carne, la clase, la frase, la gente, la leche, la llave, la muerte, la noche, la parte, la sangre, la suerte, la tarde

Other common masculine noun endings are:

-i, -l, -r, -u

El is also used with feminine nouns that start with a stressed *a* such as:

El agua

El arco

El hambre

These are still feminine nouns, and in plural take the article *las*.

Feminine noun endings

Almost all nouns ending in -a are feminine. However, most words ending in -ma are masculine (eg. *el problema, el programa, el tema*), in addition to the following examples:

el día, el mapa, el planeta

Other common feminine noun endings are:

-ción, -dad, -tad, -tud, -dez, -ed, -ie (except *el pie*), *-iz* (except *el lápiz*), *-sis* (except *el análisis, el énfasis, el paréntesis*), *-umbre*.

1.2 Plural forms of nouns

Most nouns end in an unstressed vowel, and these just add -s for the plural.

Nouns ending in a consonant add -es.

*Los presentador**es** no respetan a los concursantes.*
The presenters don't respect the competitors.

Words whose last syllable is unstressed and ends in -s, do not change in the plural:

*Los **lunes** hay tres **autobuses** para Sevilla.*
On Mondays there are three buses to Seville.

1.3 Affective suffixes

Many suffixes can be used to express an attitude when describing a noun such as affection or to indicate small size. These suffixes include *-ito/-ita* for masculine and feminine.

1.4 Definite and indefinite articles

The definite article (*el*, *la*, *los*, *las*)

Use a definite article when the noun refers to a specific object or phenomenon …

*Me duele **la** cabeza.*
My head hurts.

La televisión es una herramienta educativa.
Television is an educational resource.

… or to a general group:

***Los** niños ven programas que fomentan la agresividad.*
Children watch programmes that provoke agression.

***Los** domingos*   on Sundays

You also need the definite article to give the time:

*a **las** 13.00 horas*
at 1 o'clock

Leave the article out before a country …

'Telebasura' es un término despectivo usado en España.
'Telebasura' is a pejorative term used in Spain.

… unless the country is qualified (described) by a phrase or an adjective:

***La** España del siglo veintiuno*
21st-century Spain

The indefinite article (*un*, *una*, *unos*, *unas*)

Leave the article out before nouns of occupation or nationality.

Mi padre es electricista.
My father's an electrician.

La presentadora es mejicana.
The presenter is Mexican.

In its plural form, *unos/unas* means 'some' but it is often not translated at all.

*La telebasura crea **unos** arquetipos indeseables.*
Junk TV creates (some) undesirable stereotypes.

The neuter article (*lo*)

Use *lo* with an adjective to form an abstract noun, 'the [adjective] thing'.

***Lo malo** es que emiten el programa muy tarde.*
The bad thing is they put the programme on very late.

***Lo fundamental** es navegar con prudencia.*
The main thing is to surf (the Internet) with caution.

The adjective after *lo* is always masculine and singular.

2 Adjectives and adverbs

2.1 Adjective agreement and position

Adjectives must agree in gender and number with their noun.

| el zapat**o** | la bot**a** | los zapat**os** | las bot**as** |
| roj**o** | negr**a** | roj**os** | negr**as** |

Adjectives are normally placed after the noun, but there are some exceptions. The following adjectives are placed before the noun. They also lose their final -o when the following noun is masculine singular. Notice when an accent is needed to keep the stress on the correct syllable.

algún/alguno	alguna	algunos	algunas
mal/malo	mala	malos	malas
ningún/ninguno	ninguna	no plural form	
primer/primero	primera	primeros	primeras
tercer/tercero	tercera	terceros	terceras

*El **tercer** episodio fue mejor que el **primero**.*
The third episode was better than the first.

***Algunos** cantantes no tienen **ningún** talento.*
Some singers have no talent.

The adjective *grande* loses the final -de before a singular noun, masculine or feminine.

*el **gran** hermano, una **gran** casa*

Some adjectives can also be used as nouns:

Adjective	Noun
Pancho y sus amigos **son chilenos**	**Los chilenos** tienen sus propias tradiciones
La montaña **es verde**	**Los verdes** ganarán las elecciones

2.2 Comparatives and superlatives

To form comparatives use ***más*** + **adjective/adverb**:

*Esta plancha es **más potente**.*
This iron is **more powerful**.

*Con ésta, planchas **más fácilmente**.*
With this one, you iron **more easily**.

To compare two things which are equal, use ***tan*** + **adjective/adverb** + ***como***:

*El zumo de naranja Todo Fruta es **tan natural como** el amanecer.*
Todo Fruta orange juice is **as natural as** the dawn.

*Cómete un Chocomuesli y correrás **tan rápido como** un jaguar.*
Eat a Chocomuesli and you'll run **as fast as** a jaguar.

Remember that some comparative forms are irregular:

bien	mejor
bueno	mejor (**más bueno** is sometimes used for 'better in character')
grande	mayor (**más grande** is sometimes used)
mal, malo	peor
mucho	más
pequeño	menor ('younger') más pequeño

To form superlatives, use the **definite article** + ***más*** + **adjective**:

*Éste es **el** coche **más increíble**.*
This is **the most incredible** car.

In Spanish there is also an absolute superlative (the most … of all), formed by removing the final vowel from an adjective and replacing it with the endings *-ísimo, -ísima, -ísimos, -ísimas*.

*Moda en el Corte Inglés – ¡**elegantísima**!*
Fashion in *Corte Inglés* – the height of elegance!

2.3 Demonstrative adjectives and pronouns

this		these	
este	esta	estos	estas

that (not very distant)		those (not very distant)	
ese	esa	esos	esas

that (more distant)		those (more distant)	
aquel	aquella	aquellos	aquellas

este cine, ese director, aquellas películas
this cinema, that director, those films

Like other adjectives, demonstrative adjectives must agree with the noun they describe.

***Este anuncio** es muy efectivo.*
This ad is very effective.

***Esa foto** no es interesante.*
That photo isn't interesting.

***Aquellos carteles** son más llamativos.*
Those posters are more striking.

These words are also used as **demonstrative pronouns**, that is as 'standalone' words representing a noun. When they are pronouns, they have an accent.

***Éste** es el mejor producto en el mercado.*
This is the best product on the market.

*No me gusta este vino, prefiero **ése**.*
I don't like this wine, I prefer **that one**.

*No compraría **aquéllos**.*
I wouldn't buy **those**.

2.4 Indefinite adjectives and pronouns

The indefinite pronouns *algo* and *alguien*

The pronouns *algo* (something) and *alguien* (someone) don't change their form.

Algo can be used on its own …

*Apuntaba **algo**.*
He was noting **something** down.

… or with an adjective, in which case it means 'quite', 'rather', or 'a bit' …

*Es **algo escandaloso**.*
It's **rather scandalous.**

… or with *de* + infinitive:

*¿Quieres **algo de comer**?*
Do you want **something to eat**?

Alguien can be used on its own …

*Busco a **alguien**.*
I'm looking for **someone**.

… or followed by *que* + a verb, in which case it requires the subjunctive (because there is some **doubt** as to whether the person exists [see 4.13]:

*Busco a **alguien que me respete**.*
I'm looking for **someone who respects me**.

The indefinite adjectives *algún/alguno/alguna/algunos/algunas* and *ningún/ninguno/ninguna*

Alguno means 'some' and must agree with its noun. It drops the *-o* ending and gains an accent when it is placed before a masculine singular noun.

Algunas chicas, algún talento, algunos estudiantes
Some girls, some talent, some students

Ninguno means 'no, not any, none' and must agree with its noun. Like *alguno*, it drops the *-o* ending and gains an accent when it is placed before a masculine singular noun, but it has no plural forms, since its meaning is 'not one'.

Ninguna chica, ninguna idea, ningún estudiante
no/not one girl, no idea, no student(s)

[see 2.1]

Mucho, poco, todo, tanto, otro, cualquier and *varios*

These are used as adjectives as well as pronouns.

They must agree with the noun they describe (when they are adjectives) or represent (when they are pronouns):
cualquier persona, poca gente.

***Todos los niños** soltaban unas carcajadas.*
All the children were letting out guffaws.

*Un abrazo a **todos**, Paco.*
Love to **everyone**, Paco.

Tanto shortens to *tan* before adjectives.

*No hay **tantos** matrimonios civiles. No es **tan** importante.*
There are not **that many** civil partnerships. It's not **so** important.

Cada

Although *cada* is an adjective, it never changes.

Cada individuo tiene su punto de vista.
Every individual has their point of view.

2.5 Possessive adjectives and pronouns

A **possessive adjective** must agree with its noun.

***Mi padre** ha tenido tres mujeres.*
My father has had three wives.

*Las relaciones con **mis hermanas** son excelentes.*
My relationship with **my sisters** are excellent.

*Es la mejor novelista de **nuestros tiempos**.*
She is the best novelist of **our times**.

Mi, mis, tu, tus, su, sus are the same for masculine and feminine.

Nuestro (our) and *vuestro* (your, 2nd person plural, familiar) have masculine and feminine forms in singular and plural:

singular		plural	
masculine	**feminine**	**masculine**	**feminine**
mi	mi	mis	mis
tu	tu	tus	tus
su	su	sus	sus
nuestr**o**	nuestr**a**	nuestr**os**	nuestr**as**
vuestr**o**	vuestr**a**	vuestr**os**	vuestr**as**
su	su	sus	sus

Possessive pronouns follow the noun or are freestanding.

The definite article is needed with possessive pronouns, except when the pronoun is introduced by the verb *ser*.

*Juan Ramón dice que **la suya** no es una familia genética sino de elección.*
Juan Ramón says that **his** is not a genetic family but one created by choice.

*Juan Ramón dice que Jorge no es **hijo suyo**.*
Juan Ramón says that Jorge is not **his son.**

Like possessive pronouns, possessive adjectives must agree (with the noun they represent), but the pronouns all have masculine and feminine forms in singular and plural:

singular		plural	
masculine	**feminine**	**masculine**	**feminine**
mío	mía	míos	mías
tuyo	tuya	tuyos	tuyas
suyo	suya	suyos	suyas
nuestro	nuestra	nuestros	nuestras
vuestro	vuestra	vuestros	vuestras
suyo	suya	suyos	suyas

2.6 Interrogative adjectives and pronouns

Here are the most common interrogative words. They do not change their form, except that they have an accent when used as interrogatives.

¿Cuándo …?	When …?
¿Dónde …?	Where …? (position)
¿Adónde …?	Where to …? (destination)
¿Cómo …?	How …?
¿Por qué …?	Why …?

¿Cuándo vuelves?
When are you coming back?

No sé cuando.
I don't know when.

¿Por qué vas a la cama tan temprano?
Why are you going to bed so early?

¿Cuánto …?

¿Cuánto …? does not change its form when it is a pronoun …

*¿**Cuánto** cuestan?*
How much are they?

… but it must agree with its noun when it is an adjective:

*¿**Cuántos** años tienes?*
How old are you?

¿Qué …? and ¿Cuál …?/¿Cuáles …?

To ask 'what …?', use *¿qué …?*

*¿**Qué** quieres?*	**What** do you want?
*¿**Qué** son los pronombres?*	**What** are pronouns?

To ask 'which …?', use *¿cuál …?/¿cuáles …?* when you need a pronoun …

*¿**Cuál** de estas preguntas es más difícil?*
Which (one) of these questions is harder?

*¿**Cuáles** de todas sus canciones prefieres?*
Which (ones) of all his tracks do you prefer?

… but use *¿qué …?* when you need an adjective:

*¿**Qué respuesta** vas a elegir?*
Which answer are you going to choose?

Although *cuál* has a plural form, *qué* never changes.

¿Quién …?/¿Quiénes …?

Like *cuál*, *quién* has a plural form.

Quién/quiénes can be used on their own or with prepositions.

*¿**Quién** habla?*
Who's speaking?

*¿**Quiénes** son?*
Who are they?

*¿**A quién** viste en el bar?*
Who(m) did you see in the bar?

*¿**De quién** es este móvil?*
Whose is this mobile?/**Whose** mobile is this?

Using interrogative words to make exclamations

The interrogative words *cuánto*, *cómo* and *qué* are used – with their accents in place – to make exclamations.

¡Cuánto me aburre!	How boring he is!
¡Cómo! ¡No es posible!	What! It's not possible!
¡Qué tonto!	How stupid!

2.7 Relative adjectives and pronouns

Relative pronouns are words such as 'who', 'which' and 'that', used to connect two parts of a sentence.

*No teníamos familiares cerca **que** pudieran ayudarnos.*
We didn't have family members nearby **who** could help us out.

The relative pronoun is often left out in English but not in Spanish:

*Mi hijo escucha música **que** a mi no me gusta, y tiene amigos **a quienes** no aguanto.*
My son listens to music (**that**) I don't like, and has friends (**whom**) I can't stand.

A preposition used with a relative pronoun cannot be separated from it, as happens in English:

*Los problemas **de los cuales** hablaba son muy comunes.*
The problems (**that**) he was talking **about** are very common.

Que is the most common of the relative pronouns.
It is used

● as a subject pronoun:

*México es un país **que** avanza rápidamente.*
Mexico is a country **which** is advancing rapidly.

● as an object pronoun for things (not people):

*Le dejo elegir los programas **que** vemos.*
I let him choose the programmes (**that**) we watch.

The pronouns *el que*, *la que*, *los que*, *las que* are used after prepositions.

*La mujer **de la que** se enamoró.*
The woman he fell in love with. (= **with whom** he fell in love)

*El día **en el que** comenzó el curso.*
The day (**that/on which**) the course started.

Quien and its plural *quienes* are used after a preposition when referring to people, not things. They can replace *que*.

*Es ella **quien** tiene que planificarlo.*
It's she **who** has to plan it.

Cuyo, meaning 'whose', is an adjective. It agrees in number and gender with its noun.

*Trato de que no vuelva a salir con amigos **cuya** influencia puede ser mala.*
I try to stop him going out with friends **whose** influence could be a bad thing.

The neuter pronouns *lo que/lo cual* refer to a general idea or a whole phrase, rather than a specific noun.

*Puede comprar **lo que** quiera.*
He can buy **what** he wants.

2.8 Adverbs and adverbial phrases

In Spanish, adverbs are formed by adding the ending *-mente* to the feminine form of the adjective where there is one:

| rápido | rápida | rápidamente |
| correcto | correcta | correctamente |

When two '-mente' adverbs appear together, the first one loses the ending -mente but it remains in the feminine form.

*Hay que trabajar los músculos **correcta y periódicamente**.*
You have to exercise your muscles correctly and regularly.

Some common adverbs are irregular:

bien (well), *mal* (badly), *despacio* (slowly)

Some are words you already know but may not think of as adverbs; they are used as intensifiers and quantifiers, i.e. to show how strongly the adjective applies:

muy, más, mucho, poco, bastante, demasiado, tanto

Adverbs usually add detail to verbs …

*La mujer no **educó adecuadamente** a su hijo.*
The woman didn't **educate** her son **adequately**.

.. but they can also add detail to adjectives, specifying the intensity of the adjective.

*Fue un momento **particularmente importante**.*
It was an **especially important** time.

Adverbial expressions – phrases that work like adverbs – are at least as common as single-word adverbs. Here are two standard types:

- use **con** with the noun
  con frecuencia instead of *frecuentemente*
  con respeto instead of *respetuosamente*

- use **de manera** with a feminine adjective:
  de manera tímida, de manera teatral, de manera experta

Masculine singular adjectives are also sometimes used as adverbs:

| *Hablan **rápido**.* | They talk **quickly**. |
| *Se venden **barato**.* | They are sold **cheap(ly)**. |

Comparatives and superlatives of adverbs

[see 2.2 Comparatives and superlatives]

3 Pronouns

3.1 Subject pronouns

The subject pronouns are:

singular		plural	
I	yo	*we*	nosotros
you	tú	*you*	vosotros
he/it	él	*they (masculine or a mix of masc. + fem.)*	ellos
she/it	ella	*they (feminine)*	ellas
you (formal)	usted (Vd.)	*you (formal)*	ustedes (Vds.)

They are rarely used in Spanish except

- when they are needed for clarity

  ***Ella** ya es estudiante, pero **él** ha dejado de estudiar.*
  She is still a student, but **he** has finished studying.

- for emphasis

  ***Yo** estoy de acuerdo, pero ¿que opinas **tú**?*
  I agree, but what do **you** think?

  You can use *tú* to say you singular, and *vosotros* to say you plural, in most informal situations.

  For formal situations, with people you don't know or to show respect to someone you can use *usted* + verb in 3rd person, and *ustedes* + verb in 6th person.

  Note that *usted* and *ustedes* are used much more widely in Latin America.

3.2 Object pronouns

Direct object pronouns

The direct object pronouns are:

singular		plural	
I	me	*we*	nos
you	te	*you*	os
he/it	lo (le)	*they (masculine or a mix of masc. + fem.)*	los (les)
she/it	la	*they (feminine)*	las
you (formal)	lo (le), la	*you (formal)*	los (les), las

- In Spanish the words for **him/her** or **it** are *lo* (masculine) and *la* (feminine)

- In some areas of Spain, *le* is used instead of *lo* for **male people only**.

- *La* is **always** used for **female people** and **feminine nouns**.

- Remember to use the same pronouns for *usted* and *ustedes* as you would use for the third person.

Position of direct object pronouns

Direct object pronouns usually come in front of the verb:

*Ya **lo** oigo.*
I can hear him/it.

***Le** llamaré esta tarde, señor.*
I'll call you this afternoon, sir.

*¿**Me** escuchas?*
Are you listening to me?

*¡No **me** estás escuchando!*
You aren't listening to me!

*Ya **te** oigo.*
I can hear you now.

*Nunca **nos** llaman.*
They never call us.

***Os** llamaré pasado mañana.*
I'll call you the day after tomorrow.

However, when they are used with a gerund (e.g. in a continuous tense) or an infinitive, they can be tacked on to the end:

Las estamos escuchando or *Estamos escuchándo**las**.*
We are listening to them.

*No puedo hacer**lo** en seguida.*
I can't do it immediately.

*No quiero escuchar**te**.*
I don't want to listen to you.

In positive commands, they have to be tacked on to the end, which usually means that an accent is needed on the verb to keep the stress in the right place:

*¡Míra**me**!*
Watch me!

*Me encanta esta canción. ¡Escúcha**la**!*
I love this track. Listen to it!

But in negative commands, they stay in their usual position, in front of the verb:

*¡No **lo** escuches!*   Don't listen to it!

*¡No **la** escuches!*   Don't listen to her!

When there is more than one verb, the object pronoun can go before the first verb or be tacked on to the second one, but **it never goes in the middle**!

***La** están mirando* or *Están mirándo**la**.*
They are watching it/her.

Indirect object pronouns

First and second person indirect object pronouns (to me, to you, to us) are *me, te, nos* and *os*, the same as the direct object pronouns.

The third person indirect object pronouns (to him, to her, to them, to you (*usted*)) are *le* (for both masculine and feminine singular) and *les* (for all plurals).

The rules for position of indirect object pronouns are the same as for direct object pronouns.

*¿**Me** pasas este CD?*
Will you pass **(to) me** that CD?

***Te** daré diez euros.*
I'll give **(to) you** ten euros.

***Le** devolverán su álbum pronto.*
They'll soon return his album **to him**.

***Le** digo que usted no puede entrar sin entrada, señor.*
I tell **(to) you**, you can't go in without a ticket, sir.

*Por favor, mánde**nos** un correo eléctronico.*
Please send **(to) us** an e-mail.

*Señoras, voy a ofrecer**les** un CD como premio.*
Ladies, I am going to offer **(to) you** a CD as a prize.

*Salió sin decir**les** gracias.*
He left without saying thank you **to them**.

Word order of pronouns when you need both indirect and direct

If two or more object pronouns occur together, the indirect object pronoun always comes before the direct object pronoun, whereas in English the order can vary.

Te los mandaré mañana.
I'll send **you them** tomorrow.

Os las damos en seguida.
We'll give **you them** straight away.

Me lo explicó ayer.
She explained **it to me** yesterday.

If *le* or *les* is followed by another 3rd person object pronoun (e.g. *lo, las*), the *le* or *les* changes to *se*. This is purely to avoid the clumsy sound of too many words beginning with *l-* coming one after another. Where this happens, you need to use the context to work out who '*se*' represents.

¿Se lo mandaste?
Did you send **it to him/her/them**?

*Voy a devolvér**selas*** en seguida, señora.
I'll **give them back to you** straight away, *madam*.

*¡Dá**selos*** en seguida!
Give **them to him/her/them** immediately!

3.3 Disjunctive (or emphatic) pronouns

The disjunctive pronouns are:

singular	plural
mí	nosotros
ti	vosotros
él	ellos
ella	ellas
usted (Vd.)	ustedes (Vds.)

They are identical to the subject pronouns, except for *mí* and *ti* (*mí* has an accent simply to distinguish it from the possessive adjective *mi*).

These pronouns are used after prepositions (e.g. *por, para, de, en, a*):

*Para **ti**, ¿cuáles serían las ventajas de vivir aquí?*
For **you**, what would be the advantages of living here?

*A **mí** me gusta más navegar por Internet que leer.*
I prefer surfing the Internet to reading.

*No quiero hablar de **ella**.*
I don't want to talk about **her**.

Conmigo, contigo, consigo

After *con* special forms of the 1st, 2nd and 3rd person singular are tacked on to make *conmigo, contigo, consigo*.

*¿Quieres venir al cibercafé **conmigo**?*
Do you want to come to the Internet café **with me**?

*Llevó el paraguas **consigo** porque iba a llover.*
He took the umbrella **with him** because it was going to rain.

*¿**Contigo**? ¿Estás loco?*
With you? Are you kidding?

Not all prepositions require disjunctive pronouns. The prepositions *entre, según, excepto, menos* and *salvo* are followed by subject pronouns:

*Según **tú**, nadie menos **yo** vio aquel mensaje.*
According to you, no one but me saw that message.

Demonstrative pronouns

[see 2.3 Demonstrative adjectives and pronouns]

Indefinite pronouns

[see 2.4 Indefinite adjectives and pronouns]

Possessive pronouns

[see 2.5 Possessive adjectives and pronouns]

Interrogative pronouns

[see 2.6 Interrogative adjectives and pronouns]

Relative pronouns

[see 2.7 Relative adjectives and pronouns]

Reflexive pronouns

[see 4.18 Reflexive verbs]

4 Verbs

4.1 The present tense

Usage

The Spanish present tense has the same usage as the English present tense, to express what is happening at the present time, and what happens regularly.

¿Qué haces cuando te pones triste? Llamo a mis amigos.
What do you do when you feel unhappy? I ring my friends.

Siempre voy al polideportivo los sábados por la mañana.
I always go to the sports centre on Saturday mornings.

It can also be used to talk in a more lively way in a narrative, for example when you describe the plot of a film.

La mujer corta con su novio, se enrolla con otro hombre, pero no se da cuenta de que es una persona peligrosa …
The woman breaks off with her boyfriend, and gets involved with another man, but she doesn't realise he's a dangerous person …

As in English, the present tense is also used to refer to something planned for the near future.

Mañana salgo con mis amigos.
Tomorrow I'm going out with my friends.

Formation of regular verbs

Add the following endings to the stem of the verb:

hablar	comer	vivir
hablo	como	vivo
hablas	comes	vives
habla	come	vive
hablamos	comemos	vivimos
habláis	coméis	vivís
hablan	comen	viven

Formation of irregular verbs

Some verbs are irregular in the present tense, but often it is only the 1st person singular that is irregular. The most common irregulars are:

dar   **doy**, das, da, damos, dais, dan
decir   **digo, dices, dice**, decimos, decís, **dicen**
estar   **estoy**, estás, está, estamos, estáis, están
haber   **he, has, ha, hemos**, habéis, **han**
hacer   **hago**, haces, hace, hacemos, hacéis, hacen
ir   **voy, vas, va, vamos, vais, van**
oír   **oigo, oyes, oye**, oímos, oís, **oyen**
poner   **pongo**, pones, pone, ponemos, ponéis, ponen
saber   **sé**, sabes, sabe, sabemos, sabéis, saben
salir   **salgo**, sales, sale, salimos, salís, salen
ser   **soy, eres, es, somos, sois, son**
tener   **tengo, tienes, tiene**, tenemos, tenéis, **tienen**
venir   **vengo, vienes, viene**, venimos, venís, **vienen**
ver   **veo**, ves, ve, vemos, veis, ven

Note: Remember that some verbs change their spelling in the present tense, according to certain set patterns, for example *quiero, juego, prefiero*.

[See 4.17 Radical-changing verbs.]

4.2 The present continuous tense and the gerund

Usage

The present continuous tense is the Spanish equivalent of the English form 'I am/you are/he is, etc., …-ing'.

¿Qué estás leyendo? Estoy leyendo El País.
What are you reading? I'm reading *El País*.

Formation of regular verbs

Use the appropriate part of the present of *estar* with the gerund (the part of the verb which is equivalent to English '-ing').

The gerund is formed as follows:

-ar verbs   >   *-ando*
-er/-ir verbs   >   *-iendo*

Here are examples for each person of the verb:

estoy cantando   I am singing
estás escuchando   you are listening
está tocando   he/she is playing
estamos bailando   we are dancing
estáis comiendo   you are eating
están bebiendo   they are drinking

Formation of irregular verbs

A few verbs have slightly irregular gerunds:

caer   cayendo
creer   creyendo
dormir   durmiendo
leer   leyendo
oír   oyendo
preferir prefiriendo

Other uses of the gerund:

There are also a variety of expressions that use the gerund such as:

llevar + gerund

llevo diez minutos haciendo este ejercicio.
I've been working on this exercise for ten minutes.

ir + gerund

voy contando mis historias.
I go around telling my stories.

seguir + gerund

seguimos cocinado.
We continue/keep cooking.

venir + gerund

desde hace dos semanas mi amiga está enviando su curriculum.
my friend has been sending her CV for the last two weeks.

[see also imperfect continuous in 4.4]

4.3 The preterite tense

Usage

The preterite tense in Spanish is very similar to the English 'simple past' tense, using just one word to describe a single, completed action. So you need it for narrative accounts and reports of past events, and also to refer to single events in the past.

*El partido **acabó** a las once.*
The match **finished** at 11 o'clock.

*¿Cómo **reaccionaste** al ver su película?*
How **did you react** when you saw his film?

Formation of regular verbs

With most Spanish verbs the stem for the preterite is like the stem for the present.

Add the following endings to the stem of the verb. The endings for -er and -ir verbs are the same.

hablar	comer	subir
habl**é**	com**í**	sub**í**
habl**aste**	com**iste**	sub**iste**
habl**ó**	com**ió**	sub**ió**
habl**amos**	com**imos**	sub**imos**
habl**asteis**	com**isteis**	sub**isteis**
habl**aron**	com**ieron**	sub**ieron**

Formation of irregular verbs

Many common and some less common Spanish verbs are irregular in the preterite, for example *ser* and *estar*, *conducir*, *dar*, *decir*, *hacer*, *ir*, *poder*, *poner*, *querer*, *tener*, *traer*, *venir* and *ver*.

	ser	ir
The verbs *ser* and *ir* have the same form in the preterite; you have to use the context to work out which verb is being used!	fui fuiste fue fuimos fuisteis fueron	fui fuiste fue fuimos fuisteis fueron

	tener	estar	andar
Here are three more verbs whose form is quite similar.	tuve tuviste tuvo tuvimos tuvisteis tuvieron	estuve estuviste estuvo estuvimos estuvisteis estuvieron	anduve anduviste anduvo anduvimos anduvisteis anduvieron

	decir	traer	conducir
These three verbs have a 'j' in their preterite.	dije dijiste dijo dijimos dijisteis dijeron	traje trajiste trajo trajimos trajisteis trajeron	conduje condujiste condujo condujimos condujisteis condujeron

You will also need to know the preterite forms of the following verbs. They are all irregular, but they have patterns in common which make them a bit easier to learn. None of them has any accents.

dar	hacer	poder	poner
di	hice	pude	puse
diste	hiciste	pudiste	pusiste
dio	hizo	pudo	puso
dimos	hicimos	pudimos	pusimos
disteis	hicisteis	pudisteis	pusisteis
dieron	hicieron	pudieron	pusieron

querer	venir	ver
quise	vine	vi
quisiste	viniste	viste
quiso	vino	vio
quisimos	vinimos	vimos
quisisteis	vinisteis	visteis
quisieron	vinieron	vieron

Compound verbs based on those listed above have the same irregular patterns as the verbs on which they are based.

hacer	poner	tener	traer	venir	conducir
des**hacer** satis**facer**	com**poner** dis**poner** ex**poner** im**poner** pro**poner** su**poner**	con**tener** de**tener** man**tener** ob**tener** sos**tener**	a**traer** con**traer** dis**traer** sus**traer**	con**venir** inter**venir**	intro**ducir** pro**ducir**

Note: The preterite of *hay* (there is, there are) is **hubo**, but because the preterite is used for **events**, not for ongoing **situations** or **descriptions**, when you want to say 'there was/there were' you are more likely to need the imperfect form **había**.

4.4 The imperfect tense and the imperfect continuous

Usage

The imperfect tense is used:

- to describe what something was like in the past (descriptions):

   *El cine **era** viejo.*
   The cinema **was** old.

- to say what someone or something used to do (habitual or repeated actions):

   ***Le encantaba** leer autores clásicos.*
   He used to love reading classical authors.

- to describe an ongoing action in the past, for example an action that was interrupted by something else that happened:

   ***Trabajaba** [imperfect] cuando llamó [preterite].*
   I **was working** when he called.

Formation of regular verbs

Add the following endings to the stem of the verb. The endings for -er and -ir verbs are the same.

hablar	comer	vivir
hablaba	comía	vivía
hablabas	comías	vivías
hablaba	comía	vivía
hablábamos	comíamos	vivíamos
hablabais	comíais	vivíais
hablaban	comían	vivían

Formation of irregular verbs

Three common verbs are irregular in the imperfect tense, though the endings are similar to those of regular verbs.

ser	ir	ver
era	iba	veía
eras	ibas	veías
era	iba	veía
éramos	íbamos	veíamos
erais	ibais	veíais
eran	iban	veían

Imperfect continuous

If you want to describe an 'ongoing action' more vividly, use the imperfect continuous, formed from the imperfect of *estar*, plus the gerund (the form of the verb ending in -*ando* or -*iendo*).

Estaba viendo un DVD cuando llegó mi novia.
I was watching a DVD when my girlfriend arrived.

4.5 The perfect tense

Usage

As in English the perfect tense describes a single, completed action in the immediate past, one which has just or recently happened, or which is still relevant to the ongoing situation.

¿**Has oído** su nuevo CD?
Have you heard their new CD?

Estoy de mal humor porque mi profesor **me ha castigado.**
I'm in a bad mood because my teacher **(has) told me off**.

Formation

The perfect tense is made up of two parts:

the **present** tense of the auxiliary verb **haber**	+	the past participle.
he		
has		
ha		
hemos		
habéis		
han		

Remember that although *haber* means 'to have' it is **only used as an auxiliary**, i.e. to form compound tenses such as the perfect. It **never** means 'to have' in the sense of possession (for which *tener* is used).

Formation of regular past participles

Regular past participles are formed as follows:

-ar verbs	-er and -ir verbs
-ado	-ido
Example: escuchado	Example: salido

NB Past participles do not change in Spanish.

Esta región **ha cambiado** *mucho.*
This region **has changed** a lot.

Formation of irregular past participles

Some Spanish verbs have irregular past participles. As you can see from this list of the most common ones, groups of them follow the same patterns, which makes them easier to learn:

infinitive	past participle
abrir, cubrir, descubrir	abierto, cubierto, descubierto
decir, hacer, satisfacer	dicho, hecho, satisfecho
volver, devolver	vuelto, devuelto
escribir, describir	escrito, descrito
morir, poner, ver	muerto, puesto, visto

Note that reflexive pronouns and object pronouns always go before the part of *haber*.

| *Se ha acostado.* | He has gone to bed. |
| *No lo hemos visto.* | We haven't seen him. |

Using *acabar de* + infinitive to translate 'to have just' done something

If you want to express 'I have just [+verb]', don't use the perfect tense in Spanish: instead, use the verb *acabar* in the **present tense** followed by *de* + infinitive.

Acabo de comprar este CD.
I have just bought this CD.

4.6 The pluperfect tense

Usage

As in English, the pluperfect is a compound tense used to talk about what 'had' happened.

*Europa **había acordado** incrementar el uso de biocombustibles.*
Europe **had agreed** to increase the use of biofuels.

Formation

The pluperfect tense is made up of two parts:

the **imperfect** tense of the auxiliary verb ***haber***	+	the past participle
había		
habías		
había		
habíamos		
habíais		
habían		

[see The perfect tense 4.5 for information on past participles]

As in the perfect tense, reflexive pronouns and object pronouns always go before the part of *haber*.

| ***Se*** *había acostado* | He had gone to bed. |
| *No **lo** habíamos visto.* | We hadn't seen him. |

4.7 The immediate future tense

Usage

Use the immediate future to talk about the near future: things that 'are going to' happen.

Vamos a ver *una película en mi ordenador portátil.*
We're going to watch a film on my laptop.

Formation

The tense is made up of three parts:

the **present** tense of the auxiliary verb ***ir***	+	***a***	+	the infinitive
voy				
vas				
va				
vamos				
vais				
van				

4.8 The future tense

Usage

Use the future tense to make predictions and statements about the future.

*El ordenador **será** un coordinador de terminales cuyo elemento esencial **será** el teléfono móvil.*
The computer **will be** a coordinating point whose main element **will b**e the mobile phone.

When the future tense is used, the tone is more formal than with the immediate future.

*El nuevo X-phone **se lanzará** al mercado en agosto.*
The new X-phone will be launched in August.

[see also 4.12 on how to refer to the future in expressions with *cuando*]

Formation of regular verbs

Most verbs have a regular future tense. The endings are added to the infinitive, and are the same for all three conjugations. Notice where the accents are:

habl*ar*	com*er*	sub*ir*
hablar**é**	comer**é**	subir**é**
hablar**ás**	comer**ás**	subir**ás**
hablar**á**	comer**á**	subir**á**
hablar**emos**	comer**emos**	subir**emos**
hablar**éis**	comer**éis**	subir**éis**
hablar**án**	comer**án**	subir**án**

Formation of irregular verbs

A few verbs have an irregular future stem, so you need to learn these:

decir	dir- : diré, dirás, dirá, diremos, diréis, dirán
hacer	har- : haré, harás, etc.
poder	podr-
poner	pondr-
querer	querr-
saber	sabr-
salir	saldr-
tener	tendr-
venir	vendr-
caber	cabr-
valer	valdr-

4.9 The conditional

Usage: would, could, should

Use the conditional to talk about:

- what **would happen**/how something **would be**:

  *Me **gustaría** ponerme en forma.*
  I **would like** to get fit.

  Sería *mejor ir a pie.*
  It **would be** better to go on foot.

- what someone said **would happen**:

  *Dijeron que **llegarían** a las dos.*
  They said they **would arrive** at two.

- what you **would do** (if …)

  *Si estuviera en forma, **recorrería** el Camino Inca hasta Machu Picchu.*
  If I were fit, **I would go on** the Inca Trail to Machu Picchu.

The conditional of ***deber*** is used with an infinitive to talk about what someone **ought to/should do**.

*El gobierno **debería invertir** más en instalaciones deportivas.*
The government **should invest** more in sports facilities.

The conditional of ***poder*** is used with an infinitive to talk about what someone **could do**.

Podríamos viajar *más barato en el tren.*
We **could travel** more cheaply by train.

Formation

Start with the future tense stem, and add the conditional endings, which are the same for all three conjugations. They are the same endings that form the imperfect tense of *-er* and *-ir* verbs, and always have an accent on the *í*:

hablar	**comer**	**subir**
hablar**ía**	comer**ía**	subir**ía**
hablar**ías**	comer**ías**	subir**ías**
hablar**ía**	comer**ía**	subir**ía**
hablar**íamos**	comer**íamos**	subir**íamos**
hablar**íais**	comer**íais**	subir**íais**
hablar**ían**	comer**ían**	subir**ían**

Because the conditional uses the same stem as the future tense, the irregulars are exactly the same as the future ones [see 4.8].

4.10 The future perfect tense

The future perfect tense tells you what will have happened.

*Se calcula que las reservas se **habrán agotado** en un futuro no muy lejano.*
It's estimated that reserves will have run out in the not too distant future.

It is formed from the future of *haber* and the past participle.

habré llegado
habrás llegado
habrá llegado
habremos llegado
habréis llegado
habrán llegado

Remember that some common verbs have irregular past participles (see section 4.5).

4.11 The conditional perfect

Use the conditional perfect to talk about consequences in a past conditional sentence: it translates as the English 'would have (done)'.

*Si lo hubiese visto, lo **habría creído**.*
If I had seen it, I **would have believed** it.

The conditional perfect is formed with the conditional of *haber* and the past participle of the verb:

habría llegado
habrías llegado
habría llegado
habríamos llegado
habríais llegado
habrían llegado

Remember that some common verbs have irregular past participles, for example: *decir – dicho, hacer – hecho, poner – puesto, romper – roto, ver – visto, volver – vuelto* (see section 4.5).

Using the conditional perfect tense with the pluperfect subjunctive

The **conditional perfect** tense often appears in a *'si'* ('if') sentence with the pluperfect subjunctive (see section 4.15).

*Si no **hubiese sido** por la llegada a España de más de tres millones de inmigrantes en los últimos diez años, la economía de ese país no **habría crecido** tanto.*

If it **had not been** for the arrival in Spain of more than three million immigrants in the last ten years, the economy of this country **would not have grown** so much.

4.12 The subjunctive 'mood' and when to use it

The subjunctive and indicative parts of the verb are sometimes known as the **moods** of the verb. We use the term 'mood' because their purpose is to convey the speaker's attitude to the action described.

Like the indicative mood, the subjunctive also has past and present tenses [see 4.13–4.15].

When to use the subjunctive

- after verbal expressions that convey wishes, advice and requests that someone (else) should do something, such as *querer que, pedir que, aconsejar que, decir que*.

  Quiere que *su marido le **llame**.*
  She wants her husband to ring her.

  *El entrenador le **aconsejó que corriera** 10 kilómetros cada día.*
  His trainer advised him to run 10 kilometres every day.

  *Voy a **pedir** a mis amigos **que** me **ayuden**.*
  I'm going to ask my friends to help me.

*Voy a **decir** a mi hermana **que vuelva** en seguida.*
I'm going to tell my sister to come back immediately.

- after verbal expressions that convey joy, hope, sorrow, anger, fear and other emotional reactions, such as *querer que, es una pena que, me gusta que, siento que, es una lástima que*:

Siento que *tu mamá **esté** enferma.*
I'm sorry your mum is ill.

Tengo miedo *de que me **ataquen**.*
I'm scared that they will attack me.

- after verbal expressions that convey doubt, uncertainty, possibility, probability and necessity, such as *es posible que, es probable que, es necesario que, puede (ser) que, quizá, tal vez, dudo que, es imposible que, no es cierto que, no estoy seguro de que*:

Dudo *que **hablen** español.*
I doubt that they speak Spanish.

Es imposible *que nos **acompañes**.*
It's impossible for you to come with us.

Es probable *que **haya salido**.*
She has probably gone out. (It's probable that she has gone out.)

- **… but the subjunctive is not used for affirmative ways of expressing negative opinions (where no doubt is implied):**

*Es innegable que la inmigración **es** un tema muy importante.*
It is undeniable that immigration is an important subject.

- In some impersonal expressions of surprise or wishing:

¡Ojalá sea *menos difícil!*
If only it were easier!

¡Que tengas *éxito!*
May you succeed!/I wish you success!

- after conjunctions that imply intention that something should happen, or conditions for something happening: *para que, de manera que, de modo que, de forma que, con el objeto de que, a fin de que, a condición de que, a menos que, antes de que, con tal que, a pesar de que, aunque*:

*Te escribo **para que sepas** lo que pasa.*
I'm writing so that you know what's going on.

*Te presto este CD **a condición de que** me lo **devuelvas** sábado.*
I'm lending you this CD on condition that you return it on Saturday.

*No voy **a menos que me acompañes**.*
I'm not going unless you come with me.

- After *cuando* or *hasta que* when you are referring to the future:

*Te lo diré **cuando te vea**.*
I'll tell you when I see you.

*Esperamos **hasta que lleguen**.*
We're waiting till they arrive.

- After *alguien que* … [see 2.4]
- In some forms of the imperative [see 4.16]

4.13 The present subjunctive

Usage

[see 4.12]

Formation of regular verbs

Take the *yo* form of the present tense of the verb and replace the *-o* ending with the following endings (the endings for *-er* and *-ir* verbs are the same):

hablar: hablo	comer: como	subir: subo
hable	coma	suba
hables	comas	subas
hable	coma	suba
hablemos	comamos	subamos
habléis	comáis	subáis
hablen	coman	suban

Formation of irregular verbs

So long as you remember to use the *yo* form of the present tense – including irregular forms such as *tengo* – as your stem, there are only a few truly irregular subjunctives to learn:

dar (1st person present *doy*): *dé, des, dé, demos, deis, den*

estar (1st person present *estoy*): *esté, estés, esté, estemos, estéis, estén*

haber (1st person present *he*): *haya, hayas, haya, hayamos, hayáis, hayan*

[note: you only need this to form the perfect subjunctive, see 4.15]

ir (1st person present *voy*): *vaya, vayas, vaya, vayamos, vayáis, vayan*

saber (1st person present *sé*): *sepa, sepas, sepa, sepamos, sepáis, sepan*

ser (1st person present *soy*): *sea, seas, sea, seamos, seáis, sean*

4.14 The imperfect subjunctive

Usage

You need the imperfect subjunctive in the grammatical contexts explained in 4.12, but in past tense sentences:

Era imposible que hablaras con él.
It was impossible for you to talk to him.

Le dije que no bebiera más.
I told him not to drink any more.

Querían que Antonio se fuera.
They wanted Antonio to go away.

Te escribí para que supieras lo que pasaba.
I wrote so that you would know what was going on.

Era necesario que saliéramos a trabajar.
It was necessary for us to go out to work.

Ella buscaba un hombre que tuviera mucho dinero.
She was looking for a man who had lots of money.

You also need the imperfect subjunctive in '*Si …*' conditional sentences that express doubt or an event which is only a possibility:

Si fuera rico, iría a España.
If I were rich I would go to Spain.

Si me casara con ella, me volvería loco.
If I married her, I'd go crazy.

Formation

The imperfect subjunctive has two forms: one ending in *-ra*, the other in *-se*. They are completely interchangeable, but the *-ra* form is slightly more common than the *-se* form.

Ella esperaba a que el hombre se fuera.	*She was waiting for*
Ella esperaba a que el hombre se fuese.	*the man to go away.*

To form the imperfect subjunctive of a verb, you need to know its preterite form. The stem is always taken from the third person plural (ellos) of the preterite.

hablar: (hablaron) > habla-		beber: (bebieron) > bebie-		vivir: (vivieron) > vivie-	
-ra form	**-se form**	**-ra form**	**-se form**	**-ra form**	**-se form**
hablara	hablase	bebiera	bebiese	viviera	viviese
hablaras	hablases	bebieras	bebieses	vivieras	vivieses
hablara	hablase	bebiera	bebiese	viviera	viviese
habláramos	hablásemos	bebiéramos	bebiésemos	viviéramos	viviésemos
hablarais	hablaseis	bebierais	bebieseis	vivierais	vivieseis
hablaran	hablasen	bebieran	bebiesen	vivieran	viviesen

Formation of irregular verbs

As with regular verbs, the stem is always taken from the third person plural of the preterite, including whatever irregularity that may contain. Here are three of the most common examples:

tener: (tuvieron) > tuvi-	poder: (pudieron) > pudi-	decir: (dijeron) > dij-
tuviera/tuviese	pudiera/pudiese	dijera/dijese
tuvieras/tuvieses	pudieras/pudieses	dijeras/dijeses
tuviera/tuviese	pudiera/pudiese	dijera/dijese
tuviéramos/tuviésemos	pudiéramos/pudiésemos	dijéramos/dijésemos
tuvierais/tuvieseis	pudierais/pudieseis	dijerais/dijeseis
tuvieran/tuviesen	pudieran/pudiesen	dijeran/dijesen

4.15 The perfect and pluperfect subjunctive

Usage and formation

When you need the perfect and imperfect tenses in the grammatical contexts explained in 4.12, you use the subjunctive instead of the indicative.

The perfect subjunctive is formed as follows:

the **present subjunctive** of the auxiliary verb **haber**	+	the past participle

*Es probable que **haya** salido.*
It **is** likely that she **has** gone out.

The **pluperfect** subjunctive is formed as follows:

the **imperfect subjunctive** of the auxiliary verb **haber**	+	the past participle

*Era probable que **hubiese** salido.*
It **was** likely that she **had** gone out.

4.16 Imperatives

Usage

The imperative is used to give instructions and commands.

¡Escúchame!	*Listen to me!*
No arrojes basura.	*Don't drop litter.*

Imperatives are either **positive** (do …) or **negative** (don't …).

Imperatives are also either **informal** (*tú/vosotros* forms) or **formal** (*usted/ustedes* forms).

Formation of positive imperatives

Informal positive imperatives:

For *tú*, simply use the normal *tú* form of the present tense without the final *-s*.

For *vosotros*, replace the final *-r* of the infinitive, with *-d*.

	***tú* imperative**	***vosotros* imperative**
limitar	limita	limitad
proteger	protege	proteged
vivir	vive	vivid

*Hace mucho sol, Paco, **protege** tus ojos con estas gafas.*
It's very sunny, Paco, **protect** your eyes with these glasses.

*¡Niños, hace mucho frío, **coged** el abrigo!*
Children, it's freezing, **put** your coat on!

A few verbs have irregular *tú* positive imperatives and need to be learnt separately.

decir	di		salir	sal
hacer	haz		ser	sé
ir	ve		tener	ten
poner	pon		venir	ven

Sal de la cama y **ven** a correr.
Get out of bed and come for a run.

Formal positive imperatives:

For *usted* and *ustedes*, use the third person of the present subjunctive.

	usted imperative	*ustedes* imperative
limitar	limite	limiten
proteger	proteja	protejan
vivir	viva	vivan

Formation of negative imperatives

For all negative imperatives, use the appropriate negative word plus the present subjunctive.

	tú negative imperative	*vosotros* negative imperative	*usted* negative imperative	*ustedes* negative imperative
limitar	no limites	no limitéis	no limite	no limiten
proteger	no protejas	no protejáis	no proteja	no protejan
vivir	no vivas	no viváis	no viva	no vivan

No escuches esas tonterías. [tú]
Don't listen to that rubbish.

Nunca bebáis bebidas alcohólicas antes de bañaros, chicos. [vosotros]
Never drink alcoholic drinks before you go swimming, boys.

No olviden sus maletas, señoras y señores. [ustedes]
Don't forget your suitcases, ladies and gentlemen.

[see also 3.2 Object pronouns for how to position pronouns in imperatives]

4.17 Radical-changing (stem-change) verbs

These are verbs which have a change in the spelling of their stem.

Compare the regular *-ar* verb *cantar* with the radical-changing *-ar* verb *encontrar* and *-er* verb *preferir*:

cantar	encontrar	preferir
canto	encuentro	prefiero
cantas	encuentras	prefieres
canta	encuentra	prefiere
cantamos	encontramos	preferimos
cantáis	encontráis	preferís
cantan	encuentran	prefieren

The stem (or 'radical') changes its spelling in all persons in the singular and in the 3rd person in the plural. In the 1st and 2nd persons plural it does not change. Verbs like these are sometimes called BOOT verbs – you can see why!

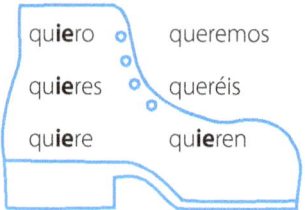

There are three types of spelling change.

O **changes to** *UE*: several verbs in all the conjugations have a change of stem from *o* to *ue*. *Po*der is an example; other common ones are *contar*, *mostrar*, *volver* and *dormir*. *Jugar* is unique in changing from *u* to *ue*.

*pue*do, *pue*des, *pue*de, podemos, podéis, *pue*den
*jue*go, *jue*gas, *jue*ga, jugamos, jugáis, *jue*gan

E **changes to** *IE*: several verbs in all the conjugations have a change of stem from *e* to *ie*. *Preferir* is an example; other common ones are *pensar*, *querer*, *sentir*.

*prefie*ro, *prefie*res, *prefie*re, preferimos, preferís, *prefie*ren

E **changes to** *I*: Some *-ir* verbs have a change of stem from *e* to *i*. *Pedir* (to ask for) is an example; other common ones are *decir* and *vestir*.

*pi*do, *pi*des, *pi*de, pedimos, pedís, *pi*den

When a verb is stem-changing, compound verbs based on that verb have the same change. For example:

volver (de*vue*lvo), *sentir* (con*sie*nto), *vestirse*
(me *vi*sto).

Other verbs take the reflexive form to alter their meaning slightly such as:

caer	to fall	->	caerse	to fall over
parar	to stop	->	pararse	to stop unexpectedly

4.18 Reflexive verbs

Reflexive verbs conjugate the same way as other verbs but also have a reflexive pronoun *me, te, se, nos, os, se*.

Si **me organizo** *bien, puedo tener una tarde libre.*
If I organize myself, I can have a free evening.

The reflexive pronoun usually precedes the verb …

La gente **no se preocupa** *de las emisiones de dióxido de carbono de su casa.*
People **don't worry** about the carbon dioxide emissions of their homes.

… although in the infinitive (and therefore in the dictionary) it is attached to the end: *organizar*se, *quejar*se.

In compound tenses (e.g. the perfect), the reflexive pronoun always precedes the auxiliary verb ***haber***.

*Nunca **me he planteado** hacer otra cosa.*
I've never considered doing anything else.

In verb + infinitive constructions where the infinitive verb is reflexive, the pronoun must agree with the subject of the first verb.

*Quiero acostar**me**.*   I want to go to bed.

When giving positive commands using reflexive verbs, the reflexive pronoun is attached to the end of the imperative:

*¡Cálla**te**!*   Be quiet!
*¡Cálme**se**, señora!*   Calm down, madam!

But when giving negative commands, the reflexive pronoun stays in its usual position, in front of the verb:

*No **te enfades**, por favor.*
Please **don't get annoyed**.

4.19 The passive and how to avoid it

Usage and formation

Passive expressions tell you what has happened to someone/something who is on the receiving end of an action or event. Here are some examples in English: I **was attacked**; that car **has been sold**; the building **had been closed**.

Passive forms are an impersonal way of saying what happened, instead of using an 'active' form. The 'active' equivalent of these three phrases, for example, would be: he/she/they/someone attacked me; they've sold that car; they had closed the building.

In Spanish, the passive is made up of *ser* + past participle, and the past participle must agree with the subject of the sentence.

*Isabel **fue atacada** al salir de clase.*
Isabel **was attacked** as she was leaving the class.

However, this passive form is very rare in spoken Spanish, and is mainly limited to formal, written language. You should avoid using it in conversation and informal language, because it sounds very unnatural in Spanish. There are two very common and easy ways to avoid it.

● Use the pronoun *se* and the third person of the verb:

*En eBay **se vende** y **se compra** de todo.*
On eBay **people buy and sell** all sorts.

*En los sitios como YouTube o Flickr **se cuelgan** vídeos.*
Videos **are posted** on sites like YouTube or Flickr.

● Use an active form instead. For example, to say 'I was failed and had to repeat the year', say:

***Me suspendieron** y tuve que repetir el año.*
rather than
***Fui suspendido** y tuve que repetir el año.*

4.20 Impersonal verbal constructions

Using *gustar* and other impersonal verbs

Verbs like *gustar* and *encantar* are 'back to front' expressions: if you say '*me gusta mucho esta película*', you are actually saying 'this film is very pleasing to me'. The film is the subject, and you are the object. The verb therefore needs to change to plural when the subject is plural.

***Me encanta la obra** de Almodóvar.*
***Me gustan los guiones** de sus películas.*

Singular verb for singular subject.   Plural verb for plural subject.

You also need to include the appropriate indirect object pronouns to show who likes:

me, te, le, nos, os, les.

*¿**Te** gusta esa peli? Sí, **me** encanta.*
Do **you** like that film? Yes, **I** love it.

There are other verbs in Spanish that are used 'impersonally' and have no obvious equivalent in English. Using these verbs impersonally makes your Spanish more idiomatic and more stylish. Here are some common ones:

bastar   to be sufficient

Basta (con) decir que …
It's sufficient to say that …

Basta saber que …
It's enough to know that …

¡Basta ya! (de tonterías)
That's enough! (nonsense)

caber   to be contained, to fit

Cabe mencionar que …
It's appropriate to mention …

Cabe destacar que …
It should be pointed out that …

Cabe recordar que …
It's worth remembering that …

convenir   to be fitting, to be appropriate

Conviene que luchemos para proteger nuestro medio ambiente.
It's appropriate to campaign to protect our environment.

Convino sentenciar a aquel hacker a dar clases de informática.
It was fitting to sentence that hacker to giving IT classes.

escasear   to be in short supply

En el futuro el agua escaseará.
In the future there will be a shortage of water.

Escasea la infraestructura para recibir a tantos inmigrantes.
There's not enough infrastructure to cope with so many immigrants.

faltar to be lacking

Faltan instalaciones adecuadas.
There aren't enough proper facilities.

Falta la determinación política.
The political will is lacking.

hay que you have to/one should/it is necessary

Hay que comer más fruta.
you have to eat more fruit.

Hay que pensar en las posibilidades.
one should think about all the possibilities.

importar to be important, to matter

No importa el estado físico de una persona.
A person's physical condition doesn't matter.

¿Le importa si me voy?
Do you mind if I go?

quedar to be remaining

Queda mucho por hacer.
There remains a lot to be done.

Quedó paralítico después del accidente.
The accident left him paralysed.

El proyecto se quedó sin realizar.
The project was never carried out.

sobrar to be left over, to be in excess

Ha sobrado mucha comida.
There is a lot of food left over.

Nos sobra tiempo.
We have plenty of time.

Este ejemplo sobra.
This example is unnecessary.

urgir to be urgent, to be imperative

Nos urge cumplir con los objetivos de Kioto.
It's imperative that we comply with the Kyoto targets.

Urgen nuevas iniciativas para reducir la pobreza.
We urgently need new initiatives to reduce poverty.

valer to be worth

No vale la pena.
It's not worth it.

Más vale no hacerlo.
It's better not to do it.

Juan no vale para el deporte.
Juan is no good at sport.

Using *se* with third person verb forms to make impersonal statements

The pronoun *se* and the third person of the verb are very often used for impersonal statements, i.e. when we don't state who is the subject of the verb [see also 4.19].

*En el mundo **se produce** alimento para millones de personas.*
Enough food **is produced** in the world for millions of people.

*No **se ve** más la publicidad para el tabaco.*
You don't see cigarette advertising any more./Cigarette advertising **isn't seen** any more.

4.21 Verbs + infinitive constructions

There are many common verbs that can be used together with a second verb:

querer	poder	deber	tener que
necesitar	soler	permitir	odiar
detestar	gustar		

- The first verb is conjugated according to the subject of the sentence. The second verb is always in the **infinitive**:

   ***Quiero comprar** un periódico.*
   I **want to buy** a paper.

   ***Tenemos que hacer** educación física.*
   We **have to do** PE.

   *A mis padres **les gusta ver** la tele.*
   My parents **like watching** TV.

   Notice that although the present participle (jumping, playing) is often used in English in this construction, Spanish **always** uses the infinitive.

- There are also some common **impersonal** expressions which can be followed by the infinitive:

   Es importante
   Es necesario
   Es imprescindible
   Es preciso
   Es vital/esencial
   Es aconsejable/deseable
   Es inaceptable
   Es peligroso
   Es fácil/difícil
   Es útil
   Es normal

   Note: When any one of these expressions is followed by *que* + a different subject, the verb must be in the subjunctive, not an infinitive, e.g:

   *Quiero **jugar** al bádminton,*
   *Quiero **que** José **juegue** al bádminton.*
   I want **to play** badminton,
   I want **José to play** badminton.

*Es importante **cuidar** la salud,*
*Es importante **que** (tú) **cuides** la salud.*
It's important **to look after** your/one's health,
It's important **that you look after** your health.

[see also 4.12]

4.22 Negative constructions

To say you don't do something, simply put *no* in front of the verb.

No *sé.*
I **don't** know.

The idea of 'any' in 'not any' is not translated; just use the negative.

No *tengo dinero.*
I have **no** money. I **don't** have **any** money.

Because *no* in Spanish means 'no' and 'not', you often see and hear it twice at the beginning of a sentence.

No, no *sé.*
No, I don't know.

Other negative expressions are used to express 'never', 'nothing', 'nobody', 'no …', 'neither … nor'. These are all used as 'double negatives', so *no* goes in front of the verb, and the other negative word goes after the verb.

no … nunca/jamás
never
(*nunca* is more common than *jamás*)

*Ella **no** ha ido **nunca** a Madrid.*
She has **never** been to Madrid.

no … nada
nothing/not anything

No *tengo **nada**.*
I have **nothing**./I have**n't got anything**.

no … nadie
nobody/no one

No *vio a **nadie**.*
He saw **no one**./He **didn't** see **anyone**.

Note that you need personal *a* even in front of 'nobody' [see also 5.2].

no … ningún(o)/ninguna
no … /not any

No *tengo **ningún** DVD.*
I have **no** DVD(s).

[see also 2.4]

no … ni … ni …
not … either … or/neither … nor …

No *tengo **ni** tiempo **ni** dinero para ir al cine.*
I have **neithe**r time **nor** money to go to the cinema.

You can start a sentence with *Nada …, Nadie …* and *Nunca …*, but if you do, you don't need the *no*:

Nunca *ha ido a Madrid.*
She has **never** been to Madrid.

Nadie *fue a ver esa película.*
Nobody went to see that film.

Using *tampoco* to express 'neither'

Tampoco is used to express the idea of 'neither/either', especially after a negative:

Tampoco *me gusta esta peli.*
Neither do I like this film./**I don't like** this film **either**.

– Hoy tarde no salimos.
– Nosotros tampoco.

– We're not going out tonight.
– Neither are we.

Using *sino* to express 'not … but'

You need to use *sino* after a negative to express 'not … but':

No *me gusta éste **sino** el otro.*
I **don't** like this one **but** (I like) the other one.

4.23 *Ser* and *estar*

Ser

On its own, *ser* describes **identity** or **existence**.

*¿Cuántos **sois**?*
How many of you **are** there?

*Buenos días, **soy** Marisa.*
Hello, **I'm** Marisa.

*¿**Eres** estudiante de moda?*
Are you a fashion student?

*Mi diseñador preferido **es** español.*
My favourite designer **is** Spanish.

We also use **ser**

● with a pronoun or noun:

*Éste **es el anuncio** en el que sale Dani Pedrosa.*
This **is the advert** in which Dani Pedrosa appears.

*Isabel Allende **es escritora**.*
Isabel Allende **is a writer**.

● with adjectives of nationality:

*Lionel Messi **es argentino**.*
Lionel Messi **is Argentinian**.

- with an infinitive:

  La meta de la publicidad es hacer que un producto nos parezca atractivo.
  The aim of advertising **is to make** products seem attractive to us.

- with a clause:

  Un aspecto engañoso de esa publicidad es que no menciona los riesgos.

  One misleading aspect of that advertising **is that it does not mention** the risks.

- to talk about where an event takes place:

  ¿Dónde serán los Juegos Olímpicos de 2020?
  Where **will** the 2020 Olympic Games **be**?

- with a past participle to form a passive [see 4.19]:

  El torneo de fútbol fue patrocinado por varias empresas.
  The football championship **was sponsored** by various companies.

- with an adjective that describes an unchanging attribute or an abstract idea:

  Este anuncio es divertido. Es genial.
  This advert **is funny. It's great.**

  La publicidad imaginativa es llamativa y efectiva.
  Imaginative advertising **is appealing and effective.**

Estar

On its own, *estar* denotes **location** or **presence**.

– Hola, ¿está Juan?
– No, no está. Acaba de salir.

– Hi, **is** Juan there?
– No, **he's** not here. He's just gone out.

We also use *estar*

- to describe position (except to say where events take place, see above):

  Su foto está en la portada de la revista.
  His photo **is on the cover** of the magazine.

- with a past participle to describe a state which is the result of an action:

  La publicidad del tabaco está prohibida en la televisión.
  Cigarette advertising on TV **is forbidden.**

- with a gerund to form continuous tenses:

  Estaban escuchando música.
  They **were listening** to music.

- with an adjective to describe a state which might change:

  Estábamos nerviosos antes del examen.
  We **were nervous** before the exam.

- with *bien* and *mal*:

  – ¿Estás bien?
  – No, estoy muy mal.

  – **Are** you well?
  – No, **I'm not** at all well.

4.24 Using *desde* and *hace* in time expressions

To talk about an action or state which began in the past but is still in progress in the present, use:

hace + time phrase + *que* + present tense:

Hace seis años que vivo en Barcelona.
I've been living in Barcelona **for six years.**

You can express the same idea using **present tense + *desde* + *hace* + time phrase**:

Vivo en Barcelona desde hace seis años.
I've been living in Barcelona **for six years.**

If the situation began and was still in progress **in the past**, use the **imperfect** instead of the present tense:

Hacía seis años que vivía en Barcelona.
or
Vivía en Barcelona desde hacía seis años.
I had been living in Barcelona **for six years.**

To say **how long ago** something happened in the past, use **preterite tense + *hace* + time phrase**:

Marián y Asún se conocieron hace cuatro años.
Marian and Asún **met four years ago.**

5 Prepositions

5.1 Prepositions

Prepositions go before nouns, noun phrases and pronouns normally to indicate where a person or object is and to link them to the other parts of that sentence. Some can be one word such as *de, con, por*, or made up from more than one word: *al lado de, junto a*

If a verb follows a preposition it must be in the infinitive form:

Despues de hablar, antes de ver

5.2 *Por* and *para*

As a general rule, *por* looks back to a cause or motive and *para* looks forward to a purpose, aim or destination.

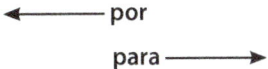

*La mayoría de los inmigrantes latinoamericanos emigran a España **por** la falta de alternativas.*

***Para** enfrentar lo desconocido, se necesita aprender a vivir en un gran mundo intercultural.*

Use *por*

- for a cause or motive:
  Por eso me voy.

- on behalf of or in place of:
  Habla también por todos los refugiados.

- for duration of time:
  Por la mañana

- for movement through:
  Pasaron por varios países hasta llegar a la costa africana.

- for an approximate place or time:
  Por unos meses

- for a rate:
  Trabajan por 50 euros al día.

- for saying who did something:
  Vamos a escuchar las memorias escritas por Rigoberta Menchú.

- for means of doing something:
  Se aprende mejor el vocabulario cuando se hace por escrito.

Use *para*

- for purpose:
  La mayoría de los inmigrantes van a otro país para buscar un nivel de vida mejor.

- for destination:
  El tren para Madrid sale a las siete y media.

- for describing quantity or extent:
  La pobreza es gravísima para muchos en África.

- in time expressions:
  Voy a ir a México para dos meses.

5.3 Personal *a*

You need to include a personal *a* before …

- human direct objects:

  Compare …

  Conozco muy bien la ciudad.
  I know the city very well.

  with …

  *Conozco muy bien **a María**.*
  I know **Maria** very well.

- pronouns representing a person:

  *He visto **a alguien** en el pasillo.*
  I have seen **someone** in the corridor.

  *No conozco **a nadie** en este pueblo.*
  I don't know **anyone** in this town.

- known animals:

  *¿Quieres pasear **al perro**?*
  Do you want to take **the dog** for a walk?

  *Mi hermana busca **a su gato**.*
  My sister's looking for **her cat**.

- collective nouns referring to groups of people:

  *El presidente está ansioso por convencer **a la gente** de que es sincero.*
  The president is anxious to convince **the people** that he is sincere.

  *Parecen estar usando **a los países menos desarrollados**.*
  They seem to be exploiting **less developed countries**.

6 Conjunctions

6.1 Using *y, o, pero* and *sino*

Conjunctions are used to links parts of sentences together such as *y, o, pero* and *sino*.

Y changes to *e* when the following word starts with *i* or *hi* (but not *hie*).

O changes to *u* when the following word begins with *o* or *ho*.

Pero is used to say but, and *Sino* also means but when the second part of the sentence contradicts the first part with a negative.

6.2 Subordinating conjunctions

There are a number of conjunctions that introduce a clause that is dependent on the main clause such as: *aunque, cuando, mientras, porque, ya que*:

Subordinating conjunctions can be used in a number of ways including for causes, reasons, results and concessions.

7 Numerals

7.1 Cardinal numbers

Uno changes to *un* before a masculine noun.

Cien refers to one hundred, but for 100+ use *ciento* followed by another number:

ciento trienta; ciento sesenta y seis

Beyond this, numbers are normally formed in the hundreds by adding *cientos* to the number

doscientos; trescientos

However there are exceptions:

quinientos, setecientos, novecientos

Numbers ending in *–cientos/as* are adjectives and should agree with the noun they describe:

trescientos ensayos; setecientas casas

The word *y* goes between the tens and units but not after the hundred words:

doscientos cuarenta y ocho

Before hundreds and thousands, it's not necessary to add 'a' or 'one' beforehand:

cien, mil

7.2 Ordinal numbers

Ordinal numbers are adjectives and need to agree with the noun they describe:

Es la primera casa a la izquierda; me encanta el segundo capitulo

Before a noun, *primero* and *tercero* lose the final 'o':

Es el primer plato; es el tercer caso

7.3 Time expressions

Use *es* for any time related to one o'clock, and *son* for any other times:

Es la una y media; son las tres menos veinte

To talk about something taking place at a certain time, use *a*:

Como a las dos; a las nueve y media empieza la película

For dates, use cardinal numbers:

Es el dos de febrero

Days and months don't have capital letters:

martes 16 de agosto

When talking about something happening regularly on a day of the week, use *los*:

Los sabados vamos al pueblo; los miercoles tengo mi clase de guitarra

Verbos

Infinitive Present participle/gerund Past participle		Present	Preterite	Imperfect	Future	Conditional	Subjunctive Present
REGULAR VERBS							
-ar comprar *to buy*	comprando comprado	compro compras compra compramos compráis compran	compré compraste compró compramos comprastéis compraron	compraba comprabas compraba comprábamos comprabais compraban	compraré comprarás comprará compraremos compraréis comprarán	copraría coprarías copraría copraríamos copraríais coprarían	compre compres compre compremos compréis compren
-er comer *to eat*	comiendo comido	como comes come comemos coméis comen	comí comiste comió comimos comisteis comieron	comía comías comía comíamos comíais comían	comeré comerás comerá comeremos comeréis comerán	comería comerías comería comeríamos comeríais comerían	coma comas coma comamos comáis coman
-ir subir *to go up*	subiendo subido	subo subes sube subimos subís suben	subí subiste subió subimos subisteis subieron	subía subías subía subíamos subíais subían	subiré subirás subirá subiremos subiréis subirán	subiría subirías subirías subiríamos subiríais subirían	suba subas suba subamos subáis suban
IRREGULAR VERBS							
dar *to give*	dando dado	doy das da damos dais dan	di diste dio dimos disteis dieron	daba dabas daba dabamos dabais daban	daré darás dará daremos daréis darán	daría darías daría daríamos daríais darían	dé des dé demos deis de
decir *to say*	diciendo dicho	digo dices dice decimos decís dicen	dije dijiste dijo dijimos dijisteis dijeron	decía decías decía decíamos decíais decían	diré dirás dirá diremos diréis dirán	diría dirías diría diríamos diríais dirían	diga digas diga digamos digáis digan
estar *to be*	estando estado	estoy estás está estamos estáis están	estuve estuviste estuvo estuvimos estuvisteis estuvieron	estaba estabas estaba estábamos estabais estaban	estaré estarás estará estaremos estaréis estarán	estaría estarías estaría estaríamos estaríais estarían	esté estés esté estemos estéis estén
haber *to have* (auxiliary)	habiendo habido	he has ha hemos habéis han	hube hubiste hubo hubimos hubisteis hubieron	había habías había habíamos habíais habían	habré habrás habrá habremos habréis habrán	habría habrías habría habríamos habríais habrían	haya hayas haya hayamos hayáis hayan
hacer *to do, make*	haciendo hecho	hago haces hace hacemos hacéis hacen	hice hisciste hizo hicimos hicisteis hicieron	hacía hacías hacía hacíamos hacíais hacían	haré harás hará haremos haréis harán	haría harías haría haríamos haríais harían	haga hagas haga hagamos hagáis hagan

Infinitive Present participle/gerund Past participle		Present	Preterite	Imperfect	Future	Conditional	Subjunctive Present
ir *to go*	yendo ido	voy vas va vamos vais van	fui fuiste fue fuimos fuisteis fueron	iba ibas iba íbamos ibais iban	iré irás irá iremos iréis irán	iría irías iría iríamos iríais irían	vaya vayas vaya vayamos vayáis vayan
poder *to be able*	pudiendo podido	puedo puedes puede podemos podéis pueden	pude pudiste pudo pudimos pudisteis pudieron	podía podías podía podíamos podíais podían	podré podrás podrá podremos podréis podrán	podría podrías podría podríamos podríais podrían	pueda puedas pueda podamos podáis puedan
poner *to put*	poniendo puesto	pongo pones pone ponemos ponéis ponen	puse pusiste puso pusimos pusisteis pusieron	ponía ponías ponía poníamos poníais ponían	pondré pondrás pondrá pondremos pondréis pondrán	pondría pondrías pondría pondríamos pondríais pondrían	ponga pongas ponga pongamos pongáis pongan
ser *to be*	siendo sido	soy eres es somos sois son	fui fuiste fue fuimos fuisteis fueron	era eras era éramos erais eran	seré serás será seremos seréis serán	sería serías sería seríamos seríais serían	sea seas sea seamas seáis sean